DE LA EDAD CONFLICTIVA

AMERICO CASTRO

DE LA EDAD CONFLICTIVA

CRISIS DE LA CULTURA ESPAÑOLA EN EL SIGLO XVII

Cuarta edición

taurus

Cubierta: Antonio Jiménez

Primera edición: junio de 1961
Segunda edición: noviembre de 1963
Tercera edición: febrero de 1972
Cuarta edición: marzo de 1976

INDICE

*«Toda la flor de Castilla
viene de casta de judíos»*

(Hernando de Huesca, ante la
Inquisición de Cuenca en 1525) *

---

* Ver S. Cirac Estopañán, *Registro del Santo Oficio de Cuenca*,
Cuenca, I, 1965, p. 163. Willard F. King, *La ascendencia paterna de
Juan Ruiz de Alarcón*, «N. Rev. de Filol. Hispánica», Méjico, 1970,
XIX, 76. La gente sabía que doña Juana Henríquez, madre del
Rey Católico, era de casta hebrea; la hermana de doña Juana
(mujer de Juan II de Aragón) casó con el Duque de Alba (ver
mi libro «*Español*», *palabra extranjera: razones y motivos*, Madrid,
Taurus, 1970).

EL PASADO FUE COMO FUE:
NO ES MANUFACTURABLE

Aunque traducida al francés y al italiano, esta obra ha dado lugar a pocos comentarios. Ha influido, me parece, en el modo de pensar de algunos prestigiosos lectores acerca de los españoles. Y es por otra parte explicable que este libro desagrade a los aferrados al hábito de silenciar los cómos y los porqués de una muy peculiar historia, cuya «vida cotidiana» se falsea al máximo; que moleste a los alérgicos a cualquier referencia a los musulmanes y a los hebreos sin los cuales los españoles no serían como hoy se nos aparecen; que desencante a quienes desearían un «guiso histórico» sólo «español», sin que se vea que el nombre «español» fue importado en el siglo XIII, y tardó dos más en aclimatarse. Pese a todo lo cual el autor de este libro está persuadido de que existe una conexión entre los errores y desdichas que han afligido a este gran pueblo (lo que corre por las entrelíneas del *Juan de Mairena* de Antonio Machado), y el hecho de ignorarse a sí mismo, de vivir tan lejos del occidente europeo, de haber desaprovechado oportunidades para mudar pacíficamente de rumbo, de no descubrir los motivos de la funesta ociosidad de los ricos, y de dar éstos por inexistente al prójimo adormecido, sin maestros pagados por el Estado hasta 1900, mientras que se creían muy nuestros e inmediatos a Viriato, Numancia,

XV

Trajano, Recaredo y tanta otra cosa, todo ello al margen de lo en realidad español. Una buena vacuna antimítica habría ahorrado a este trozo de humanidad, tan espléndido como desorientado, sangre inútilmente vertida, odios innecesarios e infecundos. Sobre todo, el constante riesgo de pasar del desmán caótico a la indeseable opresión. Las páginas que siguen intentan poner bien en claro la falacia de quienes han decidido que la historiografía española se funde en economía y lucha de clases. Porque estamos pasando del mito de Numancia al de los dogmas del materialismo histórico. ¿Qué actitud intelectual puede ser la de un joven en estos días, sin un claro horizonte hacia su pasado, y ante una seudoaurora de cifras y coyunturas? Porque las personas, entre tanto, ¿en dónde estaban y qué sentían?

El hispanismo socio-económico interpreta a su manera lo acontecido en España, y así resulta que el conflicto humano analizado en este libro, centrado en la lucha entre castas, aparece entre ciertos doctos franceses como un choque del campesino inculto («du petit paysan inculte») contra la burguesía judeo-cristiana («la haute bourgeoisie judéo-chrétienne»). Según el señor P. Chaunu, el poderío de la masa campesina se hizo presente en 1545 cuando fue instaurado el Estatuto de limpieza de sangre por el cardenal Juan Martínez Silíceo[1].

Este nuevo modo de historiar la literatura en el «contexte économique et social», según el señor Chaunu, ha dado lugar a una mutación, tan beneficiosa para la historia social como para la crítica literaria. Tal progreso se debe a «intellectuels marxistes soucieux d'appliquer les modèles marxistes à des disciplines où ils semblent particulièrement convenir» (p. 154).

En este nuevo método los hechos se encajan en un molde previsto e inmutable, y no en las fluencias de vida

---

[1] Pierre Chaunu, *La société en Castille au tournant du siècle d'or*, «Revue d'Histoire économique et sociale», XLV (1967).

que los hicieron posibles. Quienes aceptan semejante credo son hoy legión, y es inútil poner de relieve sus inexactitudes; la «loi du nombre» que invoca el Profesor F. Braudel en sus explicaciones de fenómenos, que nada tienen que ver con esa pretendida ley, habría que referirla el enorme número de creyentes, que aceptan el nuevo evangelio económico-social. Es inútil, en efecto, decir en libros que los judíos españoles no fueron expulsados en 1492 porque había exceso de población en España y en otras zonas mediterráneas; el señor Braudel así lo dice una y otra vez, y nadie lo rectifica, no obstante saber, quien lea cualquier manual de historia española, que los judíos bautizados se quedaron en España, y así se aumentó grandemente el número de conversos. Pero ni en éste, ni en otros casos, falla «la loi du nombre» por ser ya enorme el número de quienes creen en ella. Una vez más, «de fide non est disputandum».

El propósito de la nueva historiografía es eliminar al individuo y a toda forma de particularismo diferenciado. Para un marxista como el Profesor Noël Salomon [2], «la société monarcho-seigneurial de 1600-1640 perpétuait dans les temps modernes la société féodale du Moyen Age»; y entiende por ese vocablo, de acuerdo con K. Marx, «un système de production (placé historiquement entre le système esclavagiste et le système capitaliste) et tout ce qui en dérive» (p. 744). El campesino de Castilla y León comparte con el de Noruega la originalidad de no haber conocido nunca «le véritable servage» (ib.). Era imposible que no se reflejara en la escena algo de la fuerte personalidad del campesino de Castilla y de León (p. 745). Pero por interesante que sea el análisis sociológico en esta cbra, no es menos cierto que toda la «comedia», como obra literaria, queda sumergida bajo esquemas o estructuras socio-económicos. Al mismo tiempo, echa de menos el lector algo que nada tiene que ver con el feudalismo

---

[2] *Recherches sur le thème paysan dans la «comedia» au temps de Lope de Vega*, 1965.

o la economía, y que singularizó a España frente a los otros países europeos. Aunque el autor de esta muy instructiva obra se refiere a la oposición villano-hidalgo en correspondencia con la existente entre cristiano-viejo y cristiano-nuevo (por ejemplo, al hablar de *El galán de la Membrilla*), no dice abiertamente que la presencia del campesino en oposición con el hidalgo exige tener en cuenta el sentimiento de desconfianza acerca de la cristiandad vieja de los hidalgos. El pueblo se rebelaba contra aquéllos por motivos de linaje. La fórmula «hidalgos cansados» no refleja —como dice el señor Salomon— «la récrimination irritée de la communauté rurale *laborieuse* contre une catégorie sociale villageoise considérée comme parasite, inutile et importune» (p. 848)[3].

Al llegar a este punto se ve claramente lo inadecuado de reducir sólo a economía el proceso de un fenómeno de vida. Como el señor Salomon no quiere (o no puede) tener en cuenta cómo estaba constituida la sociedad española, y cómo se juzgaban y estimaban unos a otros los españoles, no entiende el sentido de lo dicho por un aldeano en *Los hidalgos de aldea:*

> De los hidalgos querría
> que un día solo pasase,
> sin que se hablase y tratase
> de su *cansada hidalguía.*

Eso no significa, según acabo de decir, que la «communauté rurale *laborieuse*» echara en cara su ociosidad a la clase hidalga, sino simplemente que la hidalguía de que a diario hablaban y trataban aquellos supuestos hidalgos estaba tiznada de judaísmo. Lo notable del caso es que el señor Salomon sabe que «cansado» tenía ese sentido, y en algún caso lo tiene en cuenta (p. 850); pero aun siendo así, el conocido pasaje de *Peribáñez* que cito luego en este libro, en que se contraponen el desfile mili-

---

[3] Aparte de lo dicho más adelante sobre el sentido de *cansado*, ver Joseph Silverman, *Los «hidalgos cansados» en Lope de Vega*, en «Homenaje a William L. Fichter», Editorial Castalia, Madrid, 1972.

tar «de los hidalgos cansados» y el de «nuestros fuertes labradores», es interpretado por el señor Salomon de este modo: «Les villageoises [de Ocaña] opposent l'allure fière et vigoureuse des paysans à celle des "hidalgos", mieux vêtus sans doute, mais d'une allure moins martiale» (página 849). Este error es manifestación de otro fundamental: la disposición artística del teatro de Lope de Vega no depende de motivos económico-materialistas, según desean el señor Salomon y quienes piensan como él, sino de la forma de estar constituida la sociedad española, cuya mayoría era cristiano-vieja y en su mayor parte campesina, y de una minoría cristiano-nueva. Esta diferencia y los conflictos entre ambas castas (expuestos en este libro) fueron funcionales y decisivos, y afectaron a la economía. Si se sitúa ésta en la «infraestructura», cuanto aconteció en el pasado español se hace ininteligible: es como pintar una figura humana poniendo la cabeza en el lugar de los pies. Lope de Vega, cautamente, hace decir a un labriego en *Los hidalgos de aldea:* «En los príncipes es clara / la nobleza verdadera. / Yo sólo de hidalgos trato.» Aunque la verdad es que también a los grandes se les «espulgaba el linaje», como dice Cervantes; el Conde-Duque de Olivares, y su padre, nunca pudieron acceder a la «grandeza de España» por tener una *tacha* en su ascendencia, y de ahí el odio del Conde-Duque contra los «grandes» (lo explico en *Teresa la Santa... y otros ensayos*, Madrid, Alfaguara, 1972). La economía estuvo subordinada a la condición y ascendencia de la persona, no a la fertilidad de la tierra, ni a la subida de los precios. Todo eso existió, pero el hecho es que la riqueza de España estaba acaparada por los nobles y por la Iglesia: «El brazo eclesiástico... es, sin duda, el más poderoso en riquezas, rentas y posesiones; y temo no solamente que es el más rico, sino que ha de reducir y traer a sí toda la sustancia de estos reinos enteramente» *(Instrucción* dada a Felipe IV al comenzar su reinado)[4]. El enorme

---

[4] J. Vicens Vives, *Historia de España y América*, 1971, III, página 307.

poderío económico de la Iglesia en España, ¿es explicable por motivos económicos?

La riqueza del inmenso imperio se hizo improductiva en España, porque a quien volvía rico a su patria, le daban el desdeñoso calificativo de «indiano»; la riqueza servía para comprar un título de nobleza, o para vivir retraído en «la casa del indiano», según se decía, y todavía se dice en algunos lugares del norte de España [5]. Hace poco, alguien enriquecido en Hispanoamérica, ha tenido que irse allá a fin de evitar las molestias que su gran fortuna le creaba en su ciudad natal, en Castilla.

Si se prescinde del sistema de estimaciones y valoraciones, se falsea el sentido de los elogios a la agricultura en escritores de los siglos XVI y XVII, interpretados por el señor Salomon como un fenómeno «fisiocrático», proyectado sobre un vacío de humanidad, como si los españoles no hubieran estado influidos ante todo por el angustioso riesgo de ser «hijo de nadie» (Mateo Alemán en el *Guzmán de Alfarache*), o de alguien que permitiera andar con la cabeza muy erguida. Para el señor Salomon se trata de una manifestación de la «infrastructure économique de la société» (p. 196). Todavía en 1618 escribía Lope de Deza: «La agricultura excede *en nobleza* [subrayado mío] a los demás *artificios* y adquisiciones, pues sola ella es la natural, *digna de nobles*, de virtuosos y de sabios... Las demás suertes de granjear son invención humana *dignas de odio y de infamia*, por ser fuera de naturaleza y contrarias a la virtud, o a lo menos que se ejercitan sin ayuda de ella» *(apud* Salomon, p. 202). De no haber vaciado previamente a los habitantes de la tierra española de todo contenido humano, al señor Salomon le habría sorprendido la mezcla con lo fisiocrático, del odio, de la infamia y de la dignidad. Pero a los historiadores económico-materialistas les estorba cuanto refleje

---

[5] Ver mi *Cervantes y los casticismos*, 1966.

el pensar o el sentir de la gente, pues, a la larga, todo eso es nocivo para la finalidad última de mantener a la grey humana bien enredilada, calladita, y aceptando sumisamente el mandato de sus rabadanes (así acontece en toda forma de dictadura). Ningún hispanista, como antes dije, obediente a la «loi du nombre» —ya un gran «número» con fuerza suficiente para dictar la «loi»— tendrá nunca en cuenta los hechos y los documentos sobre los cuales se afirma este libro. El que hiciera falta ser hijo o nieto de labradores para acceder al rango de Consejero Real, ya hacia 1530, deja indiferentes y silenciosos a los historiadores: a los marxistas porque contradice sus dogmas, y a los demás porque descorre el telón que ocultaba un pasado para los más de ellos todavía infamante, pese a las bellezas y maravillas hechas posibles precisamente por ese pasado.

El retorno a la agricultura y al campesino, doctrinal y literariamente, se debía a haberse identificado el hacer y el no hacer de la persona con el hecho de pertenecer a la casta digna o a la indigna. Según se dice más adelante en este libro, ya en el siglo xv alardeaba el judío castellano de ser más apto que la gente de casta cristiana para los menesteres que requerían usar la inteligencia. A eso replicaba el cristiano que el judío era *per se* cobarde y, por tanto, inepto para la guerra. Sobre tan infundada creencia (las creencias que afectan a la base sobre que está asentado el vivir íntimo están acorazadas contra el razonamiento), partiendo de esa creencia se llegó a la idea de que sólo la tarea de labrar la tierra, o de ocuparse de ella, estaba a salvo de la sospecha de un ancestral judaísmo, o —«last but not least»— de ser cobarde. Esto último significaba ser incapaz de intervenir en las deslumbrantes empresas bélicas, en un glorioso *crescendo* desde la toma de Granada. Mucho antes de Lope de Deza (1618), había escrito Juan Ginés de Sepúlveda (1490?-1573): «En nuestra Córdoba *se desatiende el comercio*, y se considera distinguidísimo *sobresalir en armas*. Y así, después del cuidado de la familia, la mayor preocupación es la de la agricultura, trabajo muy honroso *(honestus)* y próximo a la naturaleza, que suele endurecer el ánimo y el cuerpo, y prepararlo para el trabajo y para la guerra; hasta tal punto, que los antiguos prefirieron la labor del campo *a los negocios*, y los romanos sacaron de la ariega a muchos cónsules y dictadores... No nos preocupemos, pues, si por el momento Córdoba posee ciudadanos más fuertes que opulentos» *(De appetenda gloria*, en *Opera*, Madrid, 1780, IV, 206). Los ejemplos de la Antigüedad se aducían para justificar los criterios estimativos de la casta militarmente dominante, y por razones que nada tenían que ver con infraestructuras económicas, con las cuales no es posible entender la historia de los españoles, ni el teatro de Lope de Vega, que se convierte en un confuso montón de comedias, sin dimensión artística (porque *unas* valen mucho, y *otras* muy poco). Es desde luego innegable que la obra de arte presupone, o expresa, un cierto modo *de sentirse estar* en la vida, un modo que el historiador ha de sacar a luz; pero al interesado en la obra de arte le importa la forma o estilo en que el escritor expresa ese su estar en la vida, que es suya y también de otros. Por eso Lope de Vega se lanzó como un águila caudal a hacer presa en los gustos de los más (del llamado, tal vez injustamente, *vulgo necio)*, y Cervantes tomó un camino, opuesto al seguido por los más, y tuvo así que inventarse «un nuevo estilo» *(Quijote,* I, 52), a juicio de Lope de Vega, «necio»; y más tarde para Gracián, algo que iba «del lodo al cieno». En los siglos XVI y XVII los españoles vivieron «conflictivamente»; sus modos de vida se manifestaron en su economía, en su arte, en su literatura, en su religión, en sus audaces empresas tanto en Ultramar como en Europa, en sus costumbres (los grandes señores tuvieron que matar toros bravos para hacer bien visible su valor, es decir, su nobleza; Mateo Alemán escribía que muchos hábitos de los caballeros de las órdenes estaban «cosidos con hilo blanco», dejaban ver su ancestral judaísmo). La valentía era sentida como fundamento del lejano imperio:

> Valientes caballeros, *a quien sólo*
> *el valor natural de la persona*
> os trajo a descubrir el austral polo.
>
> (Ercilla, *La Araucana*, canto XXI, estr. 52.)

He ahí la imagen ideal del perfecto español del siglo XVI, trazada, contemplada y admirada en las costas del lejano Pacífico [6].

La codicia de riquezas fue también sentida por otros pueblos, que hicieron para adquirirlas cuanto estuvo en su mano. Los franceses venían en gran número a España a sacar provecho de la desidia española, del temor a «deshonrarse» si manufacturaban todos aquellos objetos que importaban los vendedores franceses, tan despreciados por Quevedo. Los ingleses también intentaron encontrar el *Eldorado*, y los holandeses se beneficiaron hasta donde les fue posible de las riquezas americanas. Pero el modo en que los españoles dieron forma y expresión a su codicia de oro fue único; el común denominador *codicia* no basta para explicar el que castellanos y leoneses —con pertrechos bélicos en último término rudimentarios— fundaran ciudades ahí a la vista en Florida, Nuevo Méjico, Chile, Centroamérica y en tanto otro lugar. Dejemos a un lado el que, en ratos perdidos se fueran a dar nombre a las Islas de Salomón (ahí sigue aún Guadalcanal, bautizada por algún sevillano), o a establecerse en las Filipinas. De lo cual se desprende que los versos de Ercilla

---

[6] Entre los hispanistas franceses decididos a ver una igual filigrana a través de todo «papel histórico», figura el señor Marcelin Defourneaux (*La vie quotidienne en Espagne au siècle d'or*, 1964: «No hubo en España *una conciencia burguesa* capaz de ofrecer un ideal de vida diferente del ideal heroico y de su anverso picaresco» (p. 251). Pero *España* no era una abstracta entidad en la cual cupiese o no cupiese tener una clase burguesa. Lo correcto sería aceptar la existencia de un sistema de castas y de valoraciones humanas, a causa del cual la técnica y el comercio se hicieron imposibles. El señor Defourneaux conoce los hechos, aunque los deja flotando en el aire.

poseen más dimensión historiográfica y explicativa que la tan trillada frase «la codicia del oro».

Quienes fundamentan la historia en infraestructuras económicas, no se preguntan si la relación, o el contraste, entre el campesino inculto y la «haute bourgeoisie judéo-chrétienne» (Chaunu, p. 162) estaba motivada inicial y radicalmente por ser los unos pobres y los otros ricos. La riqueza era un factor secundario, pues Peribáñez y Pedro Crespo, alcalde de Zalamea, eran ricos; lo cual no deshonraba, por haber sido fuente del dinero la agricultura, no practicada por la casta judía. Lo deshonroso era *el negocio*, lo que durante siglos habían venido haciendo los judíos. No hay, por consiguiente, «conflit de civilisation ville-campagne» (Chaunu, p. 168), ni es cierto que «le paysan *bobo*», o ridículo, sea la forma más antigua de ese tipo. Ya en 1517, el Bachiller de la Pradilla hace que cuatro pastores, después de alabar al rey don Carlos, cuando vino a Valladolid, «provocan ['llaman'] a los Estados de los Hispanos a que vengan a besar las manos» [7].

En esa égloga, el pastor Telefo dice haber sido llamado / por su compañero Guilleno, que «siempre se dolió / de mi honra, me tornó / a llamar muy enoxado, / otra vez: / ¡A pastor, más olvidado / de quantos guardan ganado / en tu vejez!» (p. 213). Todos cantan las glorias del rey que va a «regir la cristiana gente / y aun los moros» (p. 221). Los nobles «que por sus lanzas y arneses / hacen a los labradores / tan seguros / ... Y los que la agricultura / exercen con gran trabajo / tomen todos gran gasajo» (p. 222). Los rústicos ensalzan al Rey que conquistará el «Sepulcro Santo» (p. 224), en una visión imperial: «Pues allend' el mar ¿quién osa gobernar, ni en Alemaña?» La mención de los dominios del Rey se cierra con una referencia a Castilla: «La clara genealogía / de la gente castellana, / por ser ella tan ufana / en proezas y osadía, / que romanos / en cuantos hechos hicieron, / nunca por

---

[7] *Sieben spanische dramatische Eklogen*, edic. E. Kohler, Dresde, 1911, p. 209.

nunca se vieron / más ufanos» (págs. 223-224). He ahí descrita la situación *humana*, no simplemente económica, que hizo posible que sólo los descendientes de labradores pudieran ser consejeros de S. M. imperial. Literatura y política se explican la una a la otra; el lenguaje rústico en el teatro anterior a Lope de Vega corre parejas con la difusión del Romancero, rústico a comienzos del siglo xv, y elevado al rango de literatura impresa a medida que avanzaba el siglo xvi. Por otra parte, el conflicto entre los limpios y los no limpios en cuanto al linaje fue ampliando sus dimensiones, también a medida que avanzaba el siglo xvi, pero ya existía en el siglo xv, e incluso en la Corte. Ha poco cité [8] lo acontecido entre don Ramiro Núñez de Guzmán y don Fadrique Enríquez porque aquél llamó a éste «judío, delante del Cardenal» don Pero González de Mendoza (1428-1494). El llamado «judío», es decir, de casta judía, era primo del Rey Católico.

Los estatutos de limpieza de sangre no fueron «causa» de la pugna entre cristianos viejos y nuevos, sino un reflejo de la agudización de aquel problema, iniciado mucho antes, y de la creciente ufanía de la casta que conquistaba remotas tierras. Méjico se rindió a Hernán Cortés en 1521, y en 1525 el ejército de Carlos V venció y aprisionó al Rey de Francia en la batalla de Pavía. España, dirigida por Castilla, iba acentuando cada vez más lo que se ha visto llamaba Alonso de Ercilla el «valor *natural* de la persona», una virtud innata que el Dios cristiano no había conferido a los hijos de Abraham (Cervantes se reirá a carcajadas de tamaña sandez algo más tarde). Hacia 1530 —lo repito— hará falta ser descendiente de labriegos para ser consejero del Rey-Emperador. Todo ello hace saltar en pedazos la cuadrícula económica a la cual pretenden ajustar la vida-historia, quienes usan tal dispositivo en el caso de España, lo mismo que en el de cualquier otro conjunto humano. En lugar de referirse *al hombre* de tal país y de tal época, la historia es redu-

---

« *«Español», palabra extranjera...*, Madrid, Taurus, 1970, p. 43.

cida a situaciones genéricas tales como labriegos o burgueses; o esclavitud, feudalismo y capitalismo; o lucha entre las clases de abajo y las de arriba. De ahí se pasa a la por demás notable «loi du nombre», en virtud de la cual —según vengo repitiendo, porque nadie va a recoger la pelota— los pobres judíos españoles tuvieron que salir de los reinos de Castilla y Aragón, porque en los países de la cuenca mediterránea había exceso de población. Estoy seguro de que el autor de tal despropósito o sus seguidores no lo rectificarán nunca, y por lo mismo este mi libro ha de salir ahora bien pertrechado de razones. Entre otras con ésta: hoy sería deseable transformar los regímenes económicos siguiendo el ejemplo de Holanda o de Escandinavia (para citar ejemplos *ejemplares*), para no vivir enredilados y amordazados, y evitar la arbitrariedad y la violencia colectivas; lo cual ha sido posible, ante todo, por la forma en que los ciudadanos de tales países se han enfrentado con sus circunstancias económicas. Nada de lo cual tiene que ver con convertir a la economía en una divinidad, a la que ha de inmolarse la peculiaridad y la pluralidad de las historias, y con ellas, los valores que justifican tomarse el trabajo de remover cuanto recubre lo digno de ser contemplado, admirado o meditado en la historia de cada pueblo. Los cuales —ha de añadirse— han de hacer algo más que vivir a gusto o a disgusto colectivamente, para que su paso por el tiempo deje algo digno de ser recordado, y no merecedor de olvido o repugnancia.

La perspectiva económica es contemplada y se hace funcional desde situaciones humanas. Interesa ahora la del español del siglo XVI tan desatendida por los hispanistas franceses, en sus libros o en sus silencios. El ansia de grandeza vibraba en el aire. En 1520 confirió el rey Carlos legalidad institucional a la «grandeza de España»; los libros omiten decir que moros y judíos *sintieron* que los cristianos se apropiaran totalmente una herencia de la cual ellos también tenían derecho a participar. En una arenga a los moros sublevados en Las Alpujarras en 1568, dijo Aben Humeya: «¿Sabéis que estamos en España, y que *poseemos* esta tierra ha novecientos años?»[9]. Don Diego Hurtado de Mendoza veía aquella contienda como una guerra civil, de «españoles contra españoles» *(Guerra de Granada,* Bibl. Aut. Esp., XXI, 73). Cuando cité este hecho por vez primera no sabía que «grande de Castiella» (ya en la *Crónica general* del siglo XIII) estaba calcado sobre el árabe *'akābira ad-daulati'* grandes hombres del reino. Por su parte, los judíos sefardís de Marruecos al lamentar en sus endechas a sus antepasados, los llaman «grandes de Castilla»[10]. ¿No es extraño que, frente a situaciones de tanta complejidad, se hable sólo de luchas entre «paysans» y «bourgeoisie»? En casos como éste es útil acudir a la «sagesse» de René Descartes: «Nous conduisons nos pensées par diverses voies, et nous ne considérons pas les mêmes choses» *(Discours de la méthode).*

No era fácil trazar una tajante divisoria entre las castas, pues comenzando por el Rey, muchos nobles e hidalgos tenían sangre impura, próxima o remota. Para la maledicencia daba igual lo uno o lo otro, según harán ver los textos de Fray Luis de León citados en este libro, lo cual tuvo consecuencias desastrosas para la economía y para todo lo demás. La impronta indeleble de la convivencia con moros y judíos se hace bien visible en la soldadura de la religión con la política, para daño de ambas. En cuanto a eso, España está más a tono con los países musulmanes y con Israel que con el Occidente europeo. Resulta, por lo mismo, más que sorprendente imputar a supervivencias medievales la no secularidad de las leyes. Según demuestro en otro lugar[11], hablando con rigor histórico, en España no hubo Edad Media. En donde la hubo, en el Occidente europeo, el Estado y las religiones

---

[9] Florencio Janer, *Condición social de los moriscos,* 1857, página 144.
[10] Manuel Alvar, *Endechas judeo-españolas,* 1969, p. 147.
[11] *The Spaniards. An Introduction to their History,* University of California Press, Los Angeles, 1971.

funcionan hoy separadamente (la consagración de los monarcas ingleses es un rito formulario, muy de acuerdo con el gusto británico por lo externamente tradicional). Los Estados Unidos están «unidos» precisamente por la importancia religiosa que concedían al trabajo quienes fundaron la Nueva Inglaterra. Lo contrario acontece en las repúblicas de lengua castellana, que traigo a colación únicamente para poner en claro que nada de eso tuvo que ver con la economía, sino con actitudes estimativas previas a aquélla. La Argentina es como es a consecuencia de lo que escribía a Felipe II, en 1590, el guardián del convento de San Francisco en Buenos Aires: «Mujeres, *nobles y de calidad*, por su mucha pobreza *han ido a traer a cuesta* el agua que han de beber... Aramos y cavamos con nuestras manos» [12]. Como vengo diciendo, con ocasión de este documento desde 1948, si a la tierra del luego llamado Río de la Plata hubieran ido puritanos de lengua inglesa, la economía y la organización social hubieran sido otras. No obstante lo cual hay quienes dicen de mí: «Il méprise les documents.» Porque en el ámbito de la actual historiografía francesa hay que creer en la virtud de «la loi du nombre», o por lo menos, «être du nombre».

Lo aquí ventilado rebasa el área de lo personal, pues afecta tanto a la realidad del pasado como a la esperanza del futuro. Y al hablar del pasado me refiero, no abstractamente al tiempo anterior, sino al encarnado en lo que fue niñez balbuceante y mocedad orientada hacia lo que hoy es un presente colectivo, muy ligado a muchos ante-presentes. Los cuales estuvieron, o han estado integrados por significancias, y por insignificancias idas con el viento; por lo que se va desechando, y por lo que va incorporándose y superponiéndose a lo que ya se era.

En los reinos cristianos de la Península, junto con los acontecimientos, con lo sobrevenido, en los cuales un alguien se aunaba con un algo, hubo bastantes desgarros debidos, en muchos casos, a la disposición tricéfala de

---

[12] *La realidad histórica de España*, 1971, p. 268.

sus componentes humanos. Por lo mismo huelga hablar de «lucha de clases», unívocamente, por haber habido ricos y pobres entre cristianos, entre moros y entre judíos. Nivelar las disparidades sociales con términos genéricos, es como referirse al Pirineo como si éste fuera una planicie. Antes he dicho que hubo «grandes» entre moros, cristianos y judíos; y, como he recordado más de una vez, en 1262 los judíos de Madrid tenían que ser tan ortodoxos dentro de su creencia como los cristianos dentro de la suya. En otros libros míos también he hecho ver la alta posición de los judíos en las cortes cristianas y en las familias de los grandes señores. Jaime II de Aragón escribió a su hija, casada con don Juan Manuel (el nieto del rey Fernando III), que no criara al hijo que acababa de parir «a consello» de los judíos, según acostumbraba hacer. En 1412, la madre de Juan II de Castilla, entonces regente del reino, prohibió que los judíos no fueran «comadres nin compadres de los christianos, nin los christianos nin christianas dellos» (es decir, que los judíos apadrinaban a los bautizados, y los cristianos a los circuncidados) [13]. Y las historias siguen escribiéndose, como si esto no hubiera acontecido.

Ese y otros muchos hechos hacen ver que la imposibilidad de convivir cristianos y judíos fue un *desgarro;* ya en 974 estaban equiparados, pues el conde de Castilla, García Fernández, ordenó que si los hombres de Castrojeriz mataran a un judío, «pectet pro illo» como si la víctima fuera cristiana (Baer, *o. c.,* p. 1). Después de más de cinco siglos de convivencia, de necesitarse los unos a los otros, todo se desmoronó. En otro sentido, cosa semejante aconteció a la gente de casta moruna. Su nivel de cultura y sus oficios fueron muy varios. Es digno de recuerdo que la primer mención del *Quijote* nos haya llegado a través de un morisco, admirador de Lope de Vega, poeta y aficionado a «leer y entender las historias que dejaron escritas los antiguos», en las cuales, no obstante

---

[13] F. Baer, *Die Juden im christlichen Spanien,* II, p. 266.

«ser de infieles, hay bien que mirar y muchas sentencias que notar». En agosto de 1604 ese morisco entró en una librería de Alcalá de Henares acompañado de un amigo cristiano; el morisco compró obras de Pero Mejía y de Antonio de Guevara, mientras que el cristiano buscaba libros de caballerías que no tenía el librero, y que el desilusionado comprador elogió mucho. Un estudiante allí presente rompió a reír y dijo: «¡Ya nos remaneçe otro don Quijote!»[14].

No poseemos acerca de los moros un *corpus* de documentos como el de Fritz Baer acerca de los judíos, por haber sido muy diferente la relación de aquéllos con los cristianos: primero, de poder a poder; luego, de vasallos a señores. Los judíos fueron introduciéndose en la sociedad cristiana al amparo de los reyes, de los condes de Castilla y de los grandes señores, tanto seculares como eclesiásticos. Eran expertos en finanzas; sabían árabe, lo cual les permitía actuar de intérpretes y agentes diplomáticos, y también de traductores del saber de los musulmanes; practicaban diversas formas de artesanía, poseían casas y tierras, y desempeñaban actividades culturales, más prácticas que teóricas (como médicos, por ejemplo). Todo esto es ya muy sabido[15].

Retornando a los moriscos, la lengua ya hace ver cómo habían sido las actividades de sus antepasados en los reinos de las tres castas (huellas de que los mudéjares, y luego los moriscos, eran los encargados de transportar

---

[14] Jaime Oliver Asín, *El «Quijote» de 1604*, Madrid, Aguirre, 1948, págs. 36-37.

[15] Una buena muestra de cómo era la riqueza judaica en un lugar castellano ha aportado Francisco Cantera en su estudio *La judería de San Martín de Valdeiglesias*, «Sefarad», 1969, XXIX. Hasta se nota cómo era el chismorreo entre cristianos viejos y nuevos: un fraile había oído decir, en 1508, a un clérigo procesado por la Inquisición, que nadie era «limpio de linaje de todos ocho costados, que no venga de confeso (judío o moro), o puta vieja, [y] que aun al Rey [don Fernando] le alcança parte dello» (p. 250). Lo cual es una prueba más de ser público y notorio que el Rey Católico tenía ascendencia judaica. En otro sentido ilustra sobre la economía hispanojudaica con nuevos documentos, José Gómez-Menor, *Cristianos nuevos y mercaderes de Toledo*, Toledo, 1971.

mercancías, han quedado en palabras como *recua, alhamel, albarda, ataharre, jáquima, jaez, zufra,* y alguna otra). Una visión «conflictiva» de aquella economía moruna, se nos ofrece en un texto de Cervantes inspirado por su odio a quienes eran ricos, cuando él vivía en la miseria. Cervantes había orientado su vida hacia las actividades de la casta dominante, y tuvo que resignarse, despechado y a veces enfurecido, a vivir sin sacar ningún fruto de su valentía heroica y de su inteligencia [16]. Los moriscos, «ganando siempre y gastando nunca, llegan y amontonan la mayor cantidad de dinero que hay en España... Todo lo llegan, todo lo esconden y todo lo tragan; considérese que ellos son muchos, y que cada día esconden poco o mucho» *(Coloquio de los perros).* Para Cervantes, ahorrar y acumular dinero eran, por lo visto, costumbres reprobables. ¿Será un azar que «alcancía» y «hucha» (un arabismo y un galicismo) hayan prevalecido sobre los castellanismos «olla ciega» y «ladronera»? El galicismo «hucha», que comienza a usarse en el siglo XVII, demuestra que no había una palabra castellana, bastante arraigada entre cristianos viejos, para hacer inútiles «alcancía» y «hucha». La mujer de Sancho Panza dice que su hija «gana cada día ocho maravedís horros, que los va echando en una alcancía para ayuda a su ajuar; pero ahora que es hija de un gobernador, tú le darás la dote sin que ella lo trabaje» (II, 52). El *ahorro* (arabismo) era una secuela de la pobreza, una triste necesidad. La virtud exaltada por los cristianos españoles no fue el ahorro, sino la liberalidad: «Al que loamos de liberal y dadivoso, decimos que es un Alexandro» (Covarrubias, *Tesoro de la lengua castellana,* 1611). La imagen de un Alejandro Magno dadivoso prendió en la fantasía española (hay muchas referencias en la literatura). En la comedia de Lope de Vega, *La pobreza estimada,* Dorotea prefiere casarse con un hidalgo pobre

---

[16] Documentos irrebatibles sobre descender los Cervantes (en el grado que fuera) de gente de casta judía (como Fernando el Católico e incontables otros), se hallan en mi Introducción al *Quijote,* Madrid, Editorial Magisterio Español, 1971.

más bien que con Ricardo, muy rico y de ascendencia judía; Lope de Vega identificó la riqueza con ser de casta judía [17]. ¿Pueden desligarse las anteriores situaciones estimativas del hecho de que en España no hubiera bancos? El primero, el Banco de San Carlos, fue creado por el Conde de Cabarrús (1782), nacido en Francia, y que llegó a ser consejero de Carlos III.

El morisco era «artesano o vendedor ambulante» [18] unas veces; otras, como dice Reglá, formaron «una minoría aristocrática, una burguesía enriquecida, un artesanado activo y una sufrida masa de campesinos y jornaleros. Entre sus principales actividades económicas cabe destacar los cultivos de regadío en las huertas valencianas y murcianas, los arrozales, los viñedos y los campos de cereales. En Granada floreció la industria azucarera» (p. 222). De sus actividades como «transportistas» ya dije una palabra.

No se puede, por consiguiente, sin falsear los hechos, basar la historia española sobre cimientos o subestructuras de economía, dado que ésta descansó siempre (antes de haberse creado la situación descrita en este libro) sobre la condición castiza de las personas.

De una economía abstracta expresada en cifras, hemos de pasar a una economía enlazada con la condición de

---

[17] Ver *La realidad histórica de España*, 1971, p. 298.

[18] Juan Reglá, *La cuestión morisca*, en «Estudios de Historia moderna», CSIC, Barcelona, 1953, III, p. 221. Es lástima que, influido por la historia deshumanizada, Reglá acepte que «el morisco, como buen mediterráneo, jugó al nómada» (F. Braudel, *La Méditerranée...*, 1949, p. 578); en primer lugar, los no moriscos, eran tan «mediterráneos» como ellos y no nomadearon; y cuando los musulmanes señoreaban la mayor parte de España, ciudades como Sevilla, Córdoba, Almería, Valencia, Játiva y otras no dan la impresión de haber sido culturizadas y embellecidas por bandadas de nómadas. Claro está que cuando entre los musulmanes dejó de haber «grandes del reino», y sus tierras y ciudades fueron ocupadas por la casta cristiana, ¿qué podía hacer el morisco sino deambular y merodear, cuando no vivía como «labrador y vasallo de los señores territoriales», según bien dice Reglá?

las personas. Hace años observé el alcance histórico del verso 622 del *Cantar de Mío Cid*, en donde el caudillo cristiano dice que no hay que vender ni degollar a los moros vencidos: «Posaremos en sus casas, e dellos nos serviremos.» En una espléndida página, el profesor Fernando Chueca expone las consecuencias económicas y artísticas de haber sido sometidos los musulmanes a los cristianos vencedores, esta vez —digo yo— sin ninguna intervención del Mediterráneo: «Si los musulmanes hubiesen sido expulsados, los cristianos no habrían tenido gentes con qué repoblar ni brazos para mantener la producción... Las industrias en que sobresalían siguieron prosperando, para satisfacer las necesidades de una aristocracia que pronto se aficionó a refinamientos antes desconocidos. Telas, vajillas, alfombras, tapices musulmanes, no faltaron en el ajuar de los nobles castellanos, que en lo externo llegaron casi a islamizarse, sobre todo en los siglos xiv y xv»[19].

Haría falta escribir un libro, no una somera introducción, para proyectar luz meridiana sobre los errores y las falacias del seudohumanismo vigente, cuando la ciencia logra triunfos tan deslumbrantes como aterradores (posarse en la luna, ensanchar el horizonte de lo microscópico, posibilidad de reducir a añicos el único planeta hasta ahora, que se sepa, habitado). La tendencia actual a estructurarlo y a sistematizarlo todo deja escasas posibilidades para que lo singular y diferenciado se abra camino. Tras la tendencia a reducirlo todo a cifras y esquemas, y a dar por inútil cuanto en el pasado no fuera mesiánica profecía del evangelio marxista, yace el temor de que el conocimiento histórico pueda ser pecaminosa tentación para el novicio o catecúmeno de la nueva secta. De ahí

---

[19] *Historia de la arquitectura española*, 1965, p. 469. Antes dice el autor (p. 467): «Existen muchos estilos mudéjares, aunque sólo exista una actitud mudéjar...» Frente al románico, al gótico y al renacentista venidos de fuera, «el mudéjar es algo entrañablemente nuestro, como anclado en las peculiaridades de nuestra historia» (p. 466).

el silencio sobre este libro; alguna vez se ha citado algo de él favorablemente, aunque sin mencionar la obra misma.

En el antes citado artículo de M. Chaunu, éste tuvo a bien referirse a mí: «Le jeu compliqué de l'*honor 'puesto en crisis como honra'* suivant la belle expression d' Américo Castro» (p. 158). Agradezco la alabanza, aunque me pregunto por el motivo de no mencionar la obra de donde ese texto procede *(De la Edad conflictiva*, 1963, p. 71), al nombrar otras mías en la página 153. M. Chaunu, fundándose en lo escrito sobre los labriegos por M. Salomon, explica «la floración fantástica del tema aldeano» (p. 167) por motivos económicos: «Cuando, para los sectores sucesivos de la burguesía española, a partir de 1580, comienzan las dificultades [económicas], el campo aparece como un valor y un refugio... Cuando los tesoros de América llegan mal, en los campos, en los campos idealizados por los juegos psicológicos de los *laudatores temporis acti*, es en donde se encuentra la verdadera riqueza.» Ante tal explicación económica, me pregunto qué van a hacer los histórico-materialistas con el enorme hecho de que, mucho antes de fines del siglo XVI, la idea y el ideal de la pureza campesina estaban presentes en la sociedad española, hasta el punto de ser necesario, hacia 1530, para ser consejero de Carlos V (un cargo de muy alta distinción), descender de padres o de abuelos campesinos (labradores). ¿Dónde o cuándo en Europa se vio tal? ¿Por qué tan hermético silencio en torno a dicho documento, aireado por mí en este libro hace unos diez años? Desde otro punto de vista, ¿por qué no enlaza M. Chaunu el desprecio sentido por el P. Francisco de Vitoria por los campesinos (p. 169) con el hecho de ser aquél de casta judía? M. Chaunu supone que los antepasados del P. Vitoria se convirtieron allá en la remota Edad Media. ¿Cómo lo sabe? En mi Introducción al *Quijote* (Editorial Magisterio Español, Madrid, 1971) menciono a quienes enlazaban a los Cer-

vantes con los godos, y al P. Francisco Suárez con quienes
conquistaron Toledo en 1085, y a Nebrija con los conquistadores de Sevilla (1248), por parte de padre y de madre.
Me sorprende que estos sociólogos, tan numéricamente
informados acerca de fenómenos económicos, no hayan
medido las extensiones de infamia que, desde comienzos
del siglo xv, fueron alcanzando las sospechas de si uno
era o no era de ascendencia judaica. El informe del doctor
Galíndez de Carvajal, tras haber inspeccionado el Consejo
Real de Carlos V, es un documento cumbre, desde el cual
se dominan amplísimas llanuras. Pero a los fieles de esta
ya irreductible creencia, ningún razonamiento podrá modificar su actitud mental, tal vez más pasional que intelectual. M. Chaunu cree que la comedia de Lope de Vega
conserva las «estructuras endogámicas de los pueblos mediterráneos» (p. 164). ¿Pero qué tuvieron que ver Toledo
y Madrid, o Burgos y Salamanca, con las culturas mediterráneas? Aunque si los fieles de la secta no rechazan que
la expulsión de los judíos se debió a su excesivo número,
o que el misticismo necesita de las montañas, ¿por qué
no mediterranizar también la endogamia y el conceder
importancia a la virginidad? De todos modos, el hecho de
que ésta mi pequeña obra *tenga que no ser mencionada*,
significa que no ha perdido del todo su eficacia demos-
trativa o irritante —para el caso es igual.

Tras todo ello se yergue el problema de la heterogeneidad axiológica implícita en los términos «pasado» y
«presente». Quien compara una carreta de bueyes con un
aeroplano supersónico se siente inclinado (si está a tono
con su *hoy*) a suponer que existe el mismo abismo insal-
vable entre los grandes escritores del pasado y quienes
escriben obras teatrales como *Calcuta* —para citar algo
de veras repugnante y muy de moda. Un especialista en
estas materias demuestra sin esfuerzo que, para un joven
francés de ahora, *Le Cid* de Corneille carece de sentido,
y aconseja hablar a los jóvenes del arte moderno, del cine

y de la televisión. No observa este autor que *Le Cid* nunca fue lo que ahora llamo una obra transnacional. ¿Serían igualmente arrinconables Homero, Shakespeare y Cervantes? La cuestión es, por supuesto, insoluble práctica o pedagógicamente, y la he traído a cuento sólo para abordar esta otra: ¿es tolerable el intento de hacer pasar por historia, fenómenos previamente sometidos a un aplastamiento abstracto y económico?

El tema de este prólogo, lo repito, requeriría escribir un libro tan extenso como el aquí prologado. Careciendo de la posibilidad de hacerlo, me contentaré con alguna sucinta observación. M. Pierre Vilar ha publicado tres densos volúmenes sobre *La Catalogne dans l'Espagne moderne*, 1962, traducidos al catalán. M. Vilar se refiere a mi modo de historiar en t. I, p. 33: «Pour lui, "être espagnol", c'est une *vividura*, une attitude vitale. Il la fait remonter à la symbiose originale entre Islam, judaïsme et christianisme. La thèse est discutable [¿por qué?], et, quoique brillamment soutenue, très mal étayée. Du moins le problème est-il bien posé: pourquoi est-on "espagnol"? depuis quand? qu'est-ce que cela signifie?» Decepcionado por las respuestas dadas ordinariamente por la historia y la sociología, M. Vilar y un grupo de especialistas emprendieron la enorme tarea de estudiar el problema de Cataluña en la España de hoy. Su trabajo es extraordinario, y aspira a llenar el vacío dejado por quienes hemos escrito sobre historia española en la segunda mitad del siglo xx: «On dirait» —piensa M. Vilar— «que *les peuples qu'on arrête dans leur histoire se vengent en l'écrivant*» (p. 25). Es decir, que otros y yo, estamos operando sobre la historia de un pueblo ya cadáver, para vengarnos de quienes lo han reducido a tan triste inercia.

Por mi parte diría que no he tratado de vengarme de nadie, y añadiría que si yo creyera que España ha sido para siempre detenida en el curso de su historia, y no estuviese seguro de que hay españoles que la están continuando, habría empleado mi tiempo y mis fuerzas en otras tareas, y no en dar al público una necrología, que a eso y no a otra cosa equivale pensar y decir algo sobre un pueblo reducido a total parálisis. Me inspira gran respeto la masa enorme de saber acumulado en estos tres ingentes tomos, y ha de reconocerse que nunca Cataluña recibió tamaño homenaje. Es explicable que la obra de M. Vilar haya sido traducida al catalán.

Mi única duda es si una tan enorme mole de información sobre la tierra, los grupos sociales, la agricultura, el comercio, la navegación, etc., etc., permitirán hallar una respuesta para la pregunta formulada en I, p. 163, y que pondré en castellano: «Ese sentimiento vivo de la historia [catalana], de una historia lejana, es para Cataluña —lo mismo que la evocación del Siglo de Oro en el nacionalismo castellano— una nostalgia moderna. Pero lo que haría falta explicar es por qué el muchacho de Prades o de Perpiñán —ciudades que estuvieron fuera de la comunidad francesa hasta 1659— siente como suya la historia de San Luis o de Juana de Arco, mientras que el muchacho de Vich o de Barcelona, ciudades españolas desde hace cinco siglos, prefiere la imagen de los héroes catalanes a las de Isabel la Católica o el cardenal Cisneros.» Y continúa M. Vilar: «Se dirá que la Escuela hace la Nación. ¿Pero quién hace la Escuela? ¿El Estado? Pero ¿quién hace el Estado?»

A esta cuestión, sin duda central, M. Vilar responderá de un modo y yo de otro, porque nuestra idea de la historia es diferente. Según él dice en una síntesis previa, «Cataluña pierde los elementos de su fuerza en la Edad Media, cuando Castilla forja los instrumentos para dominar el mundo; Cataluña, por el contrario, vuelve a encontrar la vía del progreso demográfico y económico, cuando España se encuentra en el punto más bajo de su espectacular decaimiento» (I, p. 164). Nuestro modo distinto de entender la historia se ve al observar que M. Vilar no comprende los motivos que me hacen rechazar la fábula de que los romanos eran ya españoles (I, p. 363): «On ne gagne rien à nier le problème, comme Américo Castro pour qui l'Espagne commence avec le contact entre Chrétiens et Musulmans.» Lo cual no es cierto, porque yo hablo de *españoles*, no de *España*. El mismo M. Vilar, inconscientemente, me da la razón al decir (I, 188): «La Reconquête-c'est toujours à elle qu'il faut revenir...»

No voy a insertar aquí lo dicho en mi librito «*Español*, *palabra extranjera...*; me limito a recordar que ha habido españoles cuando los habitantes de unos reinos cristianos, además de llamarse «castellanos, leoneses, aragoneses», etc., acabaron por llamarse también «españoles». En ese libro creo no dije que la cátedra que yo ocupé en la Universidad de Madrid en 1915 se llamaba «Filología castellana»; logré que le cambiaran el nombre por el de «Historia de la Lengua Española». Ese nimio detalle es un punto situable en la circunferencia que rodea el problema de lo que es español. M. Vilar cree que sus cifras y sus mapas son fortalezas inexpugnables, porque la historia para él y los suyos depende de estructuras y coyunturas económicas que mueven y llenan los espacios humanos, y para mí depende de cómo sean manejadas por los hombres la economía y lo no económico. Por eso piensa M. Vilar que para mí la historia comienza «avec la contact entre Chrétiens et Musulmans», según dije antes. Para mí la historia de los *futuros* españoles (insisto en que no de España, como por error dice M. Vilar), comienza con lo hecho por quienes se encontraron ante unas circunstancias a las cuales no podían hacer frente con los medios que estaban al alcance de sus inmediatos antepasados, que se llamaban a sí mismo *godos* o *romanos*. Lo hacen ver tanto el *Fuero Juzgo* como la toponimia. ¿O es que no vamos a poder hablar del pasado cuando no disponemos de documentos sobre la lucha de clases y el número de los habitantes? Ya sé que es inútil razonar, pues se trata simplemente de esto: unos creemos en que el hombre es el sujeto de la historia, y los hoy respaldados por Himalayas de cosas manufacturadas y de armas irresistibles, dogmatizan y convierten

XXXVIII

al hombre en un objeto más. En su premura por resolverlo todo y seguro de saberlo todo, M. Vilar califica de «intraduisible insolence» (p. 29) mi frase «A Portugal lo hacen independiente», sin detenerse a reflexionar que no estaba en mi ánimo ofender a un país que estimo y admiro, sino explicar correctamente lo anómalo de su constitución, partiendo de lo escrito por dos ilustres portugueses: Con gran tino escribieron la señora Michaëlis de Vasconcelos y Teófilo Braga que «sólo *los acontecimientos* hicieron de Portugal un Estado independiente, y *crearon poco a poco en sus habitantes el sentimiento de ser un pueblo aparte*»[20]. Si la hija natural de Alfonso VI, Teresa, no se hubiera casado con un conde de Borgoña, Portugal no existiría como nación independiente. Un hecho simplemente humano, irreductible a coyunturas y demografía, no interesa a los partidarios de «la loi du nombre». Pero en la base de todo esto se encuentra, insisto en ello, fijar la idea de que parten los historiadores fieles creyentes en los dogmas de la tierra o el agua (¡el Mediterráneo!), de la economía y de la geografía, y la idea de los humildes partidarios de poner el acento en lo actuado y en lo sentido (valorado) por quienes, frente a iguales circunstancias objetivas, se comportan *dentro de sí mismos* y en su forma de conducirse exteriormente, de modo diferente y opuesto. Según M. Vilar, «la tarea del historiador consiste justamente en establecer (y en tratar de hacer comprensible) como las *condiciones objetivas* [subrayo yo] del crecimiento han sido puestas (posées), como los individuos y los grupos las han hecho suyas (s'en sont saisis), las han utilizado, más o menos conscientemente (par une prise de conscience plus ou moins claire), y cómo, por su misma actividad, (par leur action même), han recreado pronto, sin darse cuenta (à leur insu), otra red de circunstancias objetivas (un autre réseau de conditions objectives), no ne-

---

[20] *La realidad histórica de España*, 1954, p. 174. M. Vilar leyó la frase «lo hacen independiente» en el índice, y nada más.

cesariamente favorables, para una nueva fase de su crecimiento» (III, p. 565). Con este motivo, M. Vilar cita a Marx, y a su intérprete Sartre, al resumir el sentido de su obra monumental, fundado en «el juego entre lo objetivo y lo subjetivo, entre la necesidad y la elección humana... [en] la relación del grupo con la historia».

Con lo cual el ser humano se vuelve paciente y no agente de su historia, y queda así preparado teóricamente a aceptar regímenes políticos en donde lo fuera de él es todo, y lo que le bulle o le inquieta en el fondo del alma ha de ser silenciado o destruido (modos de pensar, de imaginar artísticamente, de creer religiosamente, etc.). Todo lo cual no viene a cuento de ninguna propaganda política, muy ajena a mis menesteres, sino en relación con mi tarea historiográfica. ¿Cómo entender lo acontecido a los pueblos hispánicos, cómo explicar el mero hecho de su existir, con los métodos económico-geográfico-numéricos de estos señores? En ninguna parte aparecen los pueblos hispánicos sintiéndose, plena o deficientemente, situados en el ámbito de su vida colectiva. Estos historiadores desconocen u omiten cuanto se oponga a su dogmática fe. En el caso de la opuesta disposición estimativa del muchacho catalán a este y al otro lado del Pirineo (Vilar, I, p. 163), estos miles de páginas no explican por qué a uno interesa lo francés, y al otro lo catalán (no lo español). Los cuadros estadísticos y los gráficos socio-económicos de nada sirven, dado que la respuesta a tan serio problema exige tener presente (en el intelecto y en la sensibilidad) la totalidad de las historias de los varios reinos de España, y del único reino de Francia. Según M. Vilar, Cataluña —como ya cité— mantiene su fuerza en la Edad Media hasta que Castilla adquiere dimensión imperial (I, p. 164). Pero los historiadores sin instrumentos de precisión socio-económicos nos preguntamos por el sentido de lo puesto por Jaime el Conquistador en su *Crónica,* hacia 1264. En aquella deliciosa narración y confesión de intimidades declara el rey de Aragón que su yerno, Alfonso X de Castilla, «es hu del pus alts homens e dels pus poderoses del mon». Y añade luego que, aun cuando no tuviera obligación de ayudarle, ha de hacerlo, porque si el rey de Castilla perdiera «sa terra, mal estarien nos ça, en aquesta terra nostra», por lo cual es mejor que vayamos a defender la suya, «que si ho avíen de fer sobre la nostra»[21].

M. Vilar (I, p. 410) sabe que la conquista de Murcia, en 1266, «benefició al rey de Castilla, por la voluntad familiar y pacífica de Jaime el Conquistador»; añade, y es cierto, que había más gente en la zona catalana que en la castellana, y por eso fue repoblado el reino de Valencia por catalanes; pero nada de eso explica que el rey de Aragón —no lo dice M. Vilar— confesara serle muy necesaria la fuerza de Castilla, pues sin ella lo pasarían mal en la tierra catalano-aragonesa. M. Vilar usó en este caso textos históricos para destacar la superioridad demográfica de Cataluña; pero cuando los no de su escuela los usamos, M. Vilar dice que «A. Castro ... a tort de croire qu'à coups de textes nous reconstituons du passé une juste image» (I, p. 346). A lo cual se le llama en francés usar «deux poids, deux mesures».

Mas volvamos otra vez a los dos muchachos catalanes, francés el uno y de nacionalidad española el otro. La razón de la diferencia es fácil de encontrar para el no cegado por fanáticos dogmatismos. Francia, la tierra hoy llamada así, no obstante sus divisiones de origen feudal, se fue aunando desde el siglo XII, no sólo por la continuidad de su dinastía, sino por la irradiación cultural y aglutinante proyectada desde la capital de la monarquía, y por una clase intelectual que no ocupa ningún puesto en el esquema del materialismo histórico. Es asombroso que el latín se usara por los doctos en el reino de Francia en el siglo XII como medio de comunicación y para difundir la cultura, tanto teológica como secular. Se establecen enlaces administrativos, por medio de los

---

[21] Jaime I, *Crónica*, Barcelona, Edit. Barcino, vol. VI, 1962, páginas 36 y 44-45.

bailes y otros funcionarios, entre París y las regiones feudatarias de la corona. Aparte de eso florece una cultura en latín y un brote de inteligencias que no veo manera de subordinar a ninguna economía, y que hizo de Francia un «mercado común» del saber internacional. Ejemplo característico es Juan de Salisbury (1110-¿1180), inglés de nación y obispo de Chartres. En sus obras *(Polycraticus y Metalogicon)*, en las que analiza las formas y límites del conocimiento humano, según puede verse en cualquier historia de la filosofía. Pedro Abelardo (1079-1142), además de pensador que inició rumbos que la filosofía europea seguiría, expone la tragedia de sus amores en la *Historia calamitatum,* en donde las cartas de su amante Eloísa hacen ver cómo en lengua latina expresaba ella sus más íntimos estados de alma. Guibert de Nogent (1053-1130) escribe su autobiografía, *De vita sua,* y una historia de las cruzadas, *Gesta Dei per Francos.* Para abreviar transcribiré lo dicho en una obra reciente, y muy elemental: «Esta promoción de la razón caracteriza el pensamiento del siglo XII... Este alzarse de la cultura estuvo acompañado, como durante el humanismo, de una rebusca febril de obras antiguas. Por medio de los bizantinos y de los árabes, a través de Sicilia y sobre todo de España [es decir, de traductores judíos de la ciencia de Al-Andalus], llegan a las escuelas francesas fragmentos desconocidos de sabios y filósofos griegos: Euclides, Tolomeo, Hipócrates, Galeno, Platón. Se reveló, sobre todo, aunque truncado y corrompido, el pensamiento de Aristóteles; aunque el *Organon,* la *Lógica* y la *Etica a Nicómaco* bastaron para alimentar un apetito de saber coherente y organizado, un deseo de lógica» [22].

Siempre me sorprendió que Abelardo tuviera alumnos en lugares como Melun y Corbeil, capaces de entender una filosofía enseñada en latín, y que de lo allí enseñado, y también en París, surgiera una nueva filosofía en el

---

[22] André Joris, en *Histoire de la France,* publ. bajo la dirección de G. Duby, París, Larousse, 1970, I, p. 315.

Occidente europeo. Pero ahora no me interesa la filosofía, sino que la monarquía francesa, desde los primeros Capetos, fuera extendiendo su prestigio en Borgoña, Champaña, países feudatarios, y más tarde en la Provenza de los albigenses; y en 1860, en Saboya. En todos esos sitios se conservan más o menos éstos o los otros patois, pero la lengua en que se imprimen los libros y los diarios es la francesa; y pese a sentimientos regionalistas de diversa intensidad, nadie piensa en constituirse como un Estado independiente de Francia. Sin duda alguna ese desarrollo cultural se produjo en un país rico, y bajo una monarquía que fue reforzando su prestigio después del siglo XII (la corte se fijó en París en la segunda mitad de aquel siglo). La consagración de los reyes en Reims y su entierro en la abadía de Saint-Denis mantenía un halo de sobrenatural respeto en torno al «roi de France», soberano de un pueblo uniforme en cuanto a su creencia religiosa. La disidencia de los albigenses fue atrozmente suprimida, y la soberanía del rey de París llegó en el siglo XIII hasta el Mediterráneo. Aunque lo único ahora significante es que aquella monarquía hubiera ido extendiendo, con su soberanía, también una cultura. La sabiduría y la sensibilidad expresadas en latín medieval acabaron por verterse en la lengua de la Isla de Francia. En la zona de Saboya y en el condado de Niza, anexionados, como dije, en 1860 se hablaba ya el francés, y el voto popular fue casi totalmente favorable a Francia. Volviendo ahora la vista atrás, el que la Universidad de París fuera una institución docente de dimensión internacional en el siglo XIII, hizo de París un centro de atracción y de difusión de saberes cuyo radio fue ensanchándose con los siglos. Quien en 1900 contemplaba el pasado historiable de los franceses, desde el acceso al trono de los Capetos, se le aparecía aquella historia como un «suma y sigue», como una continuidad positiva. Ampliación geográfica del reino hasta 1860, una continuidad de pensamiento filosófico o científico, una literatura que sin poseer figuras traducibles a muchas lenguas como

Cervantes o Shakespeare, *era leída en francés* tanto en Rusia como en la Argentina. Los «otros» prestigios de Francia (Descartes, Rousseau y, a principios del siglo xx, Bergson), junto con figuras mundiales como Pasteur, y con la gran revolución que introdujo en la Europa de Occidente el régimen constitucional, amén de otros hechos de sobra conocidos, sirvieron de dosel a una bien articulada imagen de la civilización francesa, centrada en París. «Le rayonnement de la civilisation française» se convirtió en un «slogan», que he visto escrito en París, en mi juventud, a veces en establecimientos comerciales. Hoy se lee en Portugal, en estaciones ferroviarias y en otros lugares, «Portugal não é um país pequeno».

En Francia el Estado mantuvo el culto y la imagen de la «civilisation française» a través de centros de enseñanza establecidos en Europa y en América. La «Alliance Française» difunde el conocimiento de la lengua en muchos países, de acuerdo con la versión oficial y tradicional de la historia y de la civilización francesas. Luis XIV es «le roi soleil»; no se habla de que sus amantes ocupaban en el palacio real mayor rango que la reina legítima, ni de la cruel persecución de los hugonotes, en tantos sentidos comparable a la de los judíos en España. Luis XIV ejerció el «sacerdoce royal»[23] después de haberse convertido en piadoso practicante de la religión, en defensor de la Iglesia y de la absoluta unidad católica de su reino. Su ministro Louvois envió al sur de Francia a los dragones, los soldados más bárbaros del ejército para que pernoctaran en las casas de los protestantes. Y dice el duque de Noailles: «Ya no sé qué hacer con las tropas, porque los lugares a donde las mando se convierten generalmente; y va esto tan deprisa que todo lo que pueden hacer las tropas es pasar una noche en los

---

[23] Ver para la cruel tiranía religiosa de aquel rey, Ernest Lavisse, *Histoire de France* (deuxième partie), 1911, t. VII, págs. 62-78; t. VIII, págs. 279-358.

sitios en que se alojan» (Lavisse, *o. c.*, VII, p. 73) [24]. Los diccionarios franceses se limitan a decir: «*Dragonnades*, nombre dado a las persecuciones organizadas por Louvois [a instancia —añado— de Luis XIV, quien, según las *Memorias* de Saint-Simon, preguntó a su consejero cuáles eran los soldados más duros en el ejército francés], y que ejecutaron los dragones reales contra los protestantes.»

La expulsión de los protestantes se parece también a la de los judíos españoles, en cuanto a los vacíos económicos y técnicos creados por ambas (ver Lavisse, *o. c.*, VII, 2, págs. 60-63). Colbert (1619-1683) defendió a los protestantes que ejercían «profesiones útiles», pero el rey, según escribía el duque de Saint-Simon, «siempre se había jactado de hacer penitencia [de sus pecados] a costa de alguien, y saciaba [ahora] sus ansias de arrepentimiento a expensas de los hugonotes y de los jansenistas» (Lavisse, *l. c.*, p. 61). De todas maneras, la persecución y exterminio de los hugonotes (que, como los judíos españoles, beneficiaron considerablemente a las naciones vecinas en donde hallaron refugio), semeja más a los métodos hitlerianos de exterminio, que a los inquisitoriales de España. Unos dos o tres mil protestantes fueron condenados a remar en las galeras del Rey entre 1685 y 1715, y esta última fecha indica que aquellas monstruosidades tenían menos que ver con Francia que con el Rey, con su absurdo afán de hacerse grato a Jesucristo incurriendo en tamaños crímenes. Entre los condenados a galeras había muchachos de quince años y ancianos de ochenta (Lavisse, VIII, 1, p. 358).

La anterior digresión hace ver que la historia francesa (por lo menos hasta hace algún tiempo) llega a la juventud como una continuidad de firmes valías, de la cual

---

[24] Para los horrores cometidos, muy desagradables de mencionar, ver t. VIII, première partie, p. 357.

se excluye cuanto pudiera emborronar tan grata imagen. Estas o las otras fallas no enturbian la clara idea que un francés se forma de su propio país (no invalida esta evidencia el que en años recientes haya minorías, o grupos juveniles, afanosos de cambiarlo y trastornarlo todo). Insisto en que la prueba de ser exacto mi punto de vista es que (con excepción de Bretaña, en donde tampoco pienso que «la sangre vaya a llegar al río»), ni en Perpiñán, ni en Bayona, ni en Toulouse hay grupos que signifiquen algo, y cuyo ideal sea dejar de ser franceses. He ahí el motivo de que el muchacho de Prades, o de cualquier otro lugar del Rosellón, *sienta* como suyo el pasado de Francia. El Rosellón, sea como sea el acento con que allá hablan el francés, es una porción de Francia, ni más ni menos que Borgoña, Picardía, Normandía o Gascuña. A M. Vilar no se le ocurrió pensar en que los pueblos, además de economía, tienen *alma*, es decir, modos axiológicos de reaccionar respecto de sí mismos y de su entorno humano.

En los libros y en las clases se le ocultan bastantes cosas al joven francés. No le dicen que entre 1685 y 1715 Francia perdió una numerosa y muy selecta minoría, y tuvieron lugar crímenes y horrores inauditos a fin de acabar con el protestantismo, a causa de la estúpida «dévotion» del «Roi Soleil», quien según el duque de Saint-Simon, «puait comme une charogne». Se oculta hoy, desde luego, que sin la «antipática» ayuda americana, Francia habría perdido la Guerra de 1914, y en 1941 se hubiera convertido en una extensión del «drittem Reich» de Hitler, y la historia de Francia hubiera quedado «detenida». Hoy los americanos no podrían realizar esa operación de salvamento; la llevada a cabo entre 1941-1945 fue muy oportuna, pues los alemanes estaban en vías de hacerse con armas nucleares, y de haberlo logrado, la situación del mundo actual sería otra.

Todo lo cual no suprime el hecho de la grandeza histórica de Francia, un admirable ejemplo de esfuerzo inteligente y sostenido. Gracias a ello, la historiografía fran-

cesa no tiene que engañar a los jóvenes con la fábula
de que Carlomagno fuese francés. El pueblo que acuñó
el dicho «gesta Dei per Francos», que acogió en la Sorbona
del siglo XIII a sabios extranjeros superiores a los suyos,
que fue en realidad el eje en torno al cual giró y poseyó
un punto común de referencia la llamada Edad Media,
puede permitirse el gran lujo de decir la verdad acerca
de cómo empezó a existir, y fue constituyéndose su pasado.

El muchacho catalán se siente catalán, allá en el fondo de su alma, y no español, porque los hoy llamados
españoles han ido dificultando el fundirse y soldarse
los unos con los otros desde el momento en que los habitantes de la Península cesaron de ser *godos* y *romanos*
(así se llamaban en el *Forum Judicum*). Luego comenzaron a surgir diferentes denominaciones étnicas, no en la
misma época. El más moderno de todos es el de *Cataluña*,
que «no apareció como tal sino entre los siglos IX y X,
y hay que esperar hasta el siglo XI para que encontremos
[a] Cataluña ya constituida» [25]. El hecho, como digo en
nota, de que el nombre *catalán* no aparezca antes de 1114,
demuestra que la «catalanidad» es un fenómeno tardío.
En el *Cantar del Cid* (1140) llaman «francos» a los catalanes, y todo ello hace ver la desarmonía entre los
deseos del historiador y la realidad de los hechos. Las
razones han de remar con gran esfuerzo contra la corriente de las pasiones. Los catalanes se sienten tan mal
a gusto en su catalanidad como los españoles en su españolidad, lo cual obliga a gastar tiempo y esfuerzo en

---

[25] Federico Udina, *El nom de Catalunya*, Barcelona, 1961, página 54. Como Director del Archivo de la Corona de Aragón, el
señor Udina ha tenido a su alcance todos los necesarios documentos para formular sus juicios, doctos e inteligentes. En otro estudio
(*Cataluña y su corónimo, así como el étnico «catalán»*, en «Estudios
de la Edad Media de la Corona de Aragón», 1962, págs. 549-577),
queda claro que ninguna de las etimologías propuestas para *catalán* es válida; esa palabra aparece *después de 1114*.

hacer visible lo muy a la vista. De todas suertes, la catalanidad es un fenómeno tan tardío como la españolidad,
aunque tanto en Castilla como en Cataluña los historiadores pretendan que ya había españoles en tiempo de
Estrabón [26]; Ferrán Soldevila piensa que con la reconquista de Barcelona por los francos «se dio un gran paso
en la obra de liberación de nuestra tierra» (*Història de
Catalunya*, Barcelona, Alpha, 1962, p. 40). Resulta así que
Cataluña y España existieron siempre, y ésa es una razón, entre otras, de que la una y la otra vengan malen-
tendiéndose; y no conseguirán armonizarse mientras la
una y la otra no se decidan a revisar su falseada historiografía. La verdad es que Cataluña y lo que allá llaman
Castilla nunca dispusieron de una cultura que a ambas
las aglutinara, y por eso es hoy como es el contraste
entre el muchacho catalán de Gerona y el de Perpiñán.
Pero como este fenómeno no es económico, sino axiológico e imponderable, M. Vilar no lo reconocerá nunca,
pues para ello tendría que abandonar sus actuales creencias (un musulmán nunca dirá que la peregrinación a La
Meca carece de sentido). Lo que en la tierra hoy llamada
francesa sirvió para aproximar y aglutinar, no existía en la
hoy llamada española. Soldevila habla de las relaciones de
Alfonso III de Cataluña (dotada sentimentalmente de un
rey) con Alfonso XI de Castilla, aunque nunca hubo reyes en Cataluña, un principado y nada más. Se refiere
también a lo acontecido —y ya antes fue citado— entre
Jaime I y su yerno Alfonso X, con motivo de la intervención de los reyes de Aragón en la obra de la Reconquista, «por fortuna» no llevada adelante; porque «si el
dar fin a la Reconquista no iba a ir acompañado de
grandes provechos para Cataluña —la adquisición de
nuevas tierras peninsulares—, era preferible para ella que
la Reconquista no se terminara; una Castilla engrande-
cida con el reino de Granada, sin el objetivo antimusul-

---

[26] A. García Bellido, *España y los españoles hace dos mil años*,
Espasa-Calpe, 1968.

mán, habría dirigido su fuerza y su exclusivismo hacia el predominio peninsular en que soñaba» (*Hist. de Cat.*, página 439). En una palabra: la historia de Cataluña se inspira, no en lo que fue, sino en la angustia de no haber sido lo que el catalán desearía que hubiese llegado a ser. Hace años llamé a esto «vivir desviviéndose», anhelo de que la rueda del vivir hubiese girado en sentido inverso. ¿Qué tiene que ver con todo ello la economía y la coyuntura? Estas fueron consecuencias, resultado de las situaciones adoptadas y de las actividades realizadas frente a lo natural, en espera de que el hombre se las haya con él. En cualquier descripción de los Países Bajos puede leerse que «gran parte de su suelo fértil está formado por *polders,* más bajos que el mar, ganados a éste tras siglos de laborioso esfuerzo» (*The Columbia Encyclopedia,* «Netherlands»).

Los historiadores económico-materialistas están embrollando aún más lo ya confuso y sin salida en una época en que la historiografía de los españoles tendría que ser, a la vez que correcta, cordial y suavizante, en cierto modo «terapéutica», porque hemos de habérnoslas con sensibilidades muy dolidas. A los extraños esto les deja, como es natural, indiferentes. Aunque con cifras escuetas y hechos «deshabitados», nunca lograrán catalanes y castellanos establecer un riguroso balance de sus deficiencias, a fin de poder transformarlas algún día en fecundas suficiencias. Las gentes de la actual Península Ibérica se han forjado una historiografía con miras a amortiguar sus complejos de inferioridad, debidos en buena parte a la incapacidad de cultivar espacios temporales en apariencia baldíos. Expulsaron del pasado a moros y judíos por odiosos o despreciables, a reserva de llamar españoles a los califas de Córdoba, o a Maimónides (ya lo hizo en el siglo XV Fernán Pérez de Guzmán). Convirtieron en españoles (sin la menor noción del significado de esta palabra) a cuanto ser humano puso el pie en la Península: a los romanos, a los godos, a los celtíberos. Desmonté ese tablado de farsas, y como lo ahora

XLIX

a la vista no conviene al materialismo histórico, M. Vilar dice que mi historia está «très mal étayée», mientras él vacía de todo contenido humano el espacio histórico, y enfrenta a dos jóvenes de uno y otro lado del Pirineo, sin sacar a luz el fundamento de sus juiciòs valorativos. El francés se siente incluso en un pasado culturalmente funcionante desde el siglo xi; el catalán español siente en sí y tras sí lo que acaba de revelarnos Ferrán Soldevila, y está al alcance de quien haya proyectado hacia el atrás de los siglos la forma solemne, casi sacra, en que se baila la sardana, en un acto de comunión colectiva.

Ya en el año 800 se menciona un «territorium Castellae», y ya a fines del siglo x comienza a expresarse a sí misma épicamente (según Menéndez Pidal). Como he dicho en otro sitio, *Castilla* fue la única región en el norte de lo que sería España, con un nombre de factura humana, «los castillos» (o «los burgos», *Burgos*). Aquella región, creada en cuanto población humana para la defensa y el ataque, hubo de pagar un precio por ser como fue. Los castellanos se caracterizaron por su eficacia bélica, y lograron así extender su lengua desde Almería a Huelva, y llevarla más tarde a las gentes del Nuevo Mundo. Todo ello se enseña en las escuelas primarias, pero mi problema ahora, lo que me distancia tanto del materialismo histórico como del nacionalismo fabuloso, son estas dos preguntas: ¿cómo fue posible?, ¿a costa de qué pudo llevarse a cabo? La posibilidad de pasar Castilla de condado a reino no está aún tan clara como sería menester (espíritu innovador, sí, pero el innovador necesita apoyarse en algo previo, en medios posibilitantes). El criterio demográfico es falaz, pues Finlandia u Holanda, ahí a la vista, significan más, en cuanto a valías, que los muchos millones de indios y sus sacros animales.

La mezcla de los vascones con los primitivos montañeses del *territorium Castellae*, luego llamados «serranos»; la mayor rapidez en captar las formas de guerrear el enemigo, una discreta combinación del arrojo con la prudencia, el saberse gobernar a sí mismos, darían como fruto figuras como las del conde Sancho García (995-1017), maravillosamente descrito por Ibn Hayyán [27]. Ahora, sin embargo, interesa más la segunda pregunta: ¿a costa de qué? Para dominar en el campo de batalla, el castellano tuvo que prescindir del ejercicio intelectual, de menesteres de artesanía, del comercio. En casos así se ve cómo falla el intento de explicar lo acontecido tomando la vía económico-materialista.

Las subestructuras personales condicionaban las múltiples necesidades de una sociedad que, hasta 1212, no se sintió segura frente a un enemigo que, todavía en 1195 (derrota de Alarcos), hizo temer que se repitieran las catástrofes del siglo VIII: «Por la noble sabiduría de los suyos fue el [rey Alfonso VIII] salvo e libre de muerte e de prisión aquel día» (*Crónica general*, edic. M. Pidal, página 681). Para que la tierra estuviera segura, y fuese posible ir ensanchándola a expensas de la ocupada por los moros, cuanto no era entrenamiento o ejercicio militar fue confiado a las castas no cristianas, o a extranjeros, desde construir castillos y templos, hasta (por ejemplo) la manufactura de lujosos tejidos. Los conservados en el panteón de Las Huelgas de Burgos (tan doctamente estudiados por M. Gómez Moreno) son buen ejemplo.

Fue inevitable, y a la vez nocivo, que los contactos con la Europa occidental se hubieran establecido a través de las peregrinaciones a Santiago. El *Poema de Fernán González* se jactaba de que no hubiera «Apóstol» en Francia ni en Inglaterra, pero aquel enorme turismo «a lo divino» desvió el interés de los monasterios de Cluny y del Císter por los menesteres culturales. Ni por la vía secular, ni por la religiosa, dirigieron los castellanos su esfuerzo hacia la satisfacción de la curiosidad intelectual. Florecieron el arte románico y el gótico, porque aquellos hermosos templos contrarrestaban la acción espiritual y prestigiosa de las muchas sinagogas y mezquitas. Han sobrevivido las dos de Toledo y la de Córdoba, para el

---

[27] *La realidad histórica de España*, 1954, p. 251.

español de hoy sin enlace con sus circunstancias histórico-sociales. Los lugares de oración islámico-judaicos eran edificios muy llamativos, y la casta cristiana delegó en extranjeros la construcción de templos de estilo no hispánico (románico-góticos) para satisfacer las necesidades del culto. Ha hecho falta un técnico de la talla de Fernando Chueca para que se vea claramente (según dije) que el único estilo nacional en arquitectura fue el mudéjar. Ahora bien, como el pensamiento y los saberes de los mulsulmanes ni eran visibles ni impresionaban por su volumen, los cristianos de Castilla y de los otros reinos cristianos los dejaron estar, y con la excepción de Domingo Gundisalvo (muy enlazado con la filosofía árabe), no contribuyeron a incrementar el pensamiento de la Edad Media europea. Los castellanos cristianos aparecieron como una innovación, bélica y políticamente eficaces, como un grupo movible y dinámico, no dado, por consiguiente, al meditar sedentario. Su habla se difundió a través de la voz de sus juglares, de la melódica recitación de sus proezas e imaginaciones, primero en las gestas, y luego en los romances. La Castilla cristiana se mostró a sí misma, pero ni cultivó ni, por consiguiente, difundió cultura de saberes despersonalizados, por carecer de centros de enseñanza propios. Los primeros Estudios de Palencia fueron creados por Alfonso VIII con maestros de fuera.

Si los cristianos de Castilla se hubieran dado a la tarea intelectual, e intentado oponer una cultura cristiano-castellana a la de los moros y judíos (como hicieron con sus templos en el campo de lo religioso), la Reconquista se habría paralizado. Las iglesias podían construirse con estilos de fuera y con *albañiles* y *alarifes* mudéjares; mas los templos de la cultura (escuelas y maestros) no podían surgir tan fácilmente. Aquella vida de andar y conquistar tierra musulmana, y de impedir que se adelantaran a semejante empresa los cristianos a la derecha y a la izquierda de Castilla, impedía ponerse a reflexionar sobre Aristóteles, o a escribir una geografía de la Península Ibérica, como la de Al-Himyari [28], o un tratado de oftalmología como el citado en nota.

Faltó en España una ciudad (una capital) desde la cual partieran radios de cultura unificante o armonizante. Mandar y hacerse obedecer es una cosa; convivir sin la sensación de *estar teniendo que* hacerlo, es otra. De ahí lo infructífero y desorientante de hablar en abstracto de economía española, porque la de los cristianos (vivir de lo allegado por la guerra) no era como la de los judíos, pues como digo en vano una y otra vez, no hubo bancos en España hasta que Cabarrús, un francés, fundó el de San Carlos, en tiempo de Carlos III. El que comerciar con dinero infamara, ¿tiene explicación económico-estructural? Lo mismo vale del hecho de *ahorrar* dinero en una *alcancía;* si los cristianos lo hubieran hecho espontáneamente, ¿habrían tomado del árabe esas dos palabras? La economía cristiana fue de ave de presa (de ahí la maravilla imperial llevada a cabo ya a mediados del siglo XVI). Si no hubiera sido así, el moro y el judío habrían hundido al cristiano. Tal fue el motivo de que la casta cristiana se enquistara en su casticismo, y de que no pudieran soldarse —borrando a la postre sus límites— las varias regiones, o grupos humanos, de la Península Ibérica. No se creó un pensamiento y una ciencia de cuño español, que se difundieran como hace el agua cuando el sistema de regadío es adecuado. En España comenzaron a traducir filosofía y ciencia griegas en el siglo XVI Pedro Simón Abril, Andrés Laguna y algunos otros. Tales intentos fueron frenados bruscamente por los motivos expuestos en este libro.

En el Sur de Francia el francés se había aclimatado en el siglo XIX, y a nadie se le ocurrió publicar en Tou-

---

[28] Editada en árabe y traducida al francés por E. Lévi-Provençal, Leiden, Brill, 1938. Mencionaré también el tratado de oftalmología de Al-Ghâfiqî, del siglo XII, traducido con el título de *Le guide d'oculistique,* por Max Meyerhof, y publicado por los «Laboratoires du Nord de l'Espagne», Barcelona, 1933. El oftalmólogo musulmán ejerció su profesión en Córdoba, y vivía cerca del Pedroche.

louse un diario en lengua provenzal, no obstante la prestigiosa tradición de aquella lengua, y los esfuerzos de Mistral por reavivarla. Si los políticos del siglo XIX se hubieran percatado de que el «problema catalán» dependía más de Madrid que de Barcelona, otro curso habrían tomado los acontecimientos. Pero ni a la monarquía ni a la breve república de aquel siglo se les ocurrió que el Estado español no pagaba a los maestros de escuela, y que se había extendido mucho lo de «tener más hambre que un maestroescuela». Hubo que esperar al siglo XX para darse cuenta de que faltaba en España un «Ministerio de Instrucción Pública», que la monarquía calificó de «ministerio de entrada», confiable a un aprendiz de gobernante. A través de tales grietas y enormes fallas debió ser observada la cuestión de los separatismos.

El contraste entre los criterios estimativos del muchacho catalán a uno y otro lado de la frontera franco-española no depende de circunstancias misteriosas, sino de la perspectiva histórica en uno y otro caso. Los catalanes se refugiaron en los vacíos de vida cultural creados por quienes fundieron en una siniestra oquedad la limpieza de sangre y el no saber dónde tiene uno la mano derecha. Como luego se dice, aún tenía validez en el siglo XVIII la idea de ser cristiano-vieja la física de Aristóteles, y herética la de Newton. Ha de añadirse a esto que los separatismos han sido fomentados por la total ignorancia de los españoles respecto de sí mismos, por la ingenua monserga de ser Trajano español, cacareada en millares de páginas. La historiografía española no ha sido capaz de asomarse a Francia o Italia, y de formular esta simple proporción: Si el emperador Augusto no es italiano, ¿cómo diablos va a ser español Trajano? Si los galos, los merovingios y Carlomagno no son franceses, ¿cómo podrían ser españoles Viriato, Teodosio o Isidoro de Híspalis? Estoy seguro de que en vida mía, en ninguna escuela o universidad españolas aprenderán los niños y los jóvenes en qué consiste ser español. Un pueblo que ha perdido la noción y la conciencia de quién es, ¿cómo podrá enfrentarse con problemas surgidos precisamente de una falsa conciencia acerca de quién se es?

Cataluña no puede ser estudiada como si fuera un trozo de naturaleza, o algo reductible a cifras y gráficos, y no como un grupo humano tan ilustre como dolorido. El clima, las montañas y los vientos no actúan y reaccionan como los grupos humanos, siempre a la merced de lo que, a la corta o a la larga, las circunstancias les permitan hacer. De ahí el peligroso absurdo de llamar españoles a quienes vivían en esta Península hace dos mil años; o de creer que el aumento o disminución del número de habitantes es un factor decisivo en la historia humana. Un hecho notable, a este respecto, es que en la contienda entre bolcheviques (mayoritarios) y mencheviques (minoritarios) hubo un momento en que los primeros eran los menos, pero su falta de poder numérico fue compensado por la disciplina del grupo y la capacidad de su jefe, Lenin. En la historia de España, sobre todo desde el siglo XVI, descuella muy especialmente lo hecho por los pocos o por los solos. Botones de muestra son Hernán Cortés y Cervantes. Pero los económico-materialistas y yo llamamos «historia» a dos distintas realidades humanas.

El materialismo histórico se armoniza bien con los sueños patrióticos de quienes imaginan a sus antepasados como casi coetáneos de la naturaleza al alcance de los pies y de los ojos de aquellos remotos homínidos, e incurren así en un error ontológico. Los olivos dependen del clima mientras los futuros españoles, castellanos o catalanes, fueron resultado de meras contingencias. Sin las peregrinaciones a Santiago los habitantes del norte de la Península no hubieran hecho suyo el nombre que les daban los venidos a través de Provenza. Sin la invasión musulmana, Santiago no estaría en Compostela, ni los francos se hubieran adueñado del nordeste de la Península. De no haberse debilitado la dinastía carolingia, los condados luego llamados catalanes, no habrían estado regidos por señores de aquella tierra desde fines del siglo x. Si Aragón hubiera sido un reino poderoso, política y culturalmente, el condado de Barcelona habría sido asimilado a Aragón; o si el condado de Barcelona hubiera sido una entidad políticamente *sui juris*, se habría constituido en reino (Aragón y Navarra lo hicieron). No fue posible a causa del ligamen con el rey de Francia, para deshacer el cual hizo falta el tratado de Corbeil (1258) entre Luis IX y Jaime I de Aragón (no entre Luis IX y el conde de Barcelona). Antes de eso, el conde de Barcelona Ramón Berenguer IV casó (1137) con Petronila, hija del rey de Aragón, sin que por eso el conde barcelonés hubiera ceñido la corona real.

Al llegar a este punto, M. Vilar me acusa de haber cometido «un grave contre-sens historique» (I, 450), por pensar yo que Cataluña era como un apéndice de Aragón. Quizá todo el equívoco dependa de haber leído yo libros que M. Vilar, o no conoce, o no tuvo presentes, y de los cuales citaré unos párrafos en castellano, cosa que a lo mejor no se ha hecho. Dice el añorado Ramón de Abadal, *Els primers comtes catalans*, Barcelona, 1965, página 340 (los subrayados son míos):

«La circunstancia de que la desaparición del dominio real de los francos sobre nuestros condes y condados fuera una cuestión de hecho, y no tuviese una formulación jurídica sino muy tarde, a destiempo, en 1258, tuvo para nuestro país consecuencias trascendentales. La alta soberanía del rey de Francia, por muy inoperante que fuese, *no por eso había desaparecido legalmente*. Los condes de Barcelona —haciendo honor a la tradición de juridicidad *que había de ser* una característica muy acusada de Cataluña— *no se atrevieron nunca a darse el título de rey;* les habría parecido una usurpación, puesto que, desde un punto de vista estrictamente legal, *no se había extinguido el reinado del rey de Francia sobre nuestro país.* Fue necesario, para tener un título real, *ir a buscarlo a Aragón.* Nuestro gran historiador Ferrán Soldevila ha comentado con su característica vehemencia, y con mucho acierto, las consecuencias antes citadas... Dice así [29]:

»El hecho de no haber convertido el condado en reino al unirse Cataluña y Aragón, no afectó a la situación de hecho de nuestra tierra respecto del país vecino, *pero sí a su situación jerárquica.* En el reinado de Alfonso I, el nombre del condado (no ya el de Cataluña que no suena para nada entre los títulos de los condes-reyes) pasa a segundo lugar; y en los reinados sucesivos, cada nuevo reino que se añade a la corona lo hace retroceder un puesto más. Así acontece que Jaime I lo ostenta como cuarto título, dado que era rey de Aragón, Valencia y Mallorca; en tiempo de Alfonso el Magnánimo llega a ocupar el noveno lugar, e incluso el décimo... De suerte que se dio el caso de que el país que era el nervio de la confederación, llegó a ser pospuesto a países sobre los cuales sólo se ejercía una soberanía hipotética y fantástica. Habría sido, sin duda, un acto de providente patriotismo por parte de Ramón Berenguer IV [al casarse con Petronila de Aragón], que *precisamente porque sus antecesores no lo habían hecho, él hubiera bautizado,* o hecho bautizar, *con nombre de reino [en 1137] sus dominios catalanes* [30]; y si dado el caso, por las razones que fuera, que él no hubiese *querido* tomar el nombre de rey de Aragón, su hijo habría podido tomar al mismo tiempo el de rey de Cataluña y Aragón, en lugar del de rey de Aragón y conde de Barcelona.

»Esto hubiera tenido una trascendencia más grande de lo que a primera vista pudiera imaginarse [¡continúa

---

[29] La cita de Soldevila se encuentra en las págs. 160-161 de la *Història de Catalunya*, Barcelona, Alpha, 1962.

[30] Se ve claramente cómo el historiador, en lugar de identificarse con el curso de la historia —de lo que fue porque tenía que ser como fue——, ingiere en aquél sus deseos. Las palabras de Soldevila no son ingenuas, sino angustiosas y dramáticas, y ayudan a entender la historia y los problemas catalanes más que los gráficos y estadísticas sobre la realidad extra, o peri-humana, vertidos sobre ellos.

la historia como anhelo y ensueño!]. En esa cuestión de nombre se involucra una de renombre. El nombre de Cataluña, en muchos aspectos, desapareció bajo el de Aragón, el cual pudo designar, por extensión y *por deseo de abreviar*, todo el conjunto de los Estados catalano-aragoneses. La dinastía de Barcelona fue llamada por los mismos catalanes "Dinastía de Aragón". *El grito '¡Aragó, Aragó!' se convirtió en seguida en el grito de guerra de todos los súbditos de aquella dinastía.*» Soldevila añade que la fuerte vitalidad «de nuestra raza» hizo que subsistieran los nombres de Cataluña y de los catalanes. De todos modos, «el hecho de no haber sido el título de soberanos de Cataluña el primero que ostentaron sus condes-reyes deja sentir aún hoy día su influencia».

De todo lo cual se desprende que M. Vilar, mal informado, me hace responsable del «contre-sens» cometido por la historia (según Ferrán Soldevila). Todo ello carece de importancia, porque lo único de interés es evitar que la historia catalana se encapsule en circunstancias geográfico-económico-sociales, y no se funde en sus motivaciones humanas, dependientes desde el siglo IX de los futuros catalanes, y posteriormente de los catalanes y de quienes no eran catalanes. Los condados catalanes estuvieron afectados por circunstancias que ellos no iniciaron, ni más tarde promovieron. Gravitaron primero hacia el reino de los francos, y luego hacia lo existente en la Península (la prueba es que, al ir a jugarse la vida denodadamente gritaban: «¡Aragó, Aragó!»). Más tarde, si los Reyes Católicos hubieran asociado a aragoneses y catalanes a las deslumbrantes empresas que alboreaban con el siglo XVI, otra sería hoy la forma de las relaciones catalano-castellanas. Pero a doña Isabel (llamada, no sé por qué, artífice de la unidad de España, y no de sus desgarros) se le ocurrió disponer en su testamento que, a la muerte del rey Fernando, el reino de Granada, las islas Canarias y cuantas «tierras descubiertas e *por des-*

cubrir, ganadas e *por ganar*», todo eso había de quedar «en estos mis reinos de Castilla y León» [31].

Castilla dominaba, llegó hasta el Pacífico y Oceanía, sin posibilidad de establecer una convivencia de comunes intereses y de cultura con las otras gentes del oriente peninsular. Cuando aragoneses, catalanes y mallorquines pudieron ir legalmente a las Indias, con los Borbones del siglo XVIII, el mal estaba ya hecho, y además continuó existiendo la preocupación de si era o no era digno ser científico, comerciar, manejar técnicamente los productos naturales, etc. La autoridad contra los intentos de separatismos en el siglo XVII (en Cataluña, Aragón y en la Andalucía occidental) se impuso por la fuerza de las armas, pues aparte de eso la unidad nacional se afirmaba sobre la religión, no sobre formas de cultura secular. Acerca de ello insinuó Cervantes cuanto era posible, en la Segunda parte del *Quijote* (1615), al poner en cuestión que la Teología fuera «la reina de todas» las ciencias (II, 16), o al hacer que un labrador explicara sarcásticamente a Sancho y a su amo, para qué servía la universidad de Salamanca: «Yo apostaré que si van a estudiar a Salamanca, que a un tris han de venir a ser alcaldes de Corte; que todo es burla, sino estudiar y más estudiar, y tener favor y ventura; y cuando menos se piensa, el hombre se halla con una vara en la mano, o con una mitra en la cabeza» (II, 66). En 1611 había escrito con muy mal humor Sebastián de Covarrubias, en su *Tesoro de la lengua castellana*, al hablar de la palabra «letrado»: «Hanse alzado con ese nombre los juristas y abogados», se habían apoderado de él (sólo en España llaman así a los abogados).

Todo lleva a la conclusión de que la historia catalana, después del siglo XI, estuvo ligada a la del resto de la gente peninsular, positiva o negativamente, lo mismo que antes del año 1000 fue afectada por lo acontecido al norte

---

[31] Alonso de Santa Cruz, *Crónica de los Reyes Católicos*, edic. Carriazo, Sevilla, 1951, I, págs. 95 y 355.

del Pirineo. La gente que ocupaba la tierra de la futura Cataluña no era como aquella tierra, o como su clima y vegetación; ni estaba predeterminada por su proximidad al Mediterráneo. El navegar y el comerciar, si sólo son eso, no confieren ni fisonomía ni dimensión históricas, aunque a los historiadores «mediterraneístas» les deje indiferentes la situación y la valía de los «mediterraneizados». Las riquezas como tales nada son históricamente; no son seres absolutos, sino algo en relación con la forma en que sea manejado. Lo he dicho más de una vez y lo reitero: el botín cogido por los pisanos al ser vencidos los árabes en Palermo, sirvió para que comenzara a edificarse el «Duomo» de Pisa. De ahí que los criterios de la historia económica, abstractamente manejados según hoy hacen, no ayuden a entender la historia. Los moriscos del siglo XVI —que eran tan parte de la población española como la gente de casta cristiana— usaban su dinero para unos fines suyos, que no eran los de los cristianos (ya lo dije antes). Todos estos hechos rebotarán sobre las cabezas de los historiadores materialistas, porque un *hecho* no es un absoluto, sino algo relativizado por la mente o la vida de quienes se instalen en él. Los fenómenos geográficos (montañas, ríos, mares) *son,* y no pueden por sí solos variar su ser; los fenómenos humanos, por el contrario, *existen en función de,* no porque yo sea existencialista (según dicen algunos poco al tanto de estos problemas), sino porque la vida del hombre posee de suyo *capacidad manejante* (algunos animales la poseen, si bien en forma rudimentaria y estabilizada). El hombre, además de manejar su entorno natural (antes cité el caso holandés), posee dimensión optativa, y por eso el cristiano viejo, prefirió morirse de hambre más bien que trabajar como un no hidalgo (todos conocen al Hidalgo del *Lazarillo*). Lo cual tiene que ver con la *opinión* de los demás, y ya veo a alguien calculando con un «computer» la extensión y la profundidad de este fenómeno social («le qu'en dira-t-on»; «when at Rome you must do as the Romans do»). Ahora bien, lo peculiar del caso

LX

español es que el acento de la reprobación pública cargaba sobre la totalidad de las actividades. La paralización de las actividades intelectuales no significó que el español no fuera capaz de ejercitarlas, porque fueron detenidas por el «qué dirán», y no quedó margen en donde la persona pudiera construirse visiones del mundo físico o ideal en desacuerdo con lo por todos aceptado. «Haz como los demás» no es lo mismo que «no hagas nada», y por eso se burló Cervantes de la necedad de relacionar el analfabetismo con el linaje limpio; o de desdeñar (como antes vimos) todo estudio que no tuviera como meta una vara de alcalde (de juez), o una mitra de obispo. Y gracias a ese continuo «darse cuenta», España salió adelante y no quedó estancada, y es hoy posible —entre otras cosas— demostrar lo inexacto e insuficiente de las historias al uso, e incluso el error de quienes atribuyen a exceso de población el exilio de muchos judíos en 1492, o de quienes hablan de Cataluña y Aragón sin tener en cuenta que el grito de guerra catalán era «¡Aragó, Aragó!»

Los condados catalanes oscilaron entre inclinarse hacia Aragón, o rememorar su vasallaje respecto de la monarquía franca. Hasta 1180 aparecen documentos fechados con el año del reinado de los reyes de Francia. Muy significativo es que, tardíamente, entre 1345 y 1484 se rindiera culto a Carlomagno en la catedral de Gerona, como si aquél fuera un santo [32], culto abolido por el papa Sixto IV en 1484.

---

[32] F. Soldevila, *Hist. de Catal.*, págs. 38-45; y especialmente, J. Mercader y Bohigas, *Vida e historia de San Narciso..., patrono de Gerona*, Gerona, 1854, págs. 58 y ss. Carlomagno había sido canonizado en Aquisgrán en 1166. El que los gerundenses adoraran su imagen unos dos siglos más tarde, revela que aún estaba viva la huella espiritual de haber sido aquel condado una prolongación del imperio carolingio. El artículo de Ramón de Abadal, *La institució comtal carolingia en la pre-Catalunya del segle IX* («Anuario de Estudios Medievales», 1964, I), es correcto en su título y en su contenido: los condes francos se sirvieron de sus gobiernos para saciar sus ambiciones, «en contrast amb la fidelitat que els comtes catalans mantingueren al seu rei i a la dinastia carolingia» (*l. c.*, p. 51). Un eco eclesiástico de aquella antigua fidelidad fue la imagen de San Carlomagno en la catedral de Gerona antes en el

Cataluña no surgió, por consiguiente, como una entidad política a consecuencia de guerrear contra los reyes carolingios, o contra los moros; lo cual en modo alguno significa que los catalanes no pelearan con gran denuedo, tanto antes como después de unirse a la corona de Aragón, en la forma y con las consecuencias ya expuestas por dos ilustres catalanes. Una de esas consecuencias fue que el grito de guerra fuese «¡Aragó!», y que la historia catalana, como la de otras regiones de España, esté cargada de dolorida sensibilidad. Comprendo que sea grato para los catalanes ser objeto de estudios voluminosos en que se habla mucho de su geografía, de su economía y del movimiento demográfico de su población. Mas, con toda la estima que tales estudios merezcan, a mí me sigue inquietando lo que en la historia catalana y en la del resto de España no es reductible a cifras, y se manifiesta en elocuentes silencios, o en engañosas fábulas. Se habla con razón del «fet diferencial», y es cierto que existe; aunque me parece hay otra diferencia aún más profunda: la existente entre lo que uno es, y lo que desearía ser colectivamente. La economía nada tiene que hacer con ello, pues aun cuando Cataluña rebosara de riqueza y bienestar material, continuaría añorando unos condes que fueran reyes de Cataluña, y sus fueros, y muchas otras cosas. Nadie tiene la culpa de que Cataluña no haya podido constituirse como una Suiza mediterránea, o como una Finlandia báltica, y de que primero gravitara hacia los francos y luego hacia los aragoneses políticamente.

No voy a incurrir en la ingenuidad de inventar o proponer planes terapéuticos para los males colectivos de que vienen quejándose los españoles desde hace siglos. Ya Cervantes intuyó la importancia de ciertos síntomas (¿por qué se ha tildado a veces de poco inteligente a Cervantes?): las universidades eran sólo escuelas profesio-

---

altar de los Santos Mártires, y ahora en la 2.ª Sala Capitular (V. Lamberto Font, *Gerona. La Catedral*, Gerona, Editorial Carlomagno [!], 1952, págs. xvi y xvii de los índices).

nales (para seglares o para eclesiásticos), no almácigas o planteles para científicos. Fue inútil que don Quijote le explicara a don Diego de Miranda —una cabeza de corcho— que la más urgente tarea era «hacerse» con la cultura griega, y con el griego, una de «las reinas de las lenguas». La otra, en 1600, era el latín, aunque dos veces mencionada por Cervantes en segundo lugar.

Si algún día los españoles se hacen con su propia historia, la de verdad, se darán cuenta de la «herejía» cometida contra los pobres catalanes, y los igualmente maltratados vascos y gallegos. Cuando dentro de unos años se den cuenta las gentes hispánicas de que el malestar de ciertas regiones procede del mismo *virus* que redujo a cachitos el imperio indiano, mientras en el Norte los trece Estados que se separaron de la monarquía británica estaban bastante zurcidos unos con otros, ese día el horizonte de la gente hispana aparecerá como una luciente aurora. Porque no tiene razón M. Vilar en hacer imprimir que está «arrêtée» la historia de España, porque son hoy muchos los empeñados en mantenerse en movimiento. El día que se explique que el en verdad fabuloso imperio hispano-portugués estuvo inspirado por casi un siglo de prédicas y profecías lanzadas por cristianos de casta judaica que frecuentaban el «aula regia», y que a mediados del siglo XVI la gente hispano-ibérica se encontraba en Flandes y en Chile, en el Brasil y en la India, en Nápoles y en Milán, muchos imaginarios enigmas se pondrán en claro. En 1522, Juan Sebastián Elcano terminó de dar la vuelta a nuestro planeta por primera vez, una proeza, en aquel tiempo, comparable a poner hoy un hombre en la luna. El éxito acabó por confundirse con el ser de la persona. El español, en su dimensión castellana, ponía el pie y la espada en donde le placía, y cuando no guerreaba, se habituó a mandar, más bien que a inyectar en sus mandatos fecundas ideas.

Antes se vio cuánto sentido tiene que *ahorrar* y *alcancía* sean arabismos. Me llama ahora la atención que el habla castellana no tenga una expresión suya para expresar la falta de algo. «Echar de menos» era antes «echar menos», leve transformación del portugués «achar menos», «hallar menos». ¿Un azar? ¿Pero lo será también que se haya tomado del catalán «añoranza?» Es notable la profusión de sus cognados: «enyorança, enyorós, enyor, enyorivol, enyoradís». (Por si acaso: *ny* en catalán es *ñ* en castellano). Del gallego procede «morriña». En castellano se siente la «soledad», en andaluz «soleá», y se cantan «soleares»; la palabra refiere a lo sentido por quien se ha quedado solo, mientras que en portugués y en catalán la significación se dirige hacia lo que falta, además de a la soledad creada por su ausencia. Todo ello concuerda con el sistema castellano de valoraciones, concentradas durante los siglos de su grandeza sobre la conciencia de *ser quien se es*, por el *linaje* [33], no por estar en situación de hacer algo, o por estar haciendo, o sea, produciendo objetos materiales o ideales. Una mayor abundancia de tales objetos habría llenado los vacíos que han trazado linderos de oquedades entre las distintas regiones de España. No se remediará esa deficiencia con los procedimientos económico-materialistas, buenos a veces para numerar y medir lo que está, o estuvo, pero inservibles para llenar los huecos provocados por lo no existente. Algunos de esos males han sido a veces remediados, y en el futuro lo serán mucho más. Con lo cual el lector sabe ya a qué atenerse, y podrá sopesar el tremendo hecho histórico de que los consejeros de Carlos V necesitaran descender de campesinos incultos. La historia económica se lo salta, o lo ignora.

---

[33] Es alentador que, en un debate más animado por odios que por razones, sea posible citar a J. Vicens Vives, a veces en desacuerdo conmigo en cuanto a la composición castiza de la sociedad española. He aquí sus palabras: «En definitiva, y ello es lo que pesa más en mi ánimo, la hipótesis de Castro encaja más que la de [quienes se oponen a ella] con los documentos sobre economía, sociedad y cultura del siglo xv que yo he examinado directamente durante dos decenios, y que quizá habría llegado el momento de publicar y comentar» (*Aproximación a la historia de España*, Barcelona, 1968, p. 192). Aquel sabio historiador no era sectario de ninguna secta.

NOTA A LA SEGUNDA EDICION

Al preparar la segunda edición de esta obra he tenido presentes las favorables reacciones de quienes han visto en ella algo más que una simple averiguación de hechos o una presentación de fenómenos críticamente analizados. Porque uno de los posibles subtítulos de este libro podría haber sido: «Reflexiones sobre la angustia y la expresividad de un gran pueblo en la cumbre de su imperio». Lo cual quiere decir, además de lo que a primera vista dice, que lo ahora aquí ventilado no tendrá acceso a la mente de quienes estén hechos a juzgar más con pasión caprichosa que con mesurado razonamiento. Mi propósito de raer el «palimpsesto» de la vida pasada a fin de hacer accesible lo en realidad escrito en ella, se parece algo a los esfuerzos de quienes, en el siglo XVI, sostenían que el auténtico Antiguo Testamento se encontraba en el original hebreo y no en el latín de San Jerónimo, un buen traductor, pero nada más. Hoy, como entonces, muchos no atienden a razones, y esto por motivos múltiples. A pesar de lo cual no creo, como escribía el P. Juan de Mariana a raíz del proceso contra Fray Luis de León, que «la mayor parte de las locuras es esforzarse en vano, y cansarse para no conseguir sino odios». Y no es locura, porque este libro, para tan-

3

tos repelente, ha tenido que reeditarse. Lo cual no impide que sea cierto también en este caso lo que a continuación añadía el P. Mariana: «Quienes participaban de las opiniones vulgares, seguían haciéndolo con más gusto, y fomentaban las ideas que agradaban, en las que había menor peligro pero no mayor preocupación por la verdad.»

A la verdad se llega en este caso observando de cerca a los españoles de antaño, y teniendo muy en cuenta quiénes y cómo lo eran, sin dar por supuesto que los españoles «eran los españoles» y nada más. Las páginas siguientes harán ver que los españoles, en su conjunto, eran un pueblo singularísimo, muy al margen o muy diferente de los restantes de Europa: ¿Cómo, si no, hubiera podido crearse un imperio e inventar el *Quijote?* El problema de los problemas en aquel tiempo (siglos XVI y XVII) era justamente el de quienes tenían derecho a existir de veras como españoles, lo cual es distinto de si España era una, o si había dos.

Aumenta el número de quienes no se contentan con abstracciones deshumanizadas, y piden con urgencia que atendamos no sólo a los acontecimientos, la economía, las instituciones y las «ideas», sino sobre todo a cómo existía y se estructuraba todo eso en el proceso del hacer vital. Estamos tratando de ver la historia desde la vida de quienes la estaban haciendo. Esa historia, vista «desde dentro», no fue como suele decirse en los libros al uso. Ya algunos jóvenes se van percatando de ello y reconocen que el futuro (afán de bienestar, prisa por salir de los atolladeros) está condicionado por la manera, por la pericia con que se maneje el pasado que, *velis nolis,* llevamos a cuestas; por la maña y la inteligencia con que lo yacente bajo nosotros sea usado, neutralizado o transformado. Cerrar los ojos a lo que *con tanta intensidad* se ha sido (trescientos largos años de Inquisición y de Imperio) sería tan

4

insensato como pretender caminar cruzándose de piernas.

La noticia de quiénes y cómo fuimos lleva implícita una toma de posición respecto de uno mismo, y ése es justamente el motivo de que muchos españoles (ver el cap. II) rehúyan enfrentarse con la imagen real de su pasado y no conecten su hoy con la perspectiva de su ayer, o se forjen un ilusorio pasado. Unicamente quienes hayan leído y entendido mis libros (especialmente éste y *La realidad histórica de España*, 1971) estarán capacitados para discutir mis juicios y formular correctamente otros en su lugar.

Por encima de las leyendas y de los sofismas surge ahora una imagen menos incoherente de los españoles en el siglo XVI y en el XVII. No fue esbozada aquella imagen mediante simple acopio de documentos o utilizando abstracciones sociológicas. Si lo decisivo en la tarea de sacar a luz la realidad de los españoles fuera el saber documental y las generalidades sociológicas, hace mucho tiempo que esa realidad habría sido manifestada en letra impresa. Pero es que los documentos son útiles en la medida que lo expresado en ellos se encaje y se ordene en una estructura, en la que existió y le confirió realidad vital. Desde 1842 estaba ahí a la vista el informe del doctor Galíndez de Carvajal acerca del Consejo Real de Carlos V, muy a la mano en el primer volumen de la «Colección de documentos inéditos para la historia de España», pero nadie se había dado cuenta del motivo de subrayar tanto el doctor Galíndez de Carvajal el hecho de ser o no ser los miembros de aquel Consejo descendientes de labriegos por los cuatro costados. El criterio sociológico o institucional (condición de las personas), o el interpretar ese hecho como una manía española de espulgar linajes, fallan aquí completamente. La imagen del labriego aureolado de pres-

5

tigio supone una escala de valoraciones, en íntima conexión con las circunstancias de las personas, las internas y las externas. O sea, que para infundir realidad en el informe sobre los miembros del Consejo Real, hay que comenzar por preguntarse cómo había estado y estaba estructurada la vida española, y cómo afectaba ésta a la conducta de las personas y a la situación del mundo en que vivían, desde la agricultura y la economía hasta la religión y la expresión artístico-literaria. Cada «punto documental» ha de ser situado en el lugar en que adquiere sentido. En otro caso, los documentos son puntos sueltos, materia informe y volandera.

Las figuras estructurales en que situemos el pasado han de parecer y ser sentidas como únicas, irreductibles a nada que no sea ellas, tan singulares como la fisonomía de una persona *. Lo cual esta-

---

* Conviene ver a esa luz un interesante documento. D. Francisco Antonio Díez de Cabrera, agente diplomático de Felipe IV y de la Inquisición, negociaba en la corte romana a mediados del siglo XVII. Uno de esos asuntos se refería a la ascendencia impura de cierto Príncipe, a su sangre judía. E informa así don Francisco:

«Se lo he dicho a Su Santidad [Inocencio X], pero no hacen caso de ello, porque *acá no es materia de reparo;* y no [h]a muchos años que se [h]a visto cardenal con parientes cercanos vivos en el gueto o judería, y [h]oy [h]ay alguno de quien se dice que sus maiores, y no de muchos grados, salieron de la misma parte; y por eso, y por otras cosas, he dicho que *es mui diferente mirar las materias de cerca o de lejos,* porque allá en España hace grande [h]orror el que uno descienda de hereje o judío, y *acá se ríen de estos reparos y de nosotros,* porque los hacemos; y así verá V. Md. que no [h]a venido acá causa de este género —aunque [h]an sido muchas las que han venido de yglesias donde [h]ay Estatutos [de limpieza de sangre]—, que no [h]ayan menospreciado y declarado a fabor del que tiene la mácula» (P. Miguel de la Pinta Llorente, *Aspectos históricos del sentimiento religioso*

6

blece radicales diferencias entre el historiador y el filósofo o el sociólogo. La estructura castiza de los españoles no fue como las de otros pueblos en donde hubo o todavía hay castas, porque en la España de los siglos XVI y XVII la opinión de los demás afectó a la vida del individuo como en ningún otro país europeo. Las historias lo ocultan, pero la palabra *casta* se usaba con el sentido que tiene en el lema de estas páginas.

Cuanto en este libro se dice sobre la honra, se refiere a las formas peculiarísimas en que ese sentimiento se expresó en las instituciones (estatutos de limpieza de sangre); en la vida religiosa (Juan Díaz asesinó a su hermano por haberse convertido al protestantismo y ofender así el honor de la nación española); en la economía (trabajar para adquirir riqueza deshonraba, por parecer esa actividad propia de judíos); en las tareas intelectuales (cualquier actividad de cultura podía atraer sobre ella el deshonroso calificativo de judaica); en la literatura, tanto en la a tono con las ideas predominantes (matar a la adúltera, real o supuesta), o en la de los partidarios de no matarlas (Cervantes y otros ya citados por mí en 1916 en mis estu-

_____

en España, Madrid, 1961, p. 37). León X se asombraba de que en Portugal negaran a un sacerdote, culto y virtuoso, un beneficio eclesiástico, por ser nieto de una judía conversa. (v. *Cervantes y los Casticismos españoles*, 1966, pp. 351-352).

Como en otros casos, se confirma ahora que los problemas religiosos en España dependían menos del catolicismo que de la forma en que los españoles *vivían* su catolicismo, de cómo enlazaba con su estructura vital. La historia sociológica, abstracta, de conceptos genéricos, deforma y falsea el objeto que pretende aclarar. Díez de Cabrera era canónigo e inquisidor; su mente era aguda, y él se daba cabal cuenta de no ser lo mismo tratar con el Papa que con los inquisidores. Los conversos romanos podían llegar a ser cardenales. La fecha de este informe confidencial es 15 de mayo de 1652.

7

dios sobre el honor y en *El pensamiento de Cervantes*, en 1925). A esta noción del honor-honra no se llega mediante divagaciones abstractas y sociológicas, sino penetrando en la forma en que fue *vivida*. La opinión y la honra no son realidades ideales fuera del tiempo y el espacio humanos, sino concreta expresión de la estructura y del funcionamiento de la vida española. Los cristianos viejos aceptaban las decisiones de la opinión pública al ir a valorar la honra de las personas; frente a eso, los cristianos nuevos discutían o ironizaban la tendencia unanimista a fundar la honra en lo que todos decían o sentían. Por consiguiente, el que la honra consistiera en la opinión de todos o en la virtud del individuo, fue uno de los muchos motivos de conflicto en aquella «edad» en tantos sentidos «conflictiva».

Hacen falta, por consiguiente, medios e instrumentos especiales para trazar el cuadro de esta edad conflictiva, para hacerla aparecer como un vivo panorama de realidad humana, específicamente española. Son inoperantes en este caso los enfoques abstractos, o las actitudes escépticas y amargas de Mateo Alemán en el *Guzmán de Alfarache*, o del nihilista Baltasar Gracián, o de otros como ellos, a quienes no interesaba o incitaba la «expresión» de vida. La actitud «desamorada» de un Avellaneda frente al *Quijote*, o la de otros como él, coincide a veces con la del analista abstracto, la del partidario de que «esto es como aquello», de que los procesos de vida son explicables sin tener en cuenta la angustia y la esperanza de quienes viven.

La historiografía, para rebasar el nivel de la crónica y del examen esquelético de los hechos, ha de operar teniendo a la vista cómo fueron expresadas las vivencias de los hechos. Porque esas expresiones, cuando adquieren formas que dan la ilusión de ser vida, valen por sí mismas, y no son reductibles a algo más «real» que ellas, por ejemplo a hambre, a sexo, a envidia, a fertilidad del suelo, etc. La historia opera sobre las formas y los modos con que ciertos hombres, en un lugar y en un momento dados, tuvieron que habérselas con esas y muchas cosas más. La humanología, en su dimensión historiográfica, no es confundible con la filosofía, con la biología, con la economía o con la sociología.

Recalquemos que el saber por el saber no es como el saber de lo nuestro, de un «nuestro» que ha redundado en nuestros bienes y en nuestras aflicciones. Las realidades, las cosas materiales o ideales que manejan los abstraccionistas son, historiográficamente, materia neutra y estéril, que no invita gentilmente a demorarse en su contemplación, ni nos roza con sus hirientes púas. Lo genérico y abstracto es como el reverso del tapiz, existente sin duda, pero inválido sin la expresión de su otra haz. Trato, por lo mismo, en las páginas que siguen, del problema de la honra en conexión (sólo insinuada, aunque perceptible) con la totalidad de la vida española, con las expresiones de las vivencias españolas, de cómo se ha sentido estar siendo el español, de cómo quiso hacerse valer, de cómo se alzó y padeció por seguir el rumbo trazado por sus valoraciones y preferencias. Gracias a ese método será posible llamar «edad conflictiva» a lo que antes se identificaba con comunes denominadores europeos (la Contrarreforma y el Barroco, por ejemplo), y que aparece ahora como alta y dramática expresión de un angustioso conflicto de castas, tan angustioso que muchos prefieren cerrar los ojos para no verlo, y silenciarlo, y continuar manteniendo en circulación unas cuantas ingenuidades cada vez más inválidas.

El Castañarejo (La Adrada, Avila), julio de 1963.

NOTA PRELIMINAR

Cada día se hace más evidente que la estructura humana de los habitantes de la Península Ibérica no es la que se les viene asignando en los libros desde hace por lo menos setecientos años. Los motivos de tan anómala situación por primera vez se ponen de manifiesto —a las claras y no a sombra de dudas— en el presente volumen *. Los niños franceses no aprenden en la escuela que eran ya franceses los celtas de la Galia y los francos de Carlomagno. Ni a los italianos les enseñan que los celtas de la Galia Cisalpina, los etruscos, los oscos, los umbrios, los romanos, los longobardos, los vénetos y los sículos eran ya italianos. Pero a los españoles les siguen recitando la fábula de ser ya españoles cuantos hollaron el suelo de sus actuales tierras ya en la época prehistórica. España se convierte así en un espacio sin españoles, extrahumano, en el que fueron colocados ciertos hombres, como si fueran árboles o animales importados (algo así como el ganado que los españoles soltaron sobre la pampa de la futura Argentina en el siglo XVI). Yo recité en la escuela que «Túbal, hijo de

* Con posterioridad a este libro, ha aparecido la edición renovada de *La realidad histórica de España*, 1971, Editorial Porrúa, Méjico, en donde se amplían estas ideas. Ver también *The Spaniards. An Introduction to their History*, 1971, Los Angeles, University of California Press.

Jafet y nieto de Noé, fue el primer poblador de España».
O sea, que *España* ya estaba ahí. También estaba ya
cuando los iberos, ¿y por qué no cuando los ligures?
Luego se españolizaron los celtas, los celtíberos, los romanos, los visigodos y, en fin, los musulmanes. España
es un «cauce», escribe alguien, por el cual discurrieron
muy varias aguas.

Oponerse a tan arraigada creencia, enlazada con incontables intereses creados, no es tarea leve. En casos
así ya se sabe cómo reacciona la gente. A pesar de lo
cual, éste y otros libros míos contribuirán a hacernos
recobrar la noción de nuestra *identidad humana,* hoy
positivamente desconocida, aun al precio de caer en rei-
teraciones —los libros voluminosos se leen poco.

En este caso no he tratado de atacar directamente
el problema, haciendo ver —por ejemplo— que ni los
iberos hicieron nada por donde pueda colegirse que
poseían conciencia de ser españoles, ni tampoco los visigodos. Me ha parecido, en cambio, preferible analizar
el motivo de esta ya secular alucinación, ir a la misma
raíz del problema. El motivo de haber convertido en
españoles a Séneca, Trajano, Teodosio *et alii* fue la necesidad de llenar de españolidad universalizada y deslumbrante un pasado que, ya en el siglo xv, Fernán Pérez de
Guzmán (para quien los moros eran secular afrenta) cali-
ficaba de «historia triste y llorosa, indigna de metro y
prosa». En este siglo xx algunos muy significativos españoles decidieron poner en paréntesis los siglos xix, xviii
y xvii, o tacharlos como inválidos, por motivos distintos
en cada caso, si bien coincidentes.

En suma, se ha cerrado los ojos a lo admitido por
la historiografía francesa, italiana o inglesa (los pictos,
celtas y normandos no eran ya ingleses), no por ignorancia y falla discursiva, sino por miedo a la angustia
y agonía que acechan tras el vacío que se abriría al
privarse de la protección de Viriato, Numancia, Trajano, Marcial, Isidoro de Híspalis, la Córdoba califal,
etcétera, etc. Acontece igual con las subhistorias regiona-

les. Los gallegos, por ejemplo, prefieren acudir a los celtas para explicar el sentido de su *saudade* (soledad), y no a los muchos siglos en que vivieron como hospedadores de enormes legiones de peregrinos extranjeros. Santiago enriqueció a Galicia (sobre todo a sus grandiosas abadías), pero la recluyó en una atmósfera religiosa poco favorable para la cultura secular. Al gallego casi todo le cayó del cielo, aunque a veces ha sabido ironizar genialmente (Valle-Inclán), o ejercer como nadie en España la hábil e inteligente diplomacia (el Conde de Gondomar en la corte de Jacobo de Inglaterra).

Yo he llegado a poder prescindir sin angustia de las fábulas hispanas, tan ingenuas en el fondo, a medida que me he ido entrañando con la maravilla de la obra española (la auténticamente española) en Europa y en lo que fue las Indias. Los libros no ponen en primer plano, al alcance incluso de los niños, la *especial clase de civilización* construida por los españoles, gracias, precisamente, a haberse constituido España como una convivencia y un desgarro de tres clases, de tres *castas* de gentes: cristianos, moros, judíos. Según he hecho ver (lo cito como demostración ejemplar de lo que digo), lo que hizo posible obras grandiosas como *La Celestina* y el *Quijote*, y por ende la novela y el drama europeos, fue una cierta visión del hombre en la cual se entretejían, como en un ideal y precioso tapiz, las disconformidades y las armonías entre el individuo y su medio social **. Es probable que sin su ascendencia sefardí Montaigne no hubiera escrito sus *Essais*, aunque Montaigne no lo diga y lo silencien quienes tratan de su obra. El mito del españolismo de los iberos, y todos los demás, no será desalojado de las mentes juveniles (hoy descarriadas por esos mitos) hasta que no penetren en el tráfico de las ideas y de las estimaciones, unos modos de enfocar y tratar lo humano español distintos de los vigentes en el resto

---

** Sobre esto, véase mi *Españolidad y europeización del «Quijote»*, al frente de la edición del *Quijote* publicada por la Editorial Porrúa, Méjico, 1960.

de Europa. Lo primero para llegar a tan necesaria y urgente finalidad es no cerrar los ojos a lo acontecido entre los españoles. Para desvelarlo me sirvo ahora como reactivo del sentimiento de la honra; al aplicarlo a la, hasta ahora, informe textura del pasado, éste se revela como las letras de un palimpsesto antes ilegibles. Por primera vez nos enteramos de cómo fue posible alzar las figuras de unos pobres labriegos, sin dimensión historiable hasta entonces, a planos de grandeza y universalidad humanas. Y sabemos también, sin necesidad de más, la razón histórica del más extraño y pertinaz falseamiento de la historia en los tiempos modernos. Lo grave es que, mientras se cierren los ojos ante la propia y auténtica historia, las deficiencias y las contiendas ciegas tendrán difícil remedio.

Con el presente libro pongo bien de manifiesto el fundamento del, por algunos, llamado «complejo de inferioridad» español, surgido al darnos cuenta de no haber contribuido los españoles con nada importante al desarrollo de la ciencia y la técnica modernas. No sigamos achacando a Felipe II culpas que no tuvo; no se recurra tampoco a las largas y lejanas guerras, ni a la despoblación derivada del hecho de haberse trasladado a las Indias muchos habitantes de la Península. La razón de tan extraño y grave acontecimiento yace, como verá el lector, en los criterios valorativos de los cristianos viejos. No quisieron éstos empañar su honra castiza cultivando tareas intelectuales y técnicas, consideradas nefandas desde fines del siglo xv, por ser propias (por ser *juzgadas* propias) de las castas hispano-hebrea e hispano-morisca. La casta que prevaleció y dominó fue fortaleciéndose y magnificándose política e imperialmente, mientras el cuerpo social, agente de esa política, iba quedando maltrecho y mutilado. La gigantesca dimensión política fue ampliándose a costa de profundas lesiones en la estructura social, cuyos diagnóstico y análisis habían partido de supuestos falsos. Las largas y confusas polémicas acerca

16

de la ciencia y técnica españolas ofrecen ahora sólo interés marginal por ser exteriores al problema mismo.

La observación de cómo fue vivido el sentimiento de la honra en los siglos XVI y XVII me ha permitido escapar a lo que, durante largos años, había sido para mí laberinto de dificultosa salida. Un nuevo modo de considerar el pasado y el funcionamiento de la vida en España hizo posible superar la idea de haber sido el honor un «concepto»; en vez de llamar a eso un concepto, habría que hablar de la expresión de la vivencia del sentimiento honroso. Tuve ante mí «hechos» de sobra en 1915, pero no pude zafarme de las garras de la deshumanizada historia de ideas (Kulturgeschichte) en la cual había aprendido lo poco que sabía. Esos modos de pensar, en mí y en otros, me parecen hoy pueriles e insuficientes. Porque los hechos humanos, si uno no participa de la vida de quienes los habitaron, son cáscaras vacías de sentido. Al convivir, al hacer lo posible por tomar el «punto de sentimiento» de quienes se expresan en el pasado, lo acontecido desde fines del siglo XV en la sociedad española se me apareció como un drama sin análogo en Europa. Hasta entonces la situación en Castilla era, más o menos, como la reflejada en lo que ahora diré, y cuya comunicación debo a Francisco Márquez:

En 1486 hizo su entrada en Palencia el obispo Alonso de Burgos (de casta judía) ***. «En su recibimiento hubo grandes fiestas, y especialmente lo regocijaron los moros y judíos que moraban en la ciudad, que eran sus vasallos; los moros con diversas danzas y invenciones, y los judíos iban en procesión cantando cosas de su ley; y detrás venía un rabí, que traía un rollo de pergamino en las manos, cubierto con un paño de brocado, y ésta decían que era la Torah. Y llegando al obispo, él hizo acatamiento, como a la ley de Dios, porque dicen que era la

---

· *** Descendía de don Pablo de Santa María, ex-rabino de Burgos, convertido al cristianismo a fines del siglo XIV.

Santa Escritura del Testamento Viejo; y con autoridad la tomó en las manos, y luego se la echó atrás, por encima de sus espaldas, a dar a entender que ya era pasada, y así por detrás la volvió a tomar aquel rabí. La cual ceremonia [es] digna de ponerse en esta memoria, porque fue la última vez que se hizo, a causa que después de ahí a pocos años, se tornaron cristianos», es decir, tuvieron que bautizarse los judíos después del decreto de expulsión ****.

La estructura social continuaba siendo la misma de siglos atrás, pues cristianos, moros y judíos festejaban la entrada del obispo, lo mismo que las de los reyes o de los grandes señores.

Esas tres castas se encajaban unas en otras como las piezas de un mosaico, del mosaico que, con algún que otro desperfecto, venían siendo los españoles desde los siglos IX y X. Esta es la tradición que los tradicionalistas han de tener presente, y con ellos, cuantos aspiren a entender un pasado al cual no cabe escurrirle el bulto. Las amarguras y sinsabores sólo podrán ser superados si nos hacemos cargo de lo acontecido, sin tapujos ni elusiones, pues el pasado y la tradición están ahí vivos, aun cuando sus aguas corran soterradas y únicamente se revelen a quienes sepan y quieran alumbrarlas. Juzgo pueril (ya se sabe en qué sentido uso el vocablo) lanzar al público un libro pesimista u optimista, ya que, para los entrañablemente unidos a todo el pasado auténticamente español, se trata de «entender» tanto a los españoles unidos como a los desunidos durante los siglos que ya se fueron. Mas si nos interesan los que están por venir, ya sería hora de poner término a la historiografía

**** Esteban Ortega Gato, *Blasones y mayorazgos de Palencia*, Palencia, 1950, p. 39. [Cuando fueron traídos de Roma los restos del cardenal don Gonzalo García Gudiel en tiempo de Fernando IV (1258-1312) «non fincó *cristiano nin moro nin judío* que todos non le salieron a rescebir con sus cirios muy grandes e con ramos en las mangas». «Este fue el primer cardenal que fue enterrado en España.» *(El Caballero Cifar* [comienzos del siglo XIV], edic. Wagner, p. 5.) Apud E. Buceta, *Rev. Filol. Espa.*, 1930 (p. 27.)

fabulosa (Cueva de Altamira, Trajano y Cía.), y parar mientes en lo realmente vivido por los españoles, en aquello cuyas consecuencias están ahí latiendo bajo el quehacer y el padecer de cada día. El futuro nos está abierto, pero para enfrentarse con él en un impulso ascendente, habrá que reparar las vías que la historiografía de los últimos mil años ha venido haciendo intransitables.

Princeton, N. J.
Marzo, 1961.

INTRODUCCION

INTRODUCTION

Las páginas que siguen aspiran a hacer más percepible la estructura básica de la vida y de la literatura españolas en los siglos XVI y XVII. Lo ahora ofrecido al lector, por otra parte, guarda relación con *La realidad histórica de España* (edición de 1971), en cuyos dos capítulos iniciales reafirmo mi idea de haber sido la vida española algo así como un trenzado de la convivencia y de la pugna de tres castas: la de los cristianos, la de los moros y la de los judíos. El que esto no haya sido tenido en cuenta por la historiografía al uso, no impide que tan elemental verdad vaya siendo aceptada por un creciente número de lectores.

La prieta vecindad y la sostenida rivalidad de esas tres castas es lo que, en último análisis, hace comprensible la forma española de entender la honra como reflejo de la opinión, y no como una pertenencia de la persona, como virtud individualizada y aislable respecto del sentir de la gente. Analizando lo que el español del siglo XVI entendía por honra, encuentro en ello un aspecto que enlaza con lo «opinado» por quienes hacían y deshacían las reputaciones honrosas; y otro, introvertido hacia el interior de la persona «honrada», y remansado quietamente en la vivencia de poseer hombría. En la vida diaria —no en la vivida en las comedias de Lope de

23

Vega—, el drama atroz surgía cuando un español se daba cuenta de que no era tenido por cristiano viejo, es decir, por miembro de la casta dominante, y que su hombría no le servía para nada. Pero este drama sordo y oprimente no fue llevado a la escena, no era posible hacerlo. Tomar distancia escénica respecto de él hubiera exigido que la sociedad española no fuese como en efecto era, o sea, que en ella hubiera sido factible situarse fuera de su ámbito, y contemplarla críticamente y desde arriba en el teatro. Esperar nada así en la España del siglo XVI sería tan anacrónico como absurdo [1].

El ser o no limpio de sangre dio lugar a dicterios contra los cristianos nuevos en ciertas comedias, a alusiones amargadas o dolidas en Luis de León, en Mateo Alemán o en Agustín Salucio (luego citado); o a las ironías de Cervantes en *El retablo de las maravillas*, en *El Licenciado Vidriera* y en el *Quijote*. Pero no cabía poner en duda, en crisis, el dogma de la limpieza de sangre. Fue, en cambio, posible rebelarse contra la necesidad de tener que reafirmar el cristiano viejo su hombría dando muerte a la mujer adúltera, o acusada, o sospechosa de serlo. La hombría, vienen a decir las figuras dramáticas, *debiera* estar por encima de la veleidad erótica de una mujer, aunque el miedo a la «opinión» obligue a proceder como si no lo estuviera. La falta de la mujer —real o imaginaria— era un hecho, un incidente lamentable. Frente a tal desdicha, Cervantes pensaba que la solución razonable —y, en último término, la única cristiana— era olvidar a la mujer, dejarla ir e impedirle el retorno: «a enemigo que huye...». Pero Cervantes se situó en forma peculiar frente a las «opiniones» de sus compatriotas.

No era pensable, por el contrario, sacar a escena un personaje para que, retorcido de dolor, se lamentara

---

[1] Pero Lope de Vega representó el violento conflicto entre las «razones» individuales del amor y las sociales de la honra en *El castigo sin venganza*.

de ser privado de un beneficio eclesiástico, de un cargo de gobierno o del respeto de sus convecinos porque su abuelo o retatarabuelo habían sido judíos o moros. No cabía discutir el fundamento de la acusación, ni dar muerte a quienes mantenían vigente tamaña iniquidad. El tema podía ser abordado en la lírica soledad de un soneto, o en la docta prosa de Luis de León, pero no sacado a la intemperie en un corral de comedias. Quevedo hizo lo primero, tomando como ocasión la audacia de Faetón:

> Solar y ejecutoria de tu abuelo
> es la ignorada antigüedad sin dolo;
> no escudriñes al Tiempo el protocolo,
> ni corras al silencio antiguo el velo.
>
> Estudia en el osar de este mozuelo,
> descaminado escándalo del polo:
> para mostrar que descendió de Apolo,
> probó, cayendo, descender del cielo.
>
> No revuelvas los huesos sepultados;
> que hallarás más gusanos que blasones,
> en testigos de nuevo examinados.
>
> Que de multiplicar informaciones,
> puedes temer multiplicar quemados,
> y con las mismas pruebas, Faetones [2].

Ahora bien, si el frenesí por demostrar la limpieza de la propia sangre no fue elevado a rango de tema dramático, las figuras sostenidas por su hombría en los casos de honra, habían de ser necesariamente cristianos viejos y limpios, bien por suponerse que eran auténticos hidalgos, bien por demostrarlo con el simple hecho de ser de condición labriega y de linaje inmemorialmente inculto. Pedro Crespo, desde luego, confiesa no saber leer en la comedia que dio motivo a Calderón

---

[2] *Obra poética*, edic. J. M. Blecua, Madrid, Castalia, 1969, I, p. 213. (Confirmando mi punto de vista, Marcel Bataillon me recordó, muy oportunamente, este soneto.)

para crear *El Alcalde de Zalamea*. Ni tampoco eran letrados los aldeanos de *Fuente Ovejuna* o *Peribáñez*. Todos, en cambio, eran limpísimos de sangre y lo ostentan bien claramente: un regidor de Fuente Ovejuna se enfrenta con el Comendador por su proceder infamante para los villanos, y le dice que alguno de sus caballeros quizá no sea de tan puro linaje como sus convecinos. El rústico ignaro estaba seguro de ser nítida la «ejecutoria del abuelo», y de pertenecer, sin sombra de duda, a la casta triunfante y portadora de divinos mensajes hasta el último rincón de la Tierra.

El tema de la honra, por consiguiente, presenta dos muy visibles dimensiones: una, orientada hacia la inmanencia de la hombría (en *Las mocedades del Cid*, de Guillén de Castro; en *El Príncipe constante*, de Calderón, para citar máximos ejemplos); otra, hacia la trascendencia social de la «opinión», el monstruo anónimo e invisible que a su hora pondría en duda la «machez» de quien se jactaba de pertenecer a la casta esforzada, a la del Cid, a la de los Infantes de Lara, a la de los conquistadores de tierras y de imperios, en Europa, y en mundos, hasta hacía no mucho, ignotos. La comedia de Lope de Vega destaca sobre un fondo de grandeza imperial.

Una vez situados dentro de los criterios valorativos de la España mayoritaria, se entiende mejor el tono épico-heroico de la comedia lopesca. La presentación y representación de casos heroicos enlazaba a veces con temas tradicionales, y a veces no. Casos de heroísmo, como el de *El Caballero de Olmedo*, estaban a tono, en cuanto a «hombría», con los de las gestas, continuados en el *Romancero:* matar toros en público guardaba relación con enfrentarse denodadamente contra la muerte solo y de noche. La conservación de antiguos hábitos literarios guardaba relación con el hecho de que la arrogante conciencia de pertenecer a la clase señorial de la casta cristiana se había infundido en las capas más bajas de aquella casta; en quienes, desde el siglo xv, se sentían en muy primer plano por el mero hecho de oponerse como cristianos viejos a los cristianos nuevos, tan destacados por su importancia cultural y por su presencia en la corte de los Reyes Católicos, comenzando por el rey don Fernando.

Menéndez Pidal ha citado unos preciosos textos ilustradores de la costumbre de ser recitados los cantares de gesta durante la comida de los caballeros cristianos, a fin de que éstos oyesen «historias de grandes hechos de armas para templar el ánimo y el esfuerzo». Y el código de las *Partidas*, añade el ilustre maestro, disponía «que los juglares non dixiesen ant' ellos *otros cantares* sinon de gesta, o que fablasen de fechos de armas». (Es decir, añado yo, que la poesía lírica en el siglo XIII era cosa de juglares gallegos, catalanes y provenzales, y no de castellanos). Un siglo más tarde el infante don Juan Manuel dice que al rey deben cantarle, después de comer, «buenas razones de caballería y de buenos fechos». Y en el siglo XV, Diego Rodríguez de Almella recuerda como antigua costumbre la de tañer y cantar, ante los reyes y los príncipes, «los romances que eran inventados de los fechos famosos de cavallería»[3].

Lo que antes se hacía para satisfacer a reyes, príncipes y caballeros, interesados en hazañas heroicas y en rememorar las realizadas por los grandes de su casta castellana, los autores dramáticos lo hacen desde fines del siglo XVI para dar gusto a los continuadores de la misma casta, mortalmente enemiga de los de mala casta, especialmente de los hispano-hebreos[4]. Por eso decía Antonio de Guevara que había que casarse con «mujer castiza», y en el mismo sentido usan otros es-

[3] Los textos en R. Menéndez Pidal, *Poesía juglaresca*, 1957, páginas 291-293.
[4] Pero el teatro de Juan del Encina y de sus continuadores había surgido para hacer valer el derecho de los conversos a ser tratados como cristianos viejos. Ver *'La Celestina' como contienda literaria*, Madrid, Rev. de Occidente, 1965.

critores el vocablo «castizo» [5]. El proceso de la vida española, sobre todo desde el siglo XV, consistió en el hecho de haber ido difundiéndose la conciencia de la casta (desde los caudillos y adalides castellanos hasta las últimas ramificaciones de la masa humana), que hizo posible los hechos gloriosos de Granada, Nápoles y las Indias [6]. Una vez más se observa cómo todo se aclara cuando olvidamos las abstracciones y las genéricas caracterizaciones (gótico, barroco, etc.), y elegimos como miradero la posición del autor respecto de su obra y de la sociedad desde la cual y para la cual escribe (Lope de Vega y Baltasar Gracián lanzaron sucios dicterios contra el *Quijote*). No basta, por otra parte, con sólo decir que la forma de valorar es decisiva para entender la vida. Si no se rebasa lo abstracto de tal idea (implícita ya en el dicho de «dime con quien andas...»), no se consigue aprehender la única e irreductible realidad de un pueblo. Se puede hablar mucho de «valores» genéricamente, sin darse uno cuenta de que los españoles son algo distinto de los restantes europeos, y de que, sin moros y judíos, su historia —su hacer y su no hacer— serían hoy incomprensibles.

Se encontraron los castellanos constituidos como una casta singularizada por su creencia religiosa, por sus triunfos bélicos y por su capacidad de poetizar a los héroes de Castilla en sus cantares de gesta; el esfuerzo épico-heroico trazó el horizonte de su existencia, y a él

---

[5] Ver el cap. II de la edición renovada de *La realidad histórica de España*, 1966.

[6] Escribía Hernán Cortés en su segunda *Carta de relación* (30 de octubre de 1520, impresa en Sevilla en 1522):
«Yo los animaba [a los soldados cuyo ánimo decaía], diciéndoles que mirasen que eran vasallos de Vuestra Alteza, y que jamás en los españoles en ninguna parte hubo falta, y que estábamos en disposición de ganar para Vuestra Alteza los mayores reinos y señoríos que había en el mundo.»
En la tercera *Carta* (15 de mayo de 1522), Cortés y sus novecientos españoles aparecen dominando una hueste de 150.000 indios aliados suyos, gracias a los cuales lograban reducir la resistencia heroica de los aztecas de Tenochtitlan —hoy la ciudad de Méjico.

se atuvieron. En otro caso los habrían absorbido los moros o los franceses. Los cristiano-castellanos no fueron ni más ni menos tradicionales que otros pueblos (los ingleses, en cierto modo, lo son más); y llegaron a ser como son en muy especiales circunstancias. La casta más fuerte entre ellos se impuso gracias a haberse aferrado heroica y cerradamente a la conciencia de ser ellos, *a nativitate,* los dignos de continuar dominando el mundo, después de haber desplazado, dentro de España, a moros y judíos, dos castas rivales. Por haber sido tan *secularmente* entrañable la convivencia de las tres castas, su fatal desgarramiento tuvo incalculables consecuencias.

Volviendo a la comedia de Lope de Vega, recordemos cómo bastó que Laurencia pusiera en duda, en *Fuente Ovejuna,* la «machez» de sus convecinos, que dejaban a aquel monstruo atropellar sin sanción alguna a las mozas del pueblo, para que, todos a una, se lanzaran contra el Comendador y lo hicieran picadillo. Los aldeanos de Fuente Ovejuna —ya se vio— pretendían tener sangre más limpia que algunos caballeros de Calatrava; porque para saldar deudas de honra con efusión de sangre no importaba ser aldeano, pero sí era indispensable poseer cristiandad vieja, o pretender poseerla. Insisto en que era impensable que apareciese en escena un cristiano nuevo con cuidados de honra. Este honor, en efecto, no era expresión de un sentimiento «humano y universal», sino la faz social del español. El aldeano tuvo honra «dramática», por ser cristiano viejo con más autenticidad que los señores, pues éstos no tuvieron reparo en emparentar con judíos. Fuera de la comedia, por el contrario, podía acontecer que el cristiano nuevo se vengara con sangre, justamente como rasgo y alarde de ser cristiano viejo, sin serlo. Cuenta el *Libro verde de Aragón,* padrón de ignominia para los cristianos nuevos de aquel reino, que «Carlos de Pomar mató a María Samper, su mujer, porque le dijeron que era adúltera, sin haberla hallado con hombre». La estructura y el ideal castizo de la vida española fueron, por tanto, los motivos de haber sido

29

llevados a la escena los temas de honra, las venganzas atroces. Olvidemos, insisto, el «concepto» del honor del que yo hablaba cuando no tenía sino turbias ideas acerca de qué cosa fueran en realidad los españoles —que no son ni medievales, ni primitivos, ni nada análogo. *La vida en que se está* (algo distinto de «lo que acontece») puede también servir para entender la realidad de la literatura. Esta, como tal, no puede ser sujeto de ninguna proposición; quiero decir que la literatura no evoluciona espontáneamente, no se relaciona directamente con nada literario. El agente humano maneja la literatura desde y para sus finalidades expresivas, y partiendo de la posición que ocupa en su propia vida. Cuando la literatura se hace sólo con previa literatura, entonces vale muy poco, o nada. El hegelianismo es responsable de la atroz idea de ser mejor que no se sepa nada acerca del autor de una obra artística, que ésta sea vista como un momento en la «evolución» de un estilo, o como una aglomeración de tópicos. Con tales trebejos, ni se entendía el problema de la honra en la comedia de Lope de Vega, ni por qué conserva y reelabora temas medievales, ni tanta otra cosa. Hay más bien que centrar la atención en quienes escribían las comedias, y en quienes se divertían con su representación. El teatro de fines del siglo xv fue obra de conversos, afanosos de situarse socialmente; el de fines del siglo xvi se hizo portavoz de los problemas de la casta triunfante. De ahí la profunda diferencia entre ambos. Aunque el ansia de honra-opinión y la angustia de no tenerla son perceptibles en el teatro de Lucas Fernández, de Torres Naharro y de Diego Sánchez de Badajoz. (En la Francia del siglo xvii se escribía para «le monde», no para todos.)

Los temas épicos de la llamada Edad Media (un concepto inadecuado para los españoles) [7], que en los si-

---

[7] Correspondería más a la realidad, hablar: 1) de la época de las tres castas armonizadas (hasta fines del siglo xiv); 2) de la fractura de aquella armonía (hasta el siglo xvii); 3) de la época del absoluto predominio de la casta cristiana (desde el siglo xvii

glos XII, XIII y XIV calentaban el ánimo y excitaban la
fantasía de los señores tras un buen yantar, se vuelven
en el siglo XV materia poética muy gustosa para la «gente
de baja y servil condición», según decía el Marqués de
Santillana. Esa era la gente que llamaban «de los menudos» a fines del siglo XIV, y luego de «los comunes»
en tiempo de los Reyes Católicos. Ellos, los antes bajos,
irán alzándose cada vez más, porque su vida y el tono
épico y aspirante del *Romancero* van al unísono. En el
siglo XVI ese *Romancero* encanta por igual al príncipe
y al plebeyo, y el genio de Lope de Vega pronto los
abarcará a todos en la clave de una forma poética a la
vez épica, lírica y dramática. La casta suprema se aden-
traba en su conciencia de serlo; pero como no estaba
sola, ni la dejaban sentirse sola aquellos condenados cristianos nuevos, surgió el drama en torno al problema de
si se era o no se era cristiano viejo, con «cuatro dedos de
enjundia», que dice Sancho Panza. La literatura y la vida
se elevaban como el ramaje de un mismo tronco. La
cultura intelectual —en virtud de extrañas, inevitables y
patéticas circunstancias— acabó por hacerse síntoma e
indicio de no pertenecer a la casta electa y heroica, a
la de la hombría radical. Y fue fatal repercusión de tal
hecho el que —poco a poco primero, y a paso de carga
más tarde— la gente huyera de practicar todo menester
que implicase sabiduría y ejercicio intelectual. La prueba
mejor de no pertenecer a la casta nefanda vino así a ser
la ofrecida por el labriego analfabeto. Con lo cual he
podido explicarme lo nunca antes entendido, o sea, que
los villanos, rústicos e iletrados pasaran a encarnar una
honra a prueba de las dentelladas de la «opinión», y con
la honra, la hombría por excelencia. El lector verá cómo

---

hasta hoy). Ni en Castilla ni en Aragón hubo entre los siglos XI
y XIV una literatura y un pensamiento en latín como los de Europa,
desde Italia a Inglaterra. Raimundo Lulio escribía en catalán y en
árabe, y desconocía el latín. Una cultura medieval en Castilla y
León habría hecho imposible la Reconquista, y más tarde el imperio indiano. Ver ahora *The Spaniards. An Introduction to their
History*, University of California Press, 1971, p. 584.

y por qué se produjo tal fenómeno, tan enorme como ignorado por la historiografía.

No es mi tarea, en esta ocasión, acercarme a las maravillas de belleza que Lope de Vega y otros llevaron a la escena para solaz de un público injustamente llamado «necio» por el mismo Lope. Ahora me ha urgido anticipar algunas ideas acerca de la honra, a fin de hacer visibles las vastas conexiones de esta ansia de justificarse como *existente*, a costa de prestar poca atención al saber y al pensar del español [7 bis]. Tomando como miradero los «casos de la honra» y el entrelace de sus circunstancias, ha sido posible —ya era hora— descubrir el motivo de haberse alejado los españoles, en todo lo referente a actividades de cultura, del rumbo seguido por los demás europeos desde el siglo XVI. Por razones que ya doy por supuestas y conocidas del lector atento, fue haciéndose muy peligroso, desde fines del siglo XV, oponerse al pensar y al creer de una sociedad cada vez más unanimista, más «encastada». Lo hace ver muy claro, en negro y blanco, el epitafio de los Reyes Católicos, publicado y comentado por mí en *Los españoles: cómo llegaron a serlo*, y en *La realidad histórica de España*, 1971. Había forzosamente que estar, o parecer estar conforme en todo, especialmente en materia religiosa. Había, por de contado, que oponerse a la herejía del exterior, a la luterana, en la cual mínima fue la intervención de los españoles, y de la cual, en último término, no tenían mucho que temer. Más importante que eso, sin embargo, fue el conflicto en torno a quién iba a mandar como «casta», y acerca de cómo ajustarse sin resquicio al canon estimativo de una sociedad, integrada por una casta cada vez más pujante, y por dos subyugadas y maltrechas, las de los oficialmente cristianos, y, para la «opinión» dominante, judíos y moros. Situación de espanto, aunque no bien

---

[7 bis] «No me parece que el trabajo y el estudio del hombre se logrará en nada fuera de la consideración y ejercicio de las virtudes, que es sólo lo que a un hombre pertenece» (Quevedo, *La Cuna y la Sepultura*, 1634, cap. IV).

vista ni sentida en las historias corrientes. Porque el cristiano viejo transpuso, injertó en su sistema de valoraciones, el criterio judío en cuanto a la limpieza de sangre, según se expresa en el *Antiguo Testamento* (Esdras, Nehemías) y detallo en mi renovada edición de *La realidad histórica de España*. La casta, cristiana por herencia y judaizada por haber asimilado incontables prófugos de la casta rival, hacía valer la «dimensión imperativa» de sus individuos en amplísimas extensiones del planeta. Su temple y su capacidad imperial habían sido puestos a prueba en incontables empresas [8].

Tanto la ciencia como el arte de crear riqueza o la eficacia técnica (tan característicos de la casta hispanohebrea) se hicieron cada vez más inválidos para la casta de los por excelencia «castizos». La continuidad de la conciencia de saberse estar siendo, con un «siendo» limpio en su raíz (en «la simiente» bíblica) de toda impureza, se reafirma en actos de hombría [9], nimbo emanado del saberse estar existiendo.

Con lo dicho y con las páginas que vienen a continuación, he intentado centrar el problema de la honra en la conciencia existencial y axiológica de los españoles, principalmente en su acepción castellana. Los gallegos y los catalanes contribuyeron poco al teatro nacional en los siglos XVI y XVII —y antes estuvieron ausentes de los cantares de gesta y del *Romancero*. Los dramas de honra tenían como invisible trasfondo el drama vivo de los estatutos de limpieza de sangre, y las prolongadas polémicas acerca de su conveniencia o inconveniencia.

---

[8] El *Dictionnaire* de Bayle (1696) dice que la lengua española servía para mandar y para orar. Como era esperable en una obra racionalista, la dimensión artística de la lengua fue olvidada.

[9] No puedo ahora examinar la conexión entre la *hombría* y la *omertà* de los sicilianos, la fidelidad al grupo, incluso si es preciso arriesgar la vida. Los deberes impuestos por la *omertà* recuerdan el heroico silencio de los delincuentes en el tormento, ya que, según dice Cervantes, «tantas letras tiene un *sí* como un *no*». Pero la hombría a que me refiero se manifestaba, sobre todo, en actos de positivo y exaltado heroísmo, como los de Cervantes en Lepanto y en Argel, y los de tantos otros en tantas ocasiones.

(Véase la obra de Albert A. Sicroff más adelante citada.) Aunque sólo cautamente mencionadas, aquellas angustias desgarraron el alma de muchos, y excitaron la actividad literaria, filosófica y científica de bastantes españoles, *sin los cuales la civilización de España no sería como es,* pues quienes tenían algún antepasado hispano-hebreo eran tan castellanos o españoles como quienes no los tenían. Los que protestaban contra mi intento de arrebatar hace años a los españoles algunos de sus grandes escritores (Luis Vives era entonces el blanco de tales enojos), ahora se oponen a que yo prive a España de su Cervantes. Pero siendo ya evidente la ascendencia hebrea de doña Juana Enríquez (madre de Fernando el Católico), todos los reyes descendientes de éste llevan en su sangre semejante tacha. Grandes zonas de la nobleza se encuentran en el mismo caso. ¿Por qué entonces alborotarse tan rústicamente, cuando —por motivos histórico-literarios— es necesario aludir al casticismo judeoespañol de Cervantes, Santa Teresa, Luis de León, Góngora, Gracián y de tantos otros? Los españoles han de ser situados en el tiempo y en el espacio humano que les son propios. Ese espacio estuvo ocupado por cristianos, por mudéjares y por castellanos y aragoneses de ascendencia hebrea [9 bis].

Concíbase como se quiera el futuro de los españoles, los obreros de él han de comenzar por enfrentarse con una historia auténtica, y no arbitraria o fabulosa. Habrá que hacer patentes los motivos de habernos encontrado en el siglo XIX, tanto en España como en Iberoamérica, con una comunidad humana desprovista de ciencia y menesterosa de ayuda exterior para las cosas más insignificantes —desde medios de transporte hasta ideas con que empezar a saber qué cosa fuera la realidad, tanto la astral como la sublunar. Se ha achacado la insipiencia y marasmo cultural de los hispanos a toda clase

---

[9 bis] En la Introducción al *Quijote,* Madrid, Editorial Magisterio Español (en prensa), doy pruebas de la ascendencia conversa de Antonio de Nebrija, del P. Francisco Suárez y de Cervantes.

de motivos, todos exteriores a lo que había de real y efectivo tras de todos ellos, a saber, el funcionamiento y disposición valorativa de la misma vida española entre los siglos xv y xvii, cuando el imperio español se constituyó ante el asombro tanto de quienes lo creaban como de sus rivales y enemigos. Desde hace años me viene pareciendo ineficaz atribuir a la Inquisición y a la Iglesia los males de España, una actitud tan ingenua como la de quienes culpan a la masonería el haber desencadenado la Reforma luterana o la Revolución francesa. Lo acaecido en España fue obra de los rectores de la sociedad española, porque ni la Inquisición ni la Iglesia fueron principales responsables del curso tomado por *las masas* en Castilla y Aragón desde fines del siglo xv.

Cuando se leen las obras sobre botánica de Andrés Laguna, García de Orta, Cristóbal Acosta en el siglo xvi; los tratados de astronomía y de matemáticas de Pedro Núñez, los estudios jurídicos y sociales de Francisco de Vitoria, la prosa nítida y tajante de los hermanos Valdés, la crítica escrituraria y profana de tanto sabio humanista, y tanta otra cosa, es inevitable preguntarse cómo se detuvo aquella corriente de inteligente actividad; por qué la obra de Luis Vives, un tan sutil pensador, o la de Gómez Pereira, quedaron no sólo sin continuación, sino ignoradas, sin efectividad alguna[10]. No hacía falta que entre aquellos hombres esclarecidos hubiese un Descartes, un Spinoza o un Galileo. Tampoco en 1550 abundaban los genios de la mente en la otra Europa. ¿Qué pasó entonces? Como digo luego, el sistema de Copérnico, que comenzó a «leerse» (como entonces decían) en Salamanca, acabó por ser ignorado, y con él la matemática más sencilla. A principios del siglo xvii las imprentas españolas

---

[10] Cuando no se tenía presente qué había detrás de todo esto, se hablaba de que el pensamiento y la ciencia de los españoles se anticiparon a los de Europa, que surgieron a destiempo, y cosas así. Todavía no se ha traducido la *Antoniana Margarita*, de Gómez Pereira, ni se han editado, o traducido, las obras de Dominico Gundisalvo.

no poseían caracteres griegos, y quien tenía que hacer citas en aquella lengua había de ir a imprimir su libro a Amberes (ciudad de la corona española y muy católica). ¿Qué fue del helenismo de Alcalá y Salamanca? Todavía en el siglo xix don Lázaro Bardón, catedrático de griego en Madrid, compuso una crestomatía, en la que yo estudié griego; y en su prólogo latino decía el docto maestro que había compuesto él mismo los textos griegos («propriis manibus»), porque no había cajistas que supieran hacerlo. Los tipos habían venido de París. ¿Qué había pasado en España? Si lo sabían, ¿cómo no nos lo contaban nuestros profesores, para evitar que se nos achicara el ánimo y atajar los complejos de amargura que han emponzoñado a tanto español? Causa pasmo que algunos doctos continúen blandiendo el inane concepto de «Contrarreforma».

En vez de eso, según digo en *La realidad histórica de España*, hemos leído en Giner de los Ríos, en Ortega y Gasset, e incluso en obras falangistas de 1937, que los tres últimos siglos de la historia española debían poco menos que darse por inválidos. Fernando VII habló de los «tres mal llamados años», y en el siglo xx se llegó al desaliento máximo al ponernos en contacto con el evanescente y escurridizo pasado cultural de una nación, en cuyos dominios, durante casi tres siglos, no se ponía el sol —un caso de coincidencia de la retórica con la realidad geográfica.

De esa situación de desánimo he pretendido salir, y ya logré sacar a bastantes. No basta con hablar de decadencia y acudir a circunstancias exteriores (la Inquisición, la tierra pobre, la despoblación como secuela de guerras y conquistas, etc.); ni tampoco con acudir a la «psicología», como si el español no hubiera dado pruebas de ser tan apto como cualquiera para la ciencia, como si la cultura no fuera resultado de lo que el hombre decida hacer con su psicología en cada momento. Era necesario, por lo mismo, decir claro el motivo de haber sido El Escorial tumba para libros y preciosos manuscritos, tanto como para cadáveres regios. ¿Qué decadencia, o qué psicología, determinó que las maravillas acumuladas por Felipe II permanecieran desconocidas, hasta que algunos extranjeros comenzaron a exhumarlas a fines del siglo XVIII y en el XIX? Un francés catalogó los fondos griegos de aquella estupenda biblioteca. ¿Por qué tan honda parálisis cultural? Las historias eluden el problema, o acuden al cómodo recurso de la Contrarreforma; o se dicen cosas tristes, o se echa la culpa a algo que no son las personas, como si la historiografía pudiera consistir en achacar culpas a esto y aquello, con olvido de que sólo «en el interior del hombre habita la verdad», su verdad, su realidad. De ahí que me decidiera a hacer *habitables* los hechos, los referidos en libros y documentos, porque un hecho humano no *habitado* es un cascarón vacío de humanidad.

Pirámides de documentación no han permitido averiguar ni el motivo de haber permanecido muerta la espléndida biblioteca de El Escorial, ni la ausencia de los españoles en el proceso creador de las ciencias y las técnicas de Occidente desde el siglo XVI en adelante. De ahí la necesidad de presentar en otra forma los fenómenos yacentes en los documentos, por sí solos incapaces de entregarnos su sentido. Quienes falsamente me atribuyen desdén por la erudición, debieran más bien decir de qué les sirvió, para salir de este atolladero, su erudita sapiencia.

Es cierto que Descartes tuvo que huir de Francia y Galileo se vio en aprietos con la Iglesia de Roma. Mas éstos y otros hechos no indujeron a franceses e italianos a huir en desbandada de toda actividad cultural no al servicio de la religión, por miedo a ser marcados con el estigma de poseer libre curiosidad intelectual —que eso fue, según veremos, lo acontecido en España. Como he dicho en *La realidad histórica de España* (1954, último capítulo), la actividad pensante llegó a constituir grave riesgo desde la segunda mitad del siglo XVI. En ningún país de Occidente se produjo tal fenómeno, al menos en forma tan radical; porque se trata de lo radical de aque-

37

lla situación, y no de otra cosa. Me parece, por consiguiente, que mi examen del tema de la honra hará ver que la «cerrazón religiosa», a la cual suele atribuirse el atraso de los españoles, era sólo aspecto de una realidad más profunda. El socorrido comodín de la Contrarreforma —término y concepto importados de Alemania («Gegenreformation»)— no nos sirve. Los *Ensayos* de Montaigne y la física de Galileo surgieron en aquella época; en la Francia católica fueron tolerados los protestantes.

Desde hace mucho me sorprende que se considere decisiva la comunicación con Europa, lo importado de ella, al examinar el problema de la cultura española. Se achaca la ausencia de aquélla a que el bueno de Felipe II aislara a los españoles tras un telón de ortodoxia. Con lo cual se acepta implícitamente que la cultura propia no existía, ya que era indispensable importarla. Se olvida que, en el siglo VII, los visigodos habían irradiado desde Hispalis (aún no Sevilla) el saber de su arzobispo Isidoro, no obstante ser muy precaria la comunicación con el resto de la cristiandad. Hoy día vemos cómo los rusos mantienen aisladas a sus gentes para mantenerlas en ignorancia de cuanto puede dañar a sus frágiles dogmas, y a la vez desarrollan una considerable actividad científica y técnica. Si los cristianos españoles hubieran poseído de suyo aficiones científicas, se hubieran servido de ellas en mayor o menor grado, pese a todos los aislamientos. Lo cual me hizo ver que no fue el miedo a los luteranos el motivo del aislamiento cultural, sino algo presente y sentido en los íntimos senos del alma «castiza» de los cristianos —sobre todo de los castellanos— en los siglos XV y XVI. Porque ellos, principalmente, dieron el tono y el rumbo a la vida peninsular.

De religiosa, la cuestión se convirtió en esta otra: en la de quién se creía con derecho y con poder para figurar en primera línea dentro del imperio español, para destacarse en modo preeminente y no temer ser puesto al margen de la sociedad. Durante la prolongada contienda entre hispano-cristianos e hispano-judíos, tras el pleito entre ortodoxia y herejía, se ventilaba, en realidad, el de quiénes, como españoles, iban a ser los «mantenedores de honra». Si la necesidad de «mantener honra» hubiese estado subordinada, ante todo, al ideal de establecer el reino de la palabra de Dios, habría bastado con cerciorarse de si los descendientes de hispano-hebreos o de moriscos eran auténticos cristianos en cuanto a su creencia y a su conducta. Mas no fue así, puesto que lo en realidad importante —fuera de los manifiestos casos de herejía— era el hecho de la ascendencia, o sea, si la preeminencia social correspondía a la «casta» de los hispano-cristianos o a la de los hispano-hebreos, no purificados ni salvados de su mácula por la virtud de los sacramentos. Esta incongruencia religiosa fue notada por algunos desde el siglo xv, prescindiendo del absurdo político y de la inhumanidad de forzar al bautismo —en un abrir y cerrar de ojos— a millares de moros y judíos. La armazón social en los reinos cristianos quedó rota o desvencijada.

No tomando este punto de vista, no se comprende cómo se afinaba tanto la búsqueda de los rasgos de carácter y de la peculiaridad de las ocupaciones de los hispano-hebreos [11]. Si éstas no hubieran sido distintas de las de los hispano-cristianos, ¿qué sentido habría tenido señalar como nefandas, como judaicas, tales ocupaciones? De tratarse de una querella puramente religiosa, bastaba con inquirir si el humanista o el científico estaban en regla con la Iglesia, y no si el ser humanista o científico era ya por sí solo un síntoma de ascendencia judaica.

---

[11] A fines del siglo xv se evitaba ponerse el bonete en la forma en que lo llevaban los judíos, según se dice en una égloga de Juan del Encina (tan converso como Lucas Fernández y otros autores dramáticos de comienzos del siglo xvi):

GIL. Echa el bonete al un lado,
      así como aqueste mío,
MINGO. ¡Ha, parescerá judío!
GIL. Calla, qu'es de requebrado.

(Edición de la «Bibliotheca Romanica», p. 86.)

Hasta se hurgaba en la cuestión de si el sospechoso era «agudo» de mente, por aquello de «ni judío necio, ni liebre perezosa». El detallarse tanto las preferencias de los hispano-judíos por ciertas clases de trabajos, profesionales y técnicos, revela que la religión era el primer plano de un trasfondo más inquietante, o sea, el determinar si el poder y el prestigio de la «casta» dominante de los hispano-cristianos iba o no a ser mermado por el de la casta hispano-hebrea, tan encumbrada, tan «empinada», según escribía el Cura de los Palacios, cronista del reinado de los Reyes Católicos [11] bis. La casta guerrera y dominadora se caracterizó a sí misma como «limpia», como «límpida» o «linda», como auténticamente *castiza*. No se envanecieron, en cambio, de ser sabios los hispano-cristianos, ni expertos administradores, ni buenos financieros, ni capaces de sacar adelante la difícil situación económica del país. Con motivo de la expulsión de los hispano-hebreos dice el Padre Juan de Mariana, en 1601: «El número de los judíos que salieron de España no se sabe..., gran muchedumbre sin duda, y que dio ocasión a muchos de reprehender esta resolución que tomó el rey don Fernando en echar de sus tierras gente tan provechosa y hacendada, y que sabe todas las veredas de allegar dinero; por lo menos el provecho de las provincias adonde pasaron [p. e., Holanda, Turquía] fue grande, por llevar consigo gran parte de las riquezas de España.» Algunos, dice Mariana, se bautizaron de buena fe, y otros «para valerse de la máscara de la religión cristiana..., como gente que son compuestas de falsedad y engaño» (*Historia de España*, lib. XXVI, cap. 1). Pero, por lo visto, la riqueza de España dependía de ellos en gran parte.

---

[11] bis Ver José Gómez-Menor, *Cristianos Nuevos y mercaderes de Toledo*, Toledo, 1970. Lo dicho por mí sobre el sentido despectivo de la palabra «indiano» en *Cervantes y los casticismos* ha sido curiosamente confirmado por este hecho: un castellano enriquecido en Hispanoamérica volvió a su ciudad natal para terminar allí su vida. Su condición de «indiano» le creó tal situación, que ha tenido que volverse a su segunda patria. Este tipo de sociología dicen que no es *científico*, no está afirmado sobre estadísticas, etc.

Muy despistados andábamos —repitámoslo— al culpar a la Contrarreforma, al exclusivismo religioso y a la Inquisición de las dolencias del intelecto español, de su incuriosidad apática. Desde luego que la Inquisición, una vez lanzada por algunos conversos y sostenida por las masas cristianas y por muchos aterrados ex hispano-hebreos, se convirtió en motivo para más angostura y más asfixia del trabajo de la mente. Pero el punto de arranque de todo ello es esencial en el caso presente. Y tan importante como esto es no olvidar que hasta fines del siglo xiv, durante unos cuatrocientos años, en los reinos cristianos de la Península habían convivido bastante en paz cristianos, mudéjares y judíos, en virtud de un sistema de tolerancia, en su raíz fundado en preceptos islámicos. Gracias a ellos, cada uno de esos grupos desempeñó su peculiar cometido: el cristiano dominaba y combatía, el mudéjar edificaba castillos y viviendas, el judío administraba las finanzas y hacía todo lo demás, ya muy explicado por mí en otros libros.

A medida que tal ensamblaje humano fue desencajándose, se produjo una situación cuyos momentos más salientes son, de una parte, el predominio estatal e internacional de una de esas tres castas con reducción del valor y de la posibilidad de subsistir de las otras dos. Desde fines del siglo xv —ya sin judíos, y con los moriscos reducidos a nivel cada vez más bajo—, España se trastornó económicamente, mientras los hispano-cristianos se alzaban a inimaginables cimas de grandeza. El Imperio llevó a soñar en un imperio universal, aunque Carlos V a veces careciese de dineros, incluso para pagar los funerales de su madre, retrasados seis meses por tal motivo. Con Felipe III se llegó al punto de ser imposible averiguar el volumen del tesoro real. A mediados del siglo xvii, Felipe IV no tuvo a veces ni para pagar la leña de sus chimeneas, o subvenir a otros gastos menores[12]. A co-

[12] Velázquez se dirigía en estos términos a S. M. en 9 de noviembre de 1659:

41

mienzos del siglo XVIII, el Padre Feijoo sabe que cualquier idea acerca de la realidad de las cosas ha de ser importada del extranjero. Tal fue el drama de la vida española,
Esta somera referencia a la singular estructura de la vida española era necesaria a fin de hacer comprensible el sentido de la honra, de ese «mantener honra» clave de existencia para los creadores de un especial tipo de grandeza y de grandiosidad. El sentimiento de la honra, de la limpieza de sangre y del ansia de hidalguía necesitan, para ser entendidos, tener bien presente la totalidad de la estructura y del funcionamiento de la vida española. Sin eso, por abundantes que sean los documentos, nunca se nos habría revelado el motivo del marasmo cultural en que, desde el siglo XVI, cayeron Portugal y España, juntos en su raíz y en sus destinos. Y el motivo era muy simple: la casi totalidad de las ocupaciones bélicas y de la técnica más afinada había sido tarea de hispano-judíos, de la casta hispano-hebrea, integrada antes por judíos de religión, y desde 1492 por cristianos nuevos. (La posición de los hispano-moriscos exige tener en cuenta detalles y matices en que ahora no puedo entrar)[13]. Desde luego que la cultura científica de los hispano-judíos enlazaba en su raíz con la de al-Andalus.

Las *Gestas,* el *Romancero,* la *Comedia* de Lope de Vega fueron modos mayores de expresión para la vida castellana, para los «hombres de fierro». A Castilla de-

---

«Diego de Silva Velásquez, Aposentador de Palacio, dice que de los ordinarios de su oficio se le está deviendo un año entero que ymporta sesenta mil reales, y más se le deve del año cincuenta y tres, treinta mil; y los barrenderos, y oficiales de mano dependientes de su oficio, no sirven ni dan recado; y lo que más es, que no hay un real para pagar la leña de las chimeneas del quarto de S. M., con que está en peligro de una gran falta. Suplica a V. M. mande se le den mil ducados de socorro por cuenta de sus ordinarios de lo más pronto que tuviere el maestro de la Cámara.» *(Velázquez,* Documentos publicados por el Consejo Superior de Investigaciones Científicas, Madrid, 1960.)

[13] Ver *La realidad histórica de España,* Méjico, 1971, páginas 198-211.

bieron el haberse llamado nacionalmente españoles pueblos surgidos en la historia con nombres que hoy suenan a regionales. Antaño fueron denominación de reinos varios y con una población escindida en tres distintas creencias. El problematismo, las maravillas y la pesadumbre de cuanto luego vendría, arrancan de ahí.

La casta victoriosa, ilimitada en su ímpetu, logró alzarse a cimas de imperio, de un imperio extensísimo en su visible magnitud, y mundial en cuanto al anhelo imperativo. El *Romancero* meció el sueño de un Carlos V reinando sobre las «tres» Armenias, y de un Felipe II —casi sentido como un jefe religioso y califal— imperando sobre Japón y China.

Ninguna otra literatura peninsular o europea expresó tanto como la castellana (luego española) el sentimiento de hallarse asentada sobre su tierra, y el apego a cuanto en ella había acaecido. De ahí el carácter de crónica permanente del pasado que, después de las *Gestas*, conservan el *Romancero* y la *Comedia*, como una ejecutoria en letras de oro bellamente ornadas, y como unos anales de la casta triunfante [13] bis. La tierra arrancada a la casta ya sometida seguía presente como un antes y un ahora simultáneos. Al soñarse en arte y poesía, la tensión épica vigorizaba los corazones, fundía la añoranza con la espera de mejores destinos.

La casta cristiana sentía estar integrada por caballeros. Yo he oído a campesinos granadinos saludarse, al llegar al tajo, con esta frase ritual: «Dios guarde a ustedes, caballeros.» En el siglo XII cantaban que Mío Cid de Vivar nunca hizo una «deslealtanza». Y así sería en el trato con los de su casta, porque a los de la otra, la adinerada, los engañó sin reparo, justamente para hacerse

---

[13] bis El paso del *Romancero*, de literatura oral a impresa en el siglo XVI, convirtió a ese género en verbo poético del imperio, que Isabel la Católica, en su testamento, decidió fuera castellano-leonés, no español. La misma función desempeñaron los cantares de gesta en «Castilla la gentil», el único reino «piropeado» en el pasado de los españoles.

con los dineros de Raquel y Vidas. A la tercera casta, la de los moros, la trató con tacto y gran acierto para servirse de ella muy eficazmente.

Pasan siglos y Mío Cid se llama entonces Rodrigo. En él se encarna ya más la hombría que la «lealtanza». Aún muy mozo se negó a besar la mano del rey, a prestarle vasallaje; y por hombría mató al Conde de Gormaz, que había inferido a su padre graves ofensas. Esto, y cosas semejantes, acontecen en el *Romancero*, en cuyas cadencias templaban y afilaban sus ánimos los «menudos» del siglo xiv; los «de baja y servil condición» en el xv, y en el xvi, quienes en un dos por tres se adueñaban del imperio de Moctezuma.

Algo más tarde Lope de Vega proveyó de nuevas dimensiones las figuras representativas de la casta heroica, al concebir el trazado y arquitectura de su prodigiosa *Comedia*. Como era esperable, su discípulo Guillén de Castro no podía ya lanzar a Rodrigo como un neblí, en furia rauda y lineal. La conducta del caballero ha de caminar ahora por vías que son vericuetos erizados de conflictos. Rodrigo tendrá que armonizar lo inarmonizable; matar al padre de Jimena sin perder la dulzura de su amor. Los caballeros de la casta cristiana ya habían aprendido a expresar el amor a damas en literaturas no castellanas —en las de al-Andalus, Galicia, Francia, Provenza, Cataluña e Italia. Pero en la *Comedia* amaron en forma muy peculiar, porque en otro caso Corneille no hubiera tenido que tomarles a los españoles el patrón de su arte dramático. (Albert Camus escribía no hace mucho unas frases admirables acerca de *El Caballero de Olmedo*, al verterlo al francés.)

La hombría en la *Comedia* se hizo problemática, aunque seguía viva, apegada a su suelo y sin despegarse de su pasado, porque éste y el horizonte del futuro coincidían en el vértice de sentirse existiendo como cristiano viejo, como casta ya totalmente española. Cuando, en palabras de Tirso de Molina, «La desvergüenza en España se ha hecho caballería», entonces la conciencia de casta limpia y digna se refugió en la aldea, en los villanos, sin problema en cuanto al «solar y ejecutoria del abuelo». La certeza del limpio linaje hace al villano sentirse honrado por natura, lo mismo que en los siglos xiv y xv los hispanos-hebreos se sentían «fidalgos por natura», por haber sido su linaje planeado por Dios, con paternidad espiritual atestiguada por la misma palabra divina. ¿Qué mayor nobleza que la de los hijos de Israel, de Abraham?, decía en el siglo xv Juan de Lucena, amigo del Marqués de Santillana.

La *Comedia* —género literario para todos y continuado hasta el siglo xviii— llevó al pueblo la expresión estructurada y cargada de sentido de la honra y de la hombría de los labriegos limpios de sangre. Los villanos de Fuente Ovejuna, o figuras singularizadas como Peribáñez, Pedro Crespo y otros, convivían idealmente con don Alonso, el Caballero de Olmedo, que alanceaba toros y desafió la muerte, una muerte aviesa, agazapada en la tiniebla; su hombría se envuelve en incertidumbres y misterios, se afirma en belleza, como las *Gestas*, como el *Romancero*, como la *Comedia*, ya no sólo como voz de Castilla, sino de toda España.

[Al lado de esta literatura dramática —expresiva de lo sentido y deseado por el conjunto de la masa dominante— hubo otra en la cual, en múltiples y varias formas, fueron sometidas a crítica la institución del linaje y las ideas corrientes de honra y de deshonra a causa de aquél. En esa literatura discordante la persona vale por lo que es y hace, no por la condición de sus antepasados. Toman tal actitud crítica *La Celestina*, el *Lazarillo de Tormes*, el *Guzmán de Alfarache*, Santa Teresa, Cervantes, Baltasar Gracián y otros más. El tema del linaje fue objeto de sarcasmos para Quevedo, aunque el autor no aparece afectado personalmente por tal preocupación (Quevedo estaba seguro de ser un cristiano viejo, y como tal lanzaba sus grotesquerías). En España no pudo arraigar ninguna disidencia religiosa, pero sí hubo discrepancias en cuanto a lo creído acerca del ser y valía sociales

45

de la persona. A causa de ello, en la literatura española de la época imperial, la relación entre el autor y su público fue peculiarísima. La literatura en torno a Luis XIV pudo modelar las formas de sentir y pensar de los franceses, mientras en España la comedia de cuño lopesco acabó por convertirse en un arcaísmo, y los minoritarios y disconformes como Cervantes y Gracián afectaron a las literaturas de Europa ya en el siglo XVIII y en la primera mitad del XIX, no la de España. Pero estas sugerencias han de detenerse aquí. Esperemos que analistas del vivir y de la extraña cultura de los españoles, con más tiempo y bríos, las confirmen y las desarrollen.]

EL DRAMA DE LA HONRA
EN LA LITERATURA DRAMATICA

La presencia del motivo de la honra en el teatro de Lope de Vega y la razón de existir aquel teatro son dos aspectos de una misma conciencia colectiva. La *Comedia*, como entonces decían, no era simplemente un espectáculo para salvar el aburrido vacío de unas cuantas horas. De haber sido esto así, el genial imaginador de aquellos placeres no hubiera escrito que

Los casos de la honra son mejores,
porque *mueven con fuerza* a toda gente.

¿En virtud de qué circunstancias y por cuáles vías se hizo posible una innovación artística tan sorprendente y tan sin paralelo fuera de España? Los «casos de la honra», dramáticamente estructurados, venían al encuentro de situaciones angustiosas, sin duda reales, dentro de la fluencia sin arte y sin orillas del vivir cotidiano. Lope redujo a «casos» —limitó y temporalizó— situaciones humanas, tensas al máximo, en las cuales se debatía conflictivamente la conciencia del existir de la persona, escindida en un sentirse siendo y a la vez en trance de no ser. El destello genial consistió en concebir el problema no como una generalidad humana, sino como una singularidad española, una singularidad que, en tal coyuntura, iba a mover «con fuerza» el alma de una per-

49

sona colectiva. Es por lo mismo necesario ponerse en contacto con esa personalidad colectiva, ya manifestada a nosotros, sin perfil limitado y único, antes de que surgiesen los casos *literarios* de la honra. La busca de la realidad de aquella situación —antigua, amplia y genérica— lleva hacia campos ajenos a la literatura, mientras que en ciertas creaciones literarias habremos de enfrentarnos con vértices terminales de valía estética, con expresiones estructuradas de imaginaria humanidad, irreductibles, en cuanto a su valor expresivo, a nada que no sea ellas mismas: Peribáñez, Pedro Crespo, la Laurencia de *Fuente Ovejuna;* o también por otras vías, Sancho Panza. Por simbólicas que sean sus figuras, el espectador o el lector no las sienten como entidades abstractas —un hipócrita, un avaro *(Tartuffe, Harpagon).*

La honra, es decir, la vivencia del honor, es destacada en ciertos casos decisivos como la razón activa de existir los personajes (así en *Peribáñez* [1], en *El Alcalde de Zalamea* y en *Fuente Ovejuna).* Todos ellos han de manifestar su calidad honrosa como españoles, no como genéricos seres humanos (una idea esta última aquí ineficaz); y han de mostrar también su derecho a mantenerla cuando algo pone en riesgo aquella su razón de existir. Los personajes de más alto rango (señores, caballeros, hidalgos) poseían honra individualmente reconocida, y les era lícito y posible vengarse en secreto ante un público, y así acontece en ciertos dramas de Calderón. Pero no les cabía hacerlo a los villanos ofendidos, de baja clase y de alta casta, pues su condición había ido haciéndose honrosa a causa de las sospechas levantadas por cualquier rango u ocupación que no fueran como los del labriego (los judíos no labraban el campo en los reinos cristianos). Era, por tanto, necesario recalcar ostensiblemente que el labriego no era sospechoso. El conflicto había ido alcanzando dimensiones inmanejables a lo

---

[1] Ver Guillermo Araya, *Paralelismo antitético en «Peribáñez y el comendador de Ocaña»* («Estudios Filológicos», Valdivia (Chile), 1969, págs. 91-127).

largo del siglo XVI; y lo reciente de tal conflicto se manifiesta en la necesidad de poner los labriegos bien de manifiesto, que ellos eran indiscutibles miembros de la casta excelsa.

Estamos muy lejos de la concepción aristotélica del honor: «galardón concedido a los buenos por su virtud» (*Etica*, IV, 3, 15). De ahí que la persona dotada de grandeza de alma (el «megalópsyjos») pudiera aceptar o rechazar el honor: «Si el reconocimiento honroso viene de un cualquiera, lo desdeñará por juzgarlo inferior a sus merecimientos» (IV, 3, 17). Los españoles de la comedia lopesca, hidalgos o pecheros, no aparecen en la mente y fantasía del dramaturgo como autores de acciones grandiosas. Son altos ejemplares de español *per se*, por ser como son de sangre cristiana que se pierde en la antigüedad del tiempo.

Se trata, por tanto, de dos órdenes diferentes de realidad: lo colectivo y lo resoluble en conceptos, de un lado; lo personalmente vital, lo abiertamente problemático, de otro. La tragedia (o drama) y la novela fueron clamorosas y esperanzadas respuestas a las latentes demandas de quienes se sentían muy oprimidos, es decir, en una muy prolongada y conflictiva situación social, que el artista dejó fuera del ámbito de su obra. Tan lejos de esas obras quedó, que no nos habíamos dado cuenta de la motivación histórico-social de tal conflicto [1] bis. Ignorábamos cómo en verdad fue posible que unos toscos labriegos se alzaran a la cima del prestigio literario. Y esto sólo aconteció en la literatura de España, dentro de la cual no se halla, por fortuna, la razón explicativa de tales personajes.

Nada en el pasado español, provisto de gran dimensión significativa, es comprensible ni valorable si no

---

[1] bis En la *Comedia* de Lope de Vega se expresa la tensión honrosa de los hidalgos; en las *Representaciones* de Juan del Encina, Lucas Fernández y otros, sale a luz, por el contrario, la inquietud de quienes, salvados por la Natividad de Cristo y por el bautismo, se sentían socialmente en condición de inferioridad.

se tiene presentes a sus protagonistas, a los españoles, abarcados en la totalidad de su existir. Cada momento de éste es inseparable del fluir íntegro de la vida española, de la conciencia de estar siendo español y actuando como tal, frente a un destino que era condición ineludible del mismo proceso de estar existiendo. El español no era un ente ingrávido, temporal y existencialmente, en relación exterior con los movimientos literarios de eso que se llama «su tiempo», como si este «tiempo» no fuera aquél en que se movía y hallaba sus orientaciones la gente española, integrada y desgarrada por cristianos, judíos y moros, en ese momento que, en este caso, se llama, inadecuadamente, el Renacimiento; o en el previo a él, Edad Media. A ese «tiempo» lo vamos a afincar ahora en la tierra de la vida, de «su» vida. Lo cual exige salir fuera de la obra literaria y del problema de honra y dignidad planteado en ella, a fin de penetrar en la misma situación del vivir de los cristianos viejos y de los nuevos en el siglo xvi.

El conflicto angustioso contra el cual las gentes de entonces se enfrentaban, se resolvía no en razones formulables, sino en la imposibilidad de hallar ninguna razón o salida. Las vías para entrar en sí, dentro de sí, eran múltiples, y vivísimas eran las luces en el interior de las almas —un castillo de ahí irás, y de ahí no saldrás—. En tal situación se hicieron posibles el drama y la tragedia, hoy inexistentes, con plena autenticidad, al menos. No faltan ahora por cierto estados conflictivos y desolados, pero están muy patentes sus motivos; los causantes de las desventuras no están respaldados por tradiciones sacras, respetables e ineludibles. La economía, la psicología, la psiquiatría han desvelado todas las faces, y no hay respeto por el fundamento de lo humano, por ningún indemostrable más allá. El padecer actual es un hecho atroz, motivado por fuerzas ya sin ningún prestigio. Lo tremendo en el siglo xvi y en el xvii era que los principios y los fundamentos en nombre de los cuales el alma se sentía torturada, no podían todavía ser derrocados por la mente ni por la voluntad. Cuando los dioses dejaron de funcionar con eficacia en la Grecia antigua, se extinguió la tragedia y apareció Aristófanes. [Pero en la España de fines del siglo xv y en la del xvi se obligaba al bautismo a judíos y a moros, a causa *de la virtud indiscutible de aquel sacramento;* no se añadía, sin embargo, que éste de nada serviría si el bautizado no cambiaba radical e inmediatamente sus creencias y sus hábitos de vida. Lo incomprensible es la fatua insistencia en reducir la historia sólo a cifras de población, a economía y a estadísticas, y en prescindir del carácter *mágico* de la España ritual en los siglos xvi y xvii. La carne de los toros lidiados en la festividad del santo patrón de un pueblo servía para conjurar los pedriscos (ver mi citada obra *The Spaniards,* p. 596).]

HONOR Y HONRA

Al enfrentarme con este tema hace cincuenta y tantos años [2], no sentí la urgencia de deslindar claramente los distritos de la sociología y del arte literario; y dentro de éste, la ideología y la expresión poética; esta última —realce y transfiguración de lo ideado— nunca se resuelve del todo en elementos fragmentarios y tópicos. Los temas dramáticos relacionados con el sentimiento de la honra adquirieron relieve a causa de la subyugante belleza de ciertas obras de Lope de Vega y de Calderón. Tan altas expresiones poéticas reposaban, desde luego, sobre situaciones españolas muy agudizadas desde el siglo xv, aunque sin conexión *causativa* con la grandeza de figuras como Peribáñez o Pedro Crespo.

Algo venía aconteciendo a los españoles, al sujeto colectivo de la vida mediocre o excelsa llamada española, algo reflejado sin duda por los personajes de la *comedia* lopesca [3], y más tarde por la calderoniana. No es menos verdad, sin embargo, que en el caso de Pedro Crespo,

---

[2] «Algunas observaciones acerca del concepto del honor en los siglos xvi y xvii», en la *Revista de Filología Española*, 1916.

[3] Pero lo extraño de éstos, sorprende con motivo a Edwin S. Morby: «Blasón del teatro español es haber sabido ver trágicamente, antes que otros teatros, a los villanos de *Fuente Ovejuna* y *El Alcalde de Zalamea*» (en la edición de *La Dorotea*, de Lope de Vega, 1958, p. 18). En 1930 he visto a un público berlinés ovacionar, de pie y frenéticamente, a *Der Richter von Zalamea*.

se habla de él a causa de *El Alcalde de Zalamea,* de Calderón, sin referencia a la obra del mismo título, y muy pobre de arte, escrita antes, y tal vez, por Lope de Vega. El Pedro Crespo de Lope (?) gravita hacia una tradición de españolidad, y no hacia una criatura poética. Nos encontramos aquí con dos modos de realidad: el de la tradición social o de cultura, y el de su concreción en una imagen poética. El *Fausto* de Goethe y la tradición del tema «fáustico» son cosas independientes; olvidar esto lleva a desrealizar la auténtica poesía, tarea algo extraña en la cual parecen complacerse ciertos aficionados a la erudición por la erudición. Como veremos más adelante, ciertas imaginarias figuras inmortalizadas por Lope y por Calderón son como auroras esplendentes respecto de una previa y angustiosa nebulosidad, en contraste con la cual, por eso mismo, surgieron como aurora.

Mas no bastaría con separar la obra poética de su previa posibilidad; ha de trazarse asimismo una raya fronteriza entre los conceptos abstractos que permiten dar razón de la vida, y la presencia en ella de sus concretas encarnaciones. Conocer la vida, poniéndola en paréntesis, no es lo mismo que estarla viviendo de hecho y vivencialmente. Los dulces tienen su química, a través de la cual enlazan con el cosmos; pero para *saber* lo que son como tales dulces, tienen que *saber* bien —duplicidad de sentido que la lengua española ha conservado— No basta, por tanto, con hablar del *concepto del honor en el teatro de Lope de Vega,* porque esa frase encierra sencillamente una contradicción en sus términos.

El honor en el teatro del siglo XVI y XVII no aparece como concepto, sino como dimensión de vida, individualmente singularizada. Lo que en ello haya de común denominador queda fuera de la experiencia estética. La conciencia agresivamente honrosa esgrimida por Peribáñez —un fenómeno único de vida— destaca sobre un contexto de vida española, justamente en el siglo XVII, cuando fueron llevados a la escena los casos de la hon-

ra [4]. La situación conflictiva que hizo posible captar-
los con tanta fuerza, podía haber existido sin dar ocasión a obras como *El Alcalde de Zalamea* o *El castigo
sin venganza*. Aquella situación fue transmutada en estructuras poéticas, tan variadas y contrastadas en sus
formas como los motivos mismos que habían hecho
posible aquel arte. Las situaciones sociales y el destello
poético que las ilumina, han de mantenerse tan en conexión como pulcramente apartados.

En su *Arte nuevo de hacer comedias en este tiempo* (1609), Lope de Vega formuló este decisivo juicio
en versos cuya cita he de reiterar:

> Los *casos* de la *honra* son *mejores*,
> porque *mueven* con *fuerza* a *toda gente*.

Las dos frases, densas y cargadas de sentido, mani-
fiestan el propósito y las razones del éxito de la «comedia» de Lope. El poeta estructuró su arte con miras a
conmover a *todos* los espectadores, y salió así al encuentro de inquietudes y situaciones de conciencia comunes a todos. No hubiera debido yo hablar de «concepto
del honor» en 1916, sino de la vivencia de la *honra* y de
su expresión dramática. El idioma distinguía entre la
noción ideal y objetiva del «honor», y el funcionamiento
de esa misma noción, vitalmente realizada en un proceso

---

[4] Casos particulares de venganza se encuentran en la literatura de Occidente sin enlace con una situación angustiosa; en
aquéllos se litiga por el honor de una persona, no por la posibilidad misma de que ciertas personas puedan ser honradas. Además
del homicidio físico, puede haber un homicidio moral.
Los maridos han dado muerte a sus esposas adúlteras en
muchas literaturas. Jaume Roig habla, en el *Llibre de les Dones*,
de una mujer que negaba haber sido adúltera: «Ferro calent,
vermell, ardent, li feren pendre; varen encendre de fet la mà;
tota's cremà. No la ascoltaren; de fet votaren; sentenciada, fon
degollada per son marit» (Edic. F. Almela y Vives, p. 66). Un castigo así ya no era posible en el teatro del siglo XVII, porque había
que proteger la «opinión» de la casta, tanto como la honra individual. Y a ningún dramaturgo se le ocurrió presentar como marido
ofendido a un cristiano nuevo.

de vida. El honor *es*, pero la honra pertenece a alguien, actúa y se está moviendo en una vida. La lengua literaria distinguía entre el honor como concepto, y los «casos de la honra». Es decir, el honor es destacado a veces como cualidad valiosa, objetivada en tanto que dimensión social de la persona, como fundamento y a la vez esplendente aureola de su figura:

> «Prométeme una cadena,
> porque le dé yo [el papel a la dama], con pena
> de su honor, recato y fama»,

o sea, con riesgo de su honor. En este pasaje de *El Caballero de Olmedo*, de Lope de Vega, y en otros semejantes, el honor aparece aún íntegro, no roto, aunque esté amenazado. Pero en el título de *El médico de su honra*, de Calderón, lo expresado es la vivencia del honor ya maltrecho; el sentido es más de «confesión» que de declaración con fines informativos: la palabra *honra* parece más adherida al alma de quien siente derruido o mermado lo que antes existía con plenitud y seguridad.

La comedia de Lope de Vega iluminaba y salvaba en una huida poética situaciones que, en la vida diaria, incitaban a contiendas sobre lo que todos, del rey abajo, eran y valían dentro del conjunto social de los españoles creyentes, cuyo común denominador existencial no tenía semejante en Europa. Por ser así la forma del vivir español, pudo la comedia ser escrita para todos. y gozada y manejada por todos [4 bis], pese a cuanto Lope de Vega escribiera contra el «vulgo necio». En materias de sentirse seguro o inseguro dentro del cuerpo social, el más ignorante sabía, había «aprendido» en tiempo de Lope de Vega, tanto como el más sabio. En esta época, el sentido total de la existencia se cifraba en la conciencia de no estar ofreciendo resquicio a la embestida de la

---

[4 bis] Hablo en términos generales, pues Cervantes y otros censuraron, por motivos diversos, la comedia lopesca.

opinión ajena [5]. Y la comedia prosperó grandemente presentando casos de fractura y de compostura de honras maltrechas. A medida que avanzaba el siglo XVII, el patrimonio de los bienes auténticamente valorables para el español iba haciéndose muy escaso en cuanto se salía

[5] La angustia del cristiano nuevo sin defensa alguna contra la «opinión» estalla en estas frases de Mateo Alemán: «En todas partes hay lágrimas, quejas, agravios, tiranías; todos gustan hieles, ninguno está contento, rendidos con el peso de su duro yugo, desde que nacen del vientre de su madre hasta que vuelven al de la tierra. ¡Qué de varios pensamientos nos afligen, qué de temores nos acobardan, qué de necesidades nos provocan, qué de cautelas nos acechan, qué de traiciones nos asaltan, cuántas quejas formamos, con razón o sin ella, cuántas inquietudes padecemos con impertinencia, qué pequeñas cosas nos alteran sin causa, y cuántos tributos paga este desventurado vivir, sin que alguno se libre dellos.» (*San Antonio de Padua*, Sevilla, 1604, p. 247 vto. Texto comunicado por Claudio Guillén.) La situación no había llegado aún a tales extremos un siglo antes, en la época de Juan del Encina. [Sólo teniendo presente el citado texto de Mateo Alemán cobra auténtico sentido el *Guzmán de Alfarache*, ejemplo máximo de literatura frente a la sociedad dominante, la de las *almas blancas*, junto a la cual se dolían, irritaban, desesperaban las *almas negras* de los conversos. Aquel casticismo de las almas sería comparable al racismo de los cuerpos en nuestro tiempo, en tanto que conflicto solamente, pues los negros están llenos de razones, pero no han reaccionado frente a los blancos con nada comparable a la galaxia de humanidad que, como he dicho, se inicia con *La Celestina* y termina con Gracián. Entre esos puntos extremos se sitúan obras místicas y ascéticas y, además, el *Quijote*. Un religioso, hoy santo, Juan de Ávila, expresó en tensas y tersas frases la sinrazón del antisemitismo, y cómo sentía el futuro santo respecto de sus prójimos: El Cristo predicado por los apóstoles «es *luz* entonces y agora para *los judíos* que le quisieren creer; ... grande honra es para ellos venir de ellos, y PRINCIPALMENTE A ELLOS, el que es Salvador *de todo el mundo* y verdadero Dios y hombre». Respecto de la antes llamada por mí sociedad «de almas blancas», he aquí el sentir de quien la tenía «negra», según los criterios valorativos de aquel tiempo: «Aunque el prójimo no merezca por sí ser *sufrido, ni amado, ni remediado*», el cristiano ha de dar al prójimo lo que éste no merece, a cuenta de lo debido a Cristo crucificado, en virtud de la «amorosa contratación de Dios con él» (*Avisos y reglas cristianas sobre aquel verso de David: 'Audi, filia'*, edic. L. Sala Balust, Barcelona, J. Flores, pp. 268 y 188). Mateo Alemán habría suscrito lo dicho sobre el prójimo, aunque no lo de la «amorosa contratación». Estas citas aparecen en otras obras mías, a fin de que, por una u otra vía, lleguen al adecuado lector.]

del campo de la seguridad honrosa y de la hombría. Por ser esto así, fue gran genialidad dramática hacer que el honor apareciera puesto en crisis como honra. Se hablaba más de «deshonra» que de «deshonor», y a aquella conflictiva situación se refería precisamente la enérgica expresión de Lope de Vega[6].

Conflictos de honra los hubo y los hay en todas partes. Entre españoles, sin embargo, ese tema adquirió amplitud y lozanía muy considerables, por ser la disposición y funcionamiento de la vida española sumamente peculiar. El «sí mismo» —en tanto que *vivido*— posee una realidad que no se agota con llamarle genéricamente humana y nada más. Si muchos españoles no se hubieran sentido con su personalidad íntima al desnudo, y en riesgo de hallarse socialmente a la intemperie, el arte de Lope de Vega no hubiera sido posible, o no hubiera hallado tan afanosa acogida entre toda manera de gentes. Desde fines del siglo XV, los hábitos y usos interiores de las personas, para entonces ya inveterados, habían ido enfrentándose con circunstancias nuevas, específicamente españolas, que enlazaban con otras de tipo cultural (humanístico) originadas sobre todo en Italia. Es manifiesto que en el siglo XVI cada pueblo occidental se encontró en situaciones críticas, conflictivas, en donde las circunstancias locales se entrelazaban con las de fuera mucho más de lo que hasta entonces había acontecido. Pero en cada forma de arte, de literatura, de religión y de pensamiento europeos, la crisis del siglo XVI se manifestó peculiarmente, pese a lo que hubiese de común en fenómenos tales como el Renacimiento, el Manerismo

---

[6] Huelga decir que «honor» (en español y en otras lenguas) se usa y se usó en ambas dimensiones de sentido. Pero la distinción morfológica de «honor» y «honra» hace ver la importancia concedida a la vivencia del sentimiento del honor en castellano, catalán y portugués. En esta última lengua, más lírica que las otras dos, «honra» posee ambos sentidos, y «honor» se usa poco. Y por ser tan lírica la vida expresada por la lengua portuguesa, su literatura no fue dramática.

o el Barroco. Pero lo circunscrito de mi tema no permite tratar ahora de tan amplia cuestión.

Para cualquier intento de penetrar en la realidad de la vida española ha de partirse de lo que, con sobreabundancia de demostraciones, ha quedado establecido en mis obras anteriores. Esa vida fue constituyéndose en cuanto a su estructura y disposición funcionales, a lo largo de una secular convivencia y de las recíprocas acciones de cristianos, moros y judíos. Esos tres elementos humanos sirvieron de fundamento y de estructuración a lo que, inexactamente, se llama Edad Media española, pues en ella acontecen y dejan de acontecer muchas cosas que nada tienen de común con los países del Occidente europeo. Ahora bien, desde fines del siglo xv esos tres elementos, esos tres pilares de fundamentación, se convierten en puntos de arranque para combates internos, reñidos no sobre tierra enemiga, sino sobre la misma carne humana de quienes habitaban la propia tierra, una tierra que aquellas tres castas de gentes consideraban como gallega, castellana, aragonesa o catalana, como suya, desde hacía largo tiempo. Decidido el conflicto entre las tres creencias con la victoria de una de ellas sobre las otras dos [7], la vida subsiguiente de los españoles conservaría en los usos y tendencias de su ser interior (en sus preferencias, en sus acciones y en sus inacciones) evidentísimos testimonios de su pasado, de sus grandezas y de sus caídas.

Pero hay tenaz resistencia a enfrentarse con la angustiosa intimidad de quienes vivían aplastados por la misma forma de vida —de creencia—, a la cual debían su magnificación internacional, y urge por lo mismo volver a la realidad de aquel pasado a fin de salir de la maraña creada por los silencios y las inhibiciones. Casi de

---

[7] Según he demostrado en otras obras mías los «grandes de España», se llamaban «grandes de Castiella» en el siglo xiii; su nombre está calcado sobre el árabe. Los judíos de Marruecos mencionan en sus endechas a «los grandes [judíos] de Castilla». (M. Alvar, *Endechas judeo-españolas*, Madrid, 1969, p. 247.)

61

la noche a la mañana el español se encontró imperando sobre algunas zonas europeas de alta cultura, gracias a su prodigiosa capacidad de mando y al poder irradiante de su prestigio personal. Para ello no tuvo que modificar los usos interiores de su alma ni la inmovilidad de su pensamiento. Para tanto triunfo había bastado con ser buen creyente, súbdito fiel de Su Majestad el Rey y con poseer capacidad para enfrentarse valerosamente con los más temerosos riesgos. Cuerpos y ánimos mostraban poseer el mismo irrompible temple del mejor acero toledano. Se dice en *La Celestina* que al amor Dios le puso por límite «la maravilla»; mas lo ilimitado ahora eran las posibilidades de «ganar y mantener honra» en tierras y entre gentes nunca antes vistas. Los restos de la flota de Magallanes, al mando de Juan Sebastián Elcano, arribaban a las costas de España en 1522, después de haber rodeado la esfera terrestre (cuando ya circulaban impresas, para pasmo de españoles y europeos, las dos primeras *Cartas de relación*, de Hernán Cortés). El Emperador otorgó al Almirante como divisa para sus armas unas sencillas y grandiosas palabras: «Primus circumdedisti me...»

La visión comprensiva de tales situaciones es ineludible requisito para hacerse cargo de cómo pudieron pasar a primer plano la conciencia de triunfo de la casta dominante y, sobre todo, el temor a arriesgar su dignidad en los mares tan alborotados de la «opinión». Hay, en efecto, hechos en apariencia mínimos que súbitamente desvelan lo que estaba aconteciendo en el plano de las estimas y desestimas públicas; y esto es lo que ahora ha de tenerse en cuenta. Tomemos al azar cualquier texto dramático: éste de don Juan Ruiz de Alarcón. Dos personajes se encuentran por primera vez; uno de ellos, Román, pregunta algo a Tristán en forma un poco seca, sin decir, por ejemplo, «Hidalgo, saber quería...». Tristán responde con adustez, y además pone inmediatamente en cuestión, en «opinión», la dignidad de su interlocutor:

«¿No dijérades siquiera:
Hidalgo, saber quería,
si cabe en la cortesía,
quién es esta pasajera?...
... ... Demás
que estoy con vos en pecado,
porque os he visto comer,
y ni vino os vi beber,
ni tocino habéis probado,
[y no os lo he hecho notar].
Y *de hablar con vos me corro,*
que quien no come tocino,
ni vino bebe, es indino
de hablar ni escupir en corro.»

En pleno siglo XVII, idos los judíos y los moros, se seguía sintiendo, temiendo, la presencia de los unos y de los otros. En esta comedia de Alarcón *(Quien mal anda, en mal acaba,* I, 1), Román se justifica:

«El padecer corrimientos
de flema y calor causados,
hace para mí vedados
esos dos mantenimientos.»

En otras comedias de Alarcón vuelven a ponerse en relación con el linaje la conducta y las ocupaciones de la gente:

«Llevóme un amigo un día
allá a una junta de hablantes
arrojados e ignorantes.
Y uno dellos decía:
"Bravas joyas y vestido
ha echado doña Fulana;
mas es hermosa y lo gana
con preceto del marido.
Codeó mi camarada,
y dijo: 'El que hablando está,
come de lo que le da
una hija emancipada.'
'¡Andar!, dijo otro mocito:
el marido no hace bien,

63

porque en la ley de Moisén
tal preceto no está escrito.'
Segunda vez codeó
mi amigo y dijo: 'El mozuelo
lo sabe bien: que su abuelo
en Granada la enseñó'.»

En el texto anterior, una esposa adúltera es de raza judía, y una hija prostituta, de casta morisca. El cristiano nuevo, por consiguiente, aparecía como un ser degradado, al cual su mala casta incitaba a realizar vilezas. En otra comedia de Alarcón *(La crueldad por el honor,* edic. cit., p. 463) es calificada de poco digna la tarea del comerciante:

«Que no se ocupen los varones
en oficios que pueden las mujeres
ejercer; que un barbón que ser pudiera
soldado o labrador, no es bien que venda
hilo y seda sentado en una tienda» [8].

La comedia refleja, una vez más, la escala de estimas y desestimas por la cual se regían la sociedad y la literatura del siglo XVII, más atenta a subrayar lo preferido por la casta dominante, que a plantearse problemas por encima de lo creído y sabido por los más.

Albert A. Sicroff confirma la idea de ser de ascendencia judía Benito Arias Montano con varios hechos, entre ellos este trozo de una carta enviada por el eminente escriturario a Gabriel de Zayas, secretario de Felipe II:

«A v. m. suplico no me envíe los jamones ni el uno de ellos, antes me regale en servirse de ambos y comerlos, por que esto me será más gusto; que yo *en casa de v. m. lo comía y comeré,* placiendo a Dios. Aquí no he gustado carne [¡elude decir «jamón»!] sino el día que me purgué, que fue como otra purga; y uno [un jamón] que me

---

[8] Los textos de Alarcón me fueron comunicados por Mrs. W. F. King (*La Cueva de Salamanca,* Bibl. Aut. Esp., XX, p. 90; *La crueldad por el honor,* ib. p. 463).

habían enviado de Llerena, se desapareció de donde estaba cuando Monte se fue. *Yo no lo guardaba para mí, sino para cuando algún huésped viniese...» (Les controverses des statuts de «pureté de sang» en Espagne...,* París, 1960, págs. 269-270).

O sea, que Arias Montano comía jamón cuando era huésped de alguien, o cuando tenía huéspedes, a fin de que su limpieza de sangre no fuese puesta en duda. Aparte de eso, ¿para qué hablar tanto de comer o no comer jamón en una carta a tan señalado personaje?

El abolengo de Arias Montano y su repugnancia por el jamón debían ser asunto de dominio público, porque Lope de Vega se refiere a ello en su *Epístola* a don Gaspar de Barrionuevo, su gran amigo, escrita en 1603 ó 1604: Lope insta a su amigo a dejar las galeras, en las que era contador, y venir a gozar de las buenas cosas que había en Sevilla, entre otras:

«Jamón presunto de español marrano,
de la sierra famosa de Aracena,
adonde huyó del mundo Arias Montano.»

Parece ser que se funde aquí la noción de «presunto cristiano nuevo que, para disimular, comía jamón», y la de «jamón de cerdo español», con el doble sentido de «cerdo» y «cristiano nuevo» [9].

El Dómine Cabra, en *El Buscón*, de Quevedo, también añade tocino a la olla, «por no sé qué que le dijeron un día de hidalguía» (en mi edición, 1927, p. 44; véase Edward Glaser en *Nueva Rev. de Filología Hispánica*, 1954, VIII, p. 52). Aunque hay la importante diferencia, entre uno y otro caso, de ser el Dómine Cabra un ente ficticio y Benito Arias Montano una persona de carne y hueso.

---

[9] El texto en BAAEE, XXXVI, 427b. F. Rodríguez Marín (*Bol. Acad. Esp.*, 1914, I, 267), da la lección «presuto» y no «presunto». Lope quizá pensó en el port. «presunto» y el ital. «prosciutto» o «presciutto». No habiendo autógrafo de esta *Epístola*, no se sabe si el autor escribió «presuto» o «presunto», aunque el sentido está claro.

¿Cómo sería el cristianismo íntimo de ciertos conversos? ¿Cómo se entrelazarían en su alma los hábitos ancestrales con nuevas formas de fe que, de antemano, no deben tacharse de insinceras? Es probable que, en los bien versados tanto en la antigua como en la nueva Ley (caso de Arias Montano), se formaran ajustes individuales y muy recatados, que afloraban en la repugnancia a infringir preceptos judaicos, nada dañosos después de todo para la creencia católica. Mas nunca se sabrá hasta dónde llegaban esos sincretismos en quienes no los confesaron en el tormento inquisitorial, o no manifestaron abiertamente su sentir [9 bis].

Sobre la religiosidad de ciertos conversos arrojan nueva luz algunos recientes estudios del Profesor I. S. Révah: «Autobiographie d'un marrane (João Pinto Delgado)», en *Revue des Études Juives*, 1961, CXIX, 41-130. «La religion d'Uriel da Costa», en *Revue de l'Histoire des Religions*, 1962, CLXI, 45-76. «Un pamphlet contre l'Inquisition d'Antonio Enríquez Gómez», en *Revue des Études Juives*, 1962, CXXI, 81-168. Ver la nota 27 del Cap. III.

[9 bis] Es fácil, en este caso, fijar límites extremos: ni Santa Teresa ni Cervantes tenían nada de judíos, aunque lo hubiera sido algún ascendiente suyo; lo eran, en cambio, quienes se iban al extranjero para judaizar, o se demostraba que practicaban el judaísmo secretamente, según aconteció en Mallorca en 1688 (ver Angela Selke, *Arresto de Onofre* y *Embarque frustrado*, en «Revista de Occidente», febrero, 1971). Estos chuetas descendían de judíos convertidos mucho antes de la expulsión de 1492. Entre ambos extremos, los matices y gradaciones son imprecisables, entre otros motivos por la necia costumbre de llamar judíos a los descendientes, en el grado que fuera, de algún judío. En esa forma, la dinastía española sería judía (?), pues la madre de Fernando el Católico era *ex illis* (ver mi *Español, palabra extranjera*, Madrid, Taurus, 1971). Juzgo suficiente estos datos para la finalidad aquí perseguida.

HONRA Y LIMPIEZA DE SANGRE

El español del siglo XVI se sintió lanzado de golpe a una vida en escala mayor, y brincó desde su estrechez aldeana hasta los últimos límites del «teatro del mundo». Al éxito seductor se arribaba por vía del merecimiento personal o de la proeza súbita, no por la mutación despaciosa de las cosas y de las ideas, sin conexión directa con las virtudes de la persona. Se solicitaban mercedes de Dios, del rey o del gran señor. El fraile extendía sus dominios desmesurados por la tierra de España y de las Indias, en las cuales atrajo al indígena a formas de cultura europea, hizo florecer un arte que aún hoy día sigue siendo una de las más seguras manifestaciones de la civilización de España. Al no eclesiástico sus merecimientos le procuraban tenencias de castillos en Europa, encomiendas en las Indias y, en todas partes, empleos de la corona o de sus grandes. El ámbito de lo merecible y la conciencia de ser merecedor iban dilatándose a medida que avanzaba el siglo XVI.

Mas el haz de apetencias homogéneas y paralelas —ganar y mantener honra como fraile o como hidalgo— era a veces roto por la sospecha de si en el interior de la personalidad triunfante del español creyente no se hacía oír la voz del otro creyente, del miembro de la otra casta, de la expulsada.

67

El problema de la limpieza de sangre es muy complejo, y no cabe resolverlo meramente con dicterios o elusiones. En primer lugar, toda forma de trabajo técnico mental parecía cosa de moro o de judío. Hay, por otra parte, que hacerse a la idea de que ser español cristiano hacía sumamente difícil salir de uno mismo y el sentirse elevado con la labor del intelecto o de las manos. La conciencia del valor de la persona tenía que permanecer íntegra, quiero decir, sin quedar sumida ni olvidada en el valor de la idea o del artefacto lanzados al público. Toda acción valiosa tenía que aparecer debiendo su existencia al hecho de «ser vos quien sois», o al de «ser nos quien somos». Parezca o no parezca extraño, habrá de admitirse que la noción española de «humano», de lo «propio de mi persona», era algo como la noción de lo santo o de lo divino, imposible de ser escindida o mermada. El español cristiano era como era por sentirse existiendo en una creencia, opuesta bélica y socialmente a otras creencias. Y de esa elemental y básica situación íntima arrancaba la conciencia de su fuerza y de su iden-tidad. Prueba de ello —si hiciera falta—, es que los pro blemas *de dignitate hominis* no fueron tratados teóricamente como en Italia [10]. Las imitaciones españolas de aquellas obras fueron escasas y poco originales. Las cuestiones de honra fueron, por el contrario, vividas y estructuradas poéticamente en una forma no cultivada por los italianos. Al español le urgía hacerse valer, y por eso adquirieron tal intensidad las expresiones de la estima o la desestima públicas —la «opinión», mi «opinión», «el que toque a mi opinión», así, en absoluto y sin calificativos.

Expresión de ese «estar en uno mismo» fue el famoso vocablo *sosiego*, el no dejarse afectar por las circunstancias materiales, y el escaso interés por modificarlas, pues eso quedaba para moros, judíos o extranjeros. Lo

---

[10] Cf. Herschel Baker, *The Dignity of Man* (Studies in the Persistence of an Idea), Harvard University Press, 1947.

único que alborotaba al español era la sospecha de que
en el centro o raíz de su «sí mismo» se hubiesen injerido
elementos extraños capaces de alterar su integridad, ya
que entre el «se es» y el «no se es» no cabía término
intermedio. Fuera de aquella fundamental angustia, al
español le tenía sin cuidado lo que hicieran o pensaran
los otros [11]. El arzobispo de Santiago escribía a Carlos V
con ocasión de su desafío con Francisco I: «A V. M. no
es oculto que [el Rey de Francia] es tenido por loco y
parlero, estimado por inconstante y *persona sin ser*» (citado por J. F. Montesinos, *Ensayos y estudios*, 1959, p. 41).
Carecían en realidad de valor las acciones sin enlace con
la dimensión imperativa de la persona; cuando no se
actuaba sobre otros hombres, o se combatía contra ellos,
la persona se contemplaba a sí misma, en su «sosiego»,
en la creación artística, o en la contemplación divina.
Ciertos cuadros de Velázquez y de Zurbarán ilustrarían
este modo de ver la vida española del siglo XVII. Y en
igual grado, el tema poético de la soledad, tan bien presentado por Karl Vossler en su *Poesía de la soledad en
España*. Aquella situación íntima valía más como soledad
en la propia alma, que como vida retirada y apartada
del tráfago mundano.

En la soledad íntima se ofrecían a la conciencia los
más deslumbrantes espectáculos, compensadores de la
carencia de actividades exteriores —hasta el mismo ba-
tallar perdía a veces su secular prestigio:

> «¿Piensas acaso tú que fue criado
> el varón para rayo de la guerra,
> para surcar el piélago salado,
> para medir el orbe de la tierra
> y el cerco donde el sol siempre camina?
> ¡Oh, quien así lo entiende, cuánto yerra!

---

[11] El prestigio de que gozaba en el siglo XVI todo lo español se
manifiesta en la adopción del vocablo *sussiego* por los italianos:
«aspetto, contegno, dignitoso e grave». Una degeneración del «sosiego» de antaño ha sido, hasta no hace mucho, el miedo al ridículo de los españoles, sorprendidos tan a menudo por las «excentri-
cidades» de los extranjeros.

Así aquella que al hombre sólo es dada,
sacra razón y pura, me despierta,
de esplendor y de rayos coronada,
y en la fría región dura y desierta
de aqueste pecho, *enciende nueva llama.*»

(Epístola moral a Fabio.)

Los versos anteriores no son ni horacianos ni estoicos, posturas ideales que los españoles nunca vivieron auténticamente. Un estoico no se habría iluminado interiormente «de esplendor y de rayos», ni hubiera deseado que el «pecho» se le iluminara de «nueva llama». El estoico intentó hallar la razón, las razones explicativas de existir ese «cerco donde el sol siempre camina». Por eso hubo en España dramas de honra, y no combates heroicos para averiguar cómo fuera la realidad del universo. Cuando tal vez hubiera podido iniciarse alguna actividad en aquella dirección, el mismo funcionamiento interior del vivir de la casta cristiano-vieja la hizo imposible, según pretendo poner más en claro en las presentes páginas. No era debido a ignorancia ni a barbarie el desinterés de Quevedo por los instrumentos de la nueva física, y ya es tiempo de hablar con sentido de tales situaciones humanas. Las circunstancias que habían estado martilleando sobre la conciencia del español, durante ya más de siglo y medio en tiempo de Quevedo, habían forzado los ánimos a retraerse a las últimas «moradas» de su castillo interior. Las feroces embestidas de la «opinión», como pronto veremos, habían obturado toda posibilidad de dar libremente cuenta a la inteligencia, y sólo quedó a salvo de tal desastre la conciencia del ser propio, de «mi estar siendo». Así me explico ahora la actitud de Quevedo [11 bis] respecto de la ciencia de la que tanto había él oído y leído en Italia; porque toda otra interpretación sería pueril: no se habla con tanta firmeza simplemente para exhibir la propia necedad. En *La hora de todos* (1638), Quevedo describe lo acontecido entre los

---

[11 bis] Ver antes, p. 32, la cita de *La cuna y la sepultura.*

holandeses que habían intentado desembarcar en Chile y los indios enfrentados con ellos:

«El holandés, conociendo la naturaleza de los indios, inclinada a juguetes y curiosidades, por engañarles la voluntad, les presentó barriles de butiro..., y últimamente un *cubo óptico*, que llaman antojo de larga vista.»

El indio respondió en estos términos:

«Instrumento que halla manchas en el sol y averigua mentiras en la luna, y descubre lo que el cielo esconde, es instrumento revoltoso, es chisme de vidrio, y no puede ser bien quisto del cielo... Con este artificio espulgáis los elementos, y os metéis de mogollón a reinar; vosotros vivís enjutos debajo del agua, y sois tramposos del mar»[12].

El haber hecho suya los holandeses la tierra antes oculta por el mar aparecía como una acción reprobable.

Toda la ciencia, toda técnica, se habían hecho arriesgadas y sospechosas; los historiadores pasan como sobre brasas por una situación tan extraña entre gentes que habían señoreado zonas de Europa hasta comienzos del siglo XVIII (Nápoles, Bélgica), y estaban al tanto del progreso moderno. Es por lo mismo difícil dar razón de aquella su voluntad de no saber, del orgullo de su igno-

---

[12] Las palabras de Quevedo me recuerdan las dichas por un árabe a T. E. Lawrence (o inventadas por él), a comienzos de este siglo. Lawrence dejó su catalejo a un beduino para que contemplara el cielo: aparecían estrellas no perceptibles a simple vista, y el beduino gritaba asombrado. Se habló entonces de telescopios, y Lawrence explicó que en el futuro se verían millares de estrellas antes invisibles: «Cuando las veamos todas, ya no habrá noche en el firmamento.» A lo cual respondió Auda: «¿Por qué están siempre los occidentales necesitando tanta cosa? Detrás de nuestras pocas estrellas, nosotros podemos ver a Dios, que no está detrás de vuestros millones de ellas.» Y Auda puso fin al debate con unas estupendas palabras: «Muchachos, conocemos nuestros pagos, nuestros camellos y nuestras mujeres. El exceso y la gloria sean para Dios. Si el fin de la sabiduría es añadir una estrella a otra estrella, vaya chaladura divertida.» (*Seven Pillars of Wisdom*, Nueva York, 1935, p. 282). Querer ignorar algo y el hecho de ignorarlo son fenómenos distintos.

rancia. Las explicaciones al uso (ya cité la de que se cortó el enlace cultural con Europa) están henchidas de necedad. Lo realmente acaecido fue que toda ocupación intelectual implicaba graves peligros para la conciencia del español, exclusivo e imperante, que se fortalecía y agrandaba dentro de sí a medida que se extinguían las tenues luces de ciencia que habían comenzado a iluminar el ambiente español a lo largo del siglo XVI. Pero los espacios de vida había que llenarlos con algo, y esos algos eran escasísimos en cuanto dejaban de ejercerse las actividades eclesiásticas, bélicas, literarias, artísticas o administrativas; no quedaba como tarea válida sino el adentramiento en la propia conciencia, exactamente, en la del propio ser de uno. Esa conciencia del propio y estrechado existir halló en Quevedo expresión y forma interior de subida belleza, es decir, cargadas de tal virtud que nos obligan a alzarnos hasta sus palabras en un movimiento de adhesión grata y reverente:

«Retirado en la paz de estos desiertos,
con pocos, pero doctos libros juntos,
vivo en conversación con los difuntos,
y escucho con mis ojos a los muertos.
Si no siempre entendidos, siempre abiertos,
o enmiendan, o secundan mis asuntos;
y en músicos callados contrapuntos,
al sueño de la vida hablan despiertos.»

O sea, que el motivo y la finalidad de la expresión literaria en España respondían a un estado de cosas sin parejo en Europa, en donde las fallas y los conflictos fueron muy otros.

Muchos años antes que Quevedo, Francisco de Aldana, seducido un momento por los modos de vida florentinos junto a Cosme de Médicis y Leonor de Toledo, trocó las letras por las armas y marchó a guerrear en Flandes y Francia. No obstante todo eso, la más auténtica vocación de aquel hombre parece haber sido la plática interior con el inquieto y conflictivo personaje de su ser íntimo:

«Entrarme en el secreto de mi pecho
y platicar en él mi interior hombre,
dó va, dó está, si vive o qué se ha hecho» [13].

Honrarse en este mundo, y prepararse para continuar existiendo en el otro, dieron motivo a los máximos cuidados del español. Aldana, hombre de guerra, se sentía angustiado por la insuficiencia de cualquier tarea social.

La expresión *limpieza* de sangre se vuelve equívoca si se inyecta en ella el sentido de las pugnas raciales y antisemitas de nuestro tiempo. Fuera de las ocasionales y cómicas referencias a la encorvada nariz de los hebreos, el cristiano español no opuso al judío un tipo biológico de *homo Hispanus;* nada hubo comparable a la oposición de arios y judíos en la Alemania de Hitler. Importó mucho, por el contrario, la pureza espiritual de la sangre, si cabe hablar así, en relación con la creencia bíblica de que, a través de la sangre, se transmitían las culpas de los padres. He citado otras veces, y he de hacerlo de nuevo, las palabras del cristiano nuevo Gonzalo Fernández de Oviedo, hacia 1554:

«Es cierto que entre todas las naciones de los cristianos no hay alguna... donde mejor se conozcan los nobles e de buena e limpia *casta,* ni cuáles son los sospechosos a la fe: lo cual en otras naciones es oculto.» *(Quinquagenas de la nobleza de España,* Madrid, 1880, p. 281.)

El frenesí de hidalguía genealógica no se detuvo ni aun al llegar a los límites de las personas divinas. Lope de Vega compuso unos versos laudatorios que figuran al frente de la obra de Mateo Alemán, *San Antonio de Padua* (Sevilla, 1604), en los cuales el nombre del escritor alabado suscita el de «Mateo Evangelista», cuyo Evangelio

---

[13] Cf. Elías L. Rivers, *Francisco de Aldana,* Badajoz, 1958, p. 94. Para las conexiones entre ese «hombre interior» y los orígenes del anarquismo (no individualismo) español ver ahora la edición renovada de *La realidad histórica de España,* 1966, cap. VIII.

se transmuta —con asombro del lector— en una ejecutoria de nobleza:

> «... aquel famoso
> Libro, que *visto* en las supremas salas,
> confirma la *hidalguía*
> de Cristo, *por la parte de María*» [14].

Es decir, que Cristo tuvo también que probar su limpieza de sangre en cuanto a su parte de humanidad. Su demanda fue *vista* en las salas de la Chancillería celestial y debidamente confirmada. Según un texto manuscrito del siglo XVIII procedente de la Isla de Rodas, los judíos dijeron «a la Ley Santa: 'Tú eres muy santa, te tomemos como una novia de *casta alta'*.» (Ver *La realidad histórica de España*, edición renovada, 1962, p. 31). Una vez más cristianos y judíos se emparejaban en sus pretensiones de hidalguía divinal.

[La conexión entre divinidad e hidalguía vuelve a manifestarse en lo dicho por San Ignacio, según refiere el P. Ribadeneira: «Un día que estábamos comiendo delante de muchos, a cierto propósito hablando de sí, dijo que tuviera por gracia especial de nuestro Señor, venir de linaje de judíos, y añadió la causa diciendo: ¡Cómo poder ser el hombre pariente de Cristo N. Señor y de N. Señora la gloriosa Virgen María! Las cuales palabras dijo con tal semblante y con tanto sentimiento, que se le saltaron las lágrimas, y fue cosa que se notó mucho» [15].

En último término, la cuestión implícita en este trágico e hispánico conflicto, era la cuestión de quién y quién no formaba parte del pueblo de Dios, una actitud manifiestamente semítica. Al cristiano europeo le bastaba con saberse dentro de la grey cristiana, el español necesitaba serlo con su fe y con su materialidad corporal. San Ignacio hubiera deseado ser cristiano de la primera

---

[14] El texto me fue comunicado por Claudio Guillén.
[15] V. Eusebio Rey, S. J., «Razón y Fe», 1956 (enero-febrero, pp. 178-9).

generación, un modo de sentir incompatible con el de los españoles cristianos viejos de su tiempo, que habían perdido toda noción de la verticalidad del problema. Los judíos de 1500 continuaban siendo el pueblo deicida; para los llamados cristianos viejos habían perdido validez las palabras del apóstol San Pablo (v. *Corintios* I, 12). Dejada al margen la espiritualidad evangélica —aun respetada por Alfonso X—, los judíos eran meramente el pueblo deicida, y los cristianos de 1492, olvidados de los textos sagrados, de las leyes de las *Partidas* y del *Fuero Real*, se identificaron semíticamente con el pueblo de Dios.]

En la vida de los cristianos españoles se había integrado la creencia oriental de que la religión determinaba el ser y el existir de la personalidad colectiva en el área de los reinos peninsulares. En ellos cada casta, por consiguiente, tachaba de impuras a las otras dos. La idea de ser un pueblo electo de Dios se deslizó desde los hispano-hebreos a los hispano-cristianos, y sobre unos y otros reinó bastante armonía mientras gozó de prestigio la doctrina islámico-alcoránica de la tolerancia, según he hecho ver con suficiente evidencia en varias ocasiones [16].

Unidos estatalmente castellanos y aragoneses con el matrimonio de Isabel y Fernando, terminada la guerra con Portugal y animado el villanaje al ver cómo castigaban los Reyes los desmanes de la nobleza, la población cristiana se sintió pronta para dominar a las otras dos. El odio de «los menudos» contra los hebreos, la codicia de sus bienes combinada con rencores de diversa índole, se hicieron sentir, hacia 1480, en la nueva política de los

---

[16] Véase el cap. II de la edición renovada de *La realidad histórica de España*, 1962. [El pueblo español aparece como una réplica del hebreo en la *Política española*, de Fray Juan de Salazar, 1619, edición Miguel Herrero, 1945: «San Lorenzo el Real (fue fabricado por el Salomón español Felipe II) a imitación del famoso templo (de) Salomón» (p. 82). Según Alfredo Martínez Albiach, fue establecida «la teocracia en España, según el modelo israelita» (*Religiosidad hispana y sociedad borbónica*, Burgos, 1969, p. 14, y *passim*).]

Reyes Católicos, dirigida a fortificar y engrandecer los reinos cristianos. La armonía cristiano-hebrea, indispensable durante los siglos constituyentes de la vida española (xi-xv), se tornó ahora en odiosidad. La monarquía antaño débil, era fuerte y poseía riquezas a fines del siglo xv. El establecimiento de la Inquisición contra los hispano-hebreos y los aprestos para dar fin al reino moro de Granada fueron casi simultáneos. Todo ello tuvo graves consecuencias para quienes habían venido conviviendo desde hacía siglos en la mayor parte de la Península, como gentes de lengua gallega, castellana o catalana, escindidas y armonizadas dentro de cada región como cristianos, judíos y mudéjares, especializados, cada uno de esos grupos o castas, en diversos tipos de actividades. Cuando Fernando III murió en Sevilla, en 1252, cristianos, moros y judíos pusieron sendos epitafios en su sepulcro, prueba visible de la armonía reinante entre todos ellos. Todavía en 1466 notaba el viajero checo Barón de Rosmithal, que en las tierras del conde de Haro «y hasta en su corte, hay cristianos, moros y judíos; *a todos los deja vivir en paz en su fe*» [17].

Todo esto es sabido, y en una u otra forma he venido exponiéndolo en modos entendibles desde 1948. Ya dije en aquella fecha que yo había tratado en 1916 sobre los temas de la honra en el teatro del siglo xvii sin tener presente (y nadie lo sospechaba entonces) que cuanto había acontecido a los españoles, debía ser relacionado con la convivencia y con las pugnas de cristianos, moros y judíos. La ruptura de aquel orden tradicional creó un nuevo sistema de valoraciones y desestimas sociales, fundamento del nuevo aspecto en que aparece la «honra» en el siglo xvi y en el xvii, y su correlato la «opinión». La religión, la moral, los intereses políticos y los eco-

---

[17] *Viajes por España*, edic. de A. M. Fabié, en «Libros de Antaño», p. 157. En Villasana (provincia de Burgos) «habitan juntos y en paz judíos y cristianos» (p. 53). En Orense los judíos fabricaban y vendían «rosarios, crucifijos y otros objetos sagrados» (B. F. Alonso, *Los judíos en Orense*, 1904, p. 18). Etc.

nómicos no pudieron ordenarse jurídicamente por motivos que ahora no cabe analizar. Mas el resultado fue que el español acabó por sentirse acosado y asfixiado por la opinión ajena:

> «*Honra* es aquella que *consiste en otro.*
> Ningún hombre es honrado por sí mismo,
> que del otro recibe la honra un hombre...
> Ser virtuoso un hombre y tener méritos,
> no es ser honrado... De donde es cierto,
> que *la honra está en otro y no en él mismo*»[18]
>
> (Lope de Vega: *Los comendadores de Córdoba.*)

El qué dirán, la murmuración, la delación y el «malsinismo» habían dado origen a un clima social sumamente extraño. Si dentro de siglo y medio hay algún régimen totalitario que haya subsistido hasta entonces sin interrupción, y si alguien entonces tiene todavía noción de lo que es eso (es decir, distancia posible para juzgarlo), ese alguien comprenderá por experiencia propia cómo reaccionaba la conciencia de los españoles —de ciertos españoles— en torno a 1600:

«Cuántos hay que espantados con el *qué dirán del vulgo,* dejan de comulgar a menudo, frecuentar las iglesias, ir a los hospitales, perdonar las injurias, moderar los gastos y hacer otras obras de virtud.» (Alonso de Cabrera, *Sermones,* Nueva Bibl. Aut. Esp., p. 512.)

Porque exagerar la devoción y la piedad también podía levantar la sospecha de ser cristiano nuevo.

[Lo pensado por la persona, lo construido intelectualmente, estaba subordinado, en primer término, a lo que la persona fuera y valiera como hombre engendrado por cristianos viejos o nuevos. La valentía ocupaba inmediato y prominente lugar en la escala de las valoraciones populares, de lo estimado por la «opinión», simplemente

---

[18] Nótese, en relación con lo dicho anteriormente, que aquí se dice *honra* por tratarse de algo frágil y rompible, no del *honor* entero y bien asentado.

porque desde hacía siglos se daba por supuesto que el judío y sus descendientes eran cobardes, aunque fuesen cristianos desde hacía varias generaciones. El jurista Juan Arce de Otálora escribía en 1559: «Quienes no descienden de quienes habían combatido para arrojar de España a los moros... no poseen ni las cualidades ni las costumbres de los nobles de España, porque los hijosdalgos de España siempre han servido y sirven en las guerras a los reyes y al reino... Estos otros *nunca van a la guerra sino como médicos y cirujanos*» (*Summa nobilitatis Hispanicae*, Salamanca, 1559, p. 188). Cervantes reaccionó sarcástica y violentamente contra tan absurdo prejuicio al final del entremés *El retablo de las maravillas,* en donde un oficial del ejército pone en fuga con su espada a quienes, por creerlo cristiano nuevo, lo suponían incapaz de defenderse. Dentro de ese contexto de circuns·tancias interpreté antes el tema dramático del castigo en secreto de la mujer adúltera, no en forma declarada como en *Otelo.* Siempre y en todas partes hubo maridos que vengaron con sangre la traición de su mujer, pero sólo en España adquirió aquel tema tan amplia y honda dimensión, precisamente entre los siglos XVI y XVII, en la época que llamo conflictiva, cuando los caballeros mataban toros para hacer gala de su denuedo varonil (en los siglos XV y XVIII la plebe se ocupaba de ese menester). La venganza de los maridos en el teatro de Lope de Vega y de Calderón no era reflejo de ninguna tradición ni de las costumbres de la época; tendía a proteger al caballero contra el ataque de la «opinión», a subrayar la «hombría» de quienes *tenían que* dar muerte a un ser querido, como un terrible deber, como un sacrificio a la diosa «Opinión». El género literario creado por Lope de Vega tenía por finalidad —repitámoslo— mover «con fuerza a toda gente».]

La firmeza del «ome en sí» del siglo XIV y del «ome esencial» del XV, se había ido haciendo insegura a medida

78

que avanzaba el xvi [19]. El grupo, o casta, antes bien deslindado, del cristiano dominador (el moro en su morería, el hebreo en su judería), se veía ahora invadido por quienes con su sangre impura y «bautizada» corrompían la casta de los cristianos viejos. Hasta el siglo xv no se tomó en cuenta la ocasional mescolanza de las familias cristianas con el hebreo acaudalado, o con la hermosa judía, una vez que el santo bautismo los había nivelado a todos. Tan sereno equilibrio era ya imposible después de la irrupción en la grey cristiana de los hebreos conversos a millares. Se desplazaron los ejes de la vida española con las matanzas de judíos en 1391, con el arrasamiento de muchas sinagogas, las persecuciones sangrientas durante el siglo xv, los bautismos provocados por el terror y, en fin, con la decretada ilegalidad del judaísmo en 1492.

Legalmente no hubo ya judíos. De hecho, sin embargo, el vigor y capacidad de la *gens* hebrea se hacían presentes a través de los incontables cristianos nuevos en el clero regular y secular, en los cargos concejiles, en las profesiones técnicas, en la enseñanza universitaria, en oficios ligados con algún saber o competencia, etc. [19] bis.

---

[19] «Esencial» no se usó en sentido riguroso, sino como expresión de la veracidad y la hombría de la persona. El «ome esencial» pudo permitirse el lujo de ser tolerante con sus prójimos.

[19] bis [El embajador de España en Venecia continuaba necesitando los servicios médicos de un judío. Se dirigió con este motivo a la Señoría en 12 de julio de 1638. «Il conte della Rocca» dice: «Sta in casa mia un medico che per la quantità della famiglia che ho, per le figliuole, per la contessa, che non sta mai troppo bene, riesce molto fruttuoso, come è valoroso e molto degno. Egli è hebreo, ma negli atti della fede nostra PIU PUNTUALE D'UN CHRISTIANO, perchè, se va alle case a medicar qualche d'uno, quando lo vede in pericolo, la prima cosa gli raccomanda l'observatione de gli usi dela sua religione.» Solicita de la Señoría que le permitan llevar «il capel nero» y no el «rosso», distintivo de los judíos en Venecia. La Señoría está bien dispuesta; también tiene un médico hebreo el dogo. El médico del embajador de España se llama Valenza. (Bruna Cinti, *Letteratura e politica in Juan Antonio de Vera ambasciatore spagnolo a Venezia (1632-1642)*, Venecia, 1966, (páginas 83-84.) Parece estamos leyendo lo escrito por don Juan Manuel en el siglo xiv acerca de su médico.]

Los «hombres en sí» y «esenciales» de antaño se sentían
mal seguros en la intimidad de su ser, sin aferro a
donde asirse porque el hispano-cristiano carecía de tradición y de hábitos de trabajo, socialmente productivo
y creador; de no ser así, ¿cómo hubiera podido tacharse
de judaica cualquier actividad intelectual o técnica? Lo
propio de la casta cristiana en el siglo XVI era el ímpetu
dominador e imperante; sostenido por él y por su creencia aspiraba a dominar la totalidad del planeta, y el
hecho es que en gran parte consiguió hacerlo en las
Indias. Nos lo cuenta el *Romancero*, que hay que tener
muy presente para conocer lo que en el fondo de su
alma deseaba y esperaba el hispano-cristiano en el siglo XVI. Carlos V

> «ha en persona de llegar»

al monte Calvario, después de reconquistar la Tierra Santa. Luego, una vez

> «ganadas las tres Armenias,
> Arabia no ha de dejar,
> Egipto, Siria, las Indias,
> todos se le han de dar.
> Agarenos, ismaelitas
> también ha de conquistar,
> más dichoso que Alejandre
> por la tierra y por la mar.
> A todos en un aprisco
> él los tiene de encerrar:
> *los sacramentos son pasto*
> *con que los ha de pastar»* [20].

Esto se escribía en vida de don Alonso Manrique,
arzobispo de Sevilla e Inquisidor General, por consiguiente, antes de 1539. En tiempo de Felipe II las perspectivas
populares continuaban siendo las mismas, y el *Romancero*
continuaba siendo la voz de la Castilla ya imperial:

---

[20] BAAEE, XVI, 151.

«El gran Felipe Segundo,
de España rey sublimado,
que la más parte del mundo...
Dios en gobierno le ha dado...
Y por todo el Occidente
se ha extendido su reinado...
En riquezas, a esta tierra
ninguna se le ha igualado,
ni tal se sabe en historias
que hubiese en tiempos pasados...
Pues en Japón y la China
se espera otro nuevo estado,
con que para siempre sea
el nombre de Dios loado;
y así nuestro rey invicto
quiere estar siempre ocupado
en sembrar por todo el orbe
el Evangelio sagrado...
Del Oriente al Occidente
todo lo tiene abrazado...» [21].

La visión —más asiática que europea— de un monarca
universal que combatía para difundir la religión por todo
el orbe, dejaba en paréntesis a quienes, dentro del reino,
se buscaban confusamente a sí mismos, sin saber de cierto qué hacer, fuera de esperar venturas y salvaciones.
El desbarajuste había comenzado ya en el siglo xv, aunque la historia al uso cierre los ojos ante tal situación.
Las gentes se deshacían unas a otras por odios de casta,
y por afán de lograr riquezas para sí y para el reino,
a cualquier costa. Los dos primeros inquisidores generales eran conversos: Tomás de Torquemada y Diego de
Deza [22]. Converso era también fray Hernando de Talavera,

---

[21] BAAEE, XVI, 189. Ver el Apéndice al final de esta obra, en
que hablo del fundamento semítico del imperio español.
[22] H. Ch. Lea, *A History of the Inquisition of Spain*, I, 1922,
p. 120. F. Márquez Villanueva, «Conversos y cargos concejiles en
el siglo xv», en *Revista de Archivos*, Madrid, 1957, p. 150. [Sirvién-
dose de sus «odiamientos», y no de sus razonamientos, Yitzhak
Baer (*A History of the Jews in Christian Spain*, II, 444) me califica
de antisemita por repetir lo por muchos sabido, que los dos primeros inquisidores generales eran de casta hebrea. Por otra parte, el
P. Juan de Mariana juzgaba muy extraño el procedimiento secreto

fraile jerónimo, primer arzobispo de Granada y varón santo si los hubo. Pero en 1507 el canónigo Diego Rodríguez Lucero, inquisidor de Córdoba —hiena máxima entre ellos—, acusó a Talavera y a toda su familia de ser herejes judaizantes. Lucero saciaba su furor protegido por Fernando el Católico, muy necesitado de las sumas considerables producidas por las confiscaciones de los bienes de los judíos, verdaderos o supuestos. El caos moral y económico producido por tales procedimientos [23] ha de incorporarse a nuestra idea de la situación de los españoles en el siglo XVI.

Lucero (a quien Pedro Mártir llama «Tenebrero») lanzó por Andalucía su furia enloquecida. Lo contará luego más tarde fray José de Sigüenza, en su admirable *Historia de la orden de San Jerónimo* (III, 2, XXXVI):

«Gente desalmada y perdida» acusó al santo arzobispo «de que en su casa había personas que judaizaban, habían apostatado de la religión cristiana... Fueron en particular acusados de este crimen y herejía una hermana suya, un sobrino y tres sobrinas, y muchos otros criados y familiares suyos... Procuraron con muchas veras alcanzar licencia del papa para prenderle a él mismo, por la misma herejía... Turbáronse todos los de su casa reciamente, y cubrióles a todos una tristeza y desconsuelo grandísimo... Publicóse el caso por toda España, por ser tan arduo, y caer en un sujeto tan conocido de todos». Tan injusto escándalo se debió a «no

---

de la Inquisición española («pesadumbre gravísima y a par de muerte»). En fin, los judíos ortodoxos —con la protección de los reyes castellanos Alfonso VI, Alfonso VII y Alfonso VIII— exterminaron a los herejes caraítas, según dice el mismo Baer *(o. c.,* I, 65). Maimónides pensaba que los herejes eran peores que la gente sin religión, por lo cual, «en ciertos casos es necesario darles muerte y extirpar sus doctrinas, a fin de que otros no adopten sus errores» *(The Guide for the Perplexed,* trad. Friedländer, New York, Dover, 1956, p. 384). Cristianos y judíos estuvieron tan estrechamente ligados durante siglos (ya he repetido mucho que Alfonso X, en 1262, prohibió en el *Fuero Real* que los judíos tuvieran en su poder libros judaicamente heréticos), que no es extraño intercambiaran sus tolerancias o sus fanatismos.]

[23] Para datos documentales, ver H. Ch. Lea, *o. c.,* I, 190-210. Pedro Mártir de Anglería, *Epistolario,* traducción de J. López de Toro, II, págs. 175-177.

estar cierto tribunal [la Inquisición] asentado y regido como convenía».

Todo se arregló a la postre; pero si a un confesor de la Reina podía acontecer esto, ya se adivina lo que ocurriría a personas de menor calidad. Por otra parte, el caos provocado por las conversiones forzadas —directa o indirectamente— no podía dar lugar, sin más, a un orden católico e impecable.

Lo curioso es que el P. Sigüenza pretendiera ignorar la ascendencia de Hernando de Talavera, a fin de no mancillar el prestigio de su orden jerónima con la tacha consabida:

«Fue este siervo de Dios natural de Talavera..., hijo de padres nobles de mediana fortuna; dicen unos [Nebrija y Mariana] que tenía parentesco con Hernando Alvarez de Toledo, cabeza de los condes de Oropesa; otros, que era de humilde linaje, y haciendo de los latinos, le llaman *homo novus*, porque ni tenía estemas, ni imagines (lenguaje de nuestros anticuarios); y lo cierto y no con poco trabajo averiguado es lo que he dicho; hijo de padres *hidalgos de limpia sangre*, aunque de poca hacienda.» *(Ibid.,* cap. XXIX.)

Sigüenza falta piadosamente a la verdad, según era costumbre hacer en el siglo XVII; y aún hoy día —por antisemitismo— continúan haciendo igual ciertos tratantes en cosas viejas. Recuérdense las falsas genealogías de Teresa de Jesús y de Luis Vives, y las que en este tiempo aún ostentan Gonzalo Fernández de Oviedo, José de Anchieta [Antonio de Nebrija y el P. Francisco Suárez] [24].

---

[24] [Nebrija antepuso a Antonio el nombre Elio, porque en lápidas romanas aparecía *Aelius*, nombre de una *gens* romana. El padre y la madre (!) de Nebrija descendían «en cuarto grado» de unos caballeros que «con su valor y esfuerzo lograron conquistar a la morisma la ciudad de Sevilla» (Pedro Lemus, *Revue Hispanique*, 1910, XXII, p. 5 del sobretiro). En cuanto al P. Francisco Suárez, sus biógrafos (el P. Scorraille y E. Gómez Arboleya) le hacen descender del conde Munio Alfonso, que tomó parte en las campañas de Fernando I el Grande (¡que murió en 1065!). El hijo de Munio Alfonso, Alfonso Muñoz, ayudó a Alfonso VI a conquistar Toledo en 1085 (ver Arboleya, *Francisco Suárez, S. I.,* Gra-

Mateo Alemán se las daba de hidalgo. Es raro el caso de un libro como el del dominico Domingo de Valtanás, *Apología sobre ciertas materias morales en que hay opinión*, Sevilla, 1556, mencionado por E. Asensio en la «Revista de Filología Española», 1952, p. 68. Para mis citas utilizo el ejemplar de la «Hispanic Society of America». Fray Domingo de Valtanás estaba por la tolerancia en el caso de los conversos fieles a su nueva religión. Menciona a muchos de ellos en forma muy iluminadora para quienes pretenden entender las complejidades de la vida española en su época máxima. Recuerda Valtanás a don Pablo de Santa María, quien de rabí de Burgos pasó a ser obispo de aquella ciudad; «cuyo nieto fue el padre fray Tomás de Guzmán; el cual, predicando delante de los príncipes de España, sin confundirse, a boca llena alegaba con él, diciendo: 'Don Pablo, mi señor, fue de esta opinión.' Los dos Coroneles hermanos [Luis y Antonio Núñez Coronel], ambos doctísimos y grandes servidores de Dios —el uno, predicador del emperador nuestro señor—, hijos fueron de Abrahán Senior, el cual... siendo judío, daba de comer a pobres cristianos... Fue alumbrado por el Spiritu Sancto y *proprio motu* se fue a los Reyes Católicos..., y les dijo que quería ser cristiano, de lo cual holgaron mucho y fueron sus padrinos. Y dado asiento que el día siguiente se baptizaría con solemnidad, partióse de Sus Altezas y fuese a la sinagoga a orar con los otros judíos. Sabido esto por los reyes, mandáronlo llamar, pensando que había mudado el buen propósito. A los cuales respondió que, hasta ser baptizado, no había de dexar de hazer lo que como judío era obligado, porque ni una hora había de bivir sin ley».

nada, 1946, p. 65). Los antepasados del P. Suárez, dicen sus biógrafos, eran señores de Ajofrín y Tocenaque; pero sobre esto da más luz Francisco Márquez (*Investigaciones sobre Juan Alvarez Gato*, Madrid, 1960, p. 90). Coordinando la fábula biográfica con los datos que trae Márquez sobre estos al parecer ilusorios señoríos de Ajofrín y Tocenaque, el P. Suárez resulta emparentado con la familia de los Alvarez de Toledo, «cuyo carácter judío está fuera de toda duda razonable» (*l. c.*, p. 91).]

Murió Abrahán Senior como perfecto cristiano: «Mucho se serviría Dios si a los nuevamente convertidos tratásemos como a hermanos.» Y prosigue: «No castiga Dios con penas espirituales a los hijos por la culpa de los padres, como lo dize Jeremías. Y no obstante el pecado de los judíos, dellos escogió Dios a Sant Pedro y a Sant Juan y a los otros apóstoles y discípulos que los más principales fueron judíos. Nunca menos culpa tuvo esta gente, y nunca tanta pena se les dió como en nuestros tiempos... No es pequeño agravio el que se les haze notándolos y excluyéndolos de los comercios y oficios de cristianos, pues por esta excepción, *para siempre quedan infames.*» Viene tras esto la mención de algunos dominicos, con motivo de la exclusión de los conversos en sus conventos. Aparecen ahí el primer inquisidor Tomás de Torquemada, fray Diego de Deza, don Juan de Torquemada, cardenal de San Sixto, «que hizo el convento nuestro de San Pablo, en Valladolid; el cual, por sus grandes méritos, mereció en el concilio de Constancia el renombre de defensor de la fe. Lo mismo [es decir, de ascendencia judaica], fray Alonso de Burgos [25], obispo de Palencia, y fray Mathías de Paz, y fray Alonso de Peñafiel, y *fray Francisco de Vitoria, cathedrático de la universidad de Salamanca,* y fray Hierónymo de Peñafiel... Todos los sobredichos fueron maestros en theología, frayles de Sancto Domingo en nuestros tiempos, personas eminentes en vida y doctrina, *imitadores de San Pablo, y semejantes a él no sólo en el spíritu sino aun en la carne...* A fray Hernando de Talavera, primer arzobispo de Granada y sancto varón; a maestre Rodrigo de Sanctaella, arcediano de Sevilla, que hizo el colegio de Sevilla..., nada les estorvó no decender de gentiles para ser muy señalados en virtud, y dexar memoria perpetua para gran bien de la Iglesia» (folios XI *v* a XIV *r*). Por estas tolerancias y por otras manifestaciones sospechosas de

---

[25] El mismo a quien antes (p. 17) vimos hacer acatamiento a la Torah cuando entró solemnemente en la sede episcopal de Palencia.

espiritualidad, fray Domingo fue condenado a reclusión
perpetua en las cárceles de la Inquisición. Ver M. Bataillon (*Erasmo y España*, 1950, II, 135-137) [26].

---

[26] Añadí en la edición de 1963 que, sobre el proceso inquisitorial de Valtanás —figura importante en la vida espiritual del
siglo XVI— debe verse la abundante bibliografía citada por Luis Sala
Balust en la p. 157 de su artículo *Cartas inéditas del P. Mtro. Juan
de Avila y documentos relativos a Fr. Domingo de Valtanás*, en
«Hispania Sacra», vol. 14, 1961. Ver especialmente *El proceso de
la Inquisición de Sevilla contra el maestro Valtanás (1561-1563)*,
en «Estudios Giennenses», 1958, V, 93-140.

En los textos publicados por Sala Balust hallo reflejos, como era
esperable, de la situación espiritual en aquel momento. Juan de
Avila, converso, procede como un erasmista en su modo de valorar
las ceremonias religiosas. Escribe a la marquesa de Priego: «En
lo de las misas que vuestra señoría pregunta, le confieso que yo
no sé muy de raíz, *como otros*, cuáles o cuáles misas sean aventa-
jadas para alcanzar algo de Nuestro Señor, salvo en general...
Creo yo que quien tuviere ferviente fe en la misa, se satisfará
con misa, sin mirar mucho de qué o de qué no» (p. 163). El
arzobispo de Granada, don Gaspar de Avalos, escribe a un eclesiástico: «Como, por nuestros pecados, no se puede hacer en esta
vida *sin contradicción* por ninguna buena cosa, ha entreoído la
señora Elvira de Avila, su hermana, que algunos han querido
formar algún escrúpulo de su limpieza en lo que toca al linaje
de su persona; de lo cual ella está algo *angustiada*» (p. 165). Las
gentes de España se movían de un lado para otro a fin de escapar
a la «contradicción» y a la «angustia» creadas por el entrechoque
de las castas y de la conciencia de sus linajes. El «conflicto» abar-
caba todo el ámbito de la tierra peninsular: «Los más de los
cristianos nuevos que están y han venido [a la Alpujarra], son
como el deshecho y basura que han lanzado de sí los pueblos de
Andalucía y de Castilla la Vieja: que no he visto, desde que la
visito, en ella hombre de *las Asturias ni de Vizcaya*. Y viénense
aquí como quien va *a las Indias* a buscar su vida. Todos entienden
en ganancias de compras y ventas, y alguna poca granjería de una
poca de seda que crían, o una pequeña viña o pedazo de tierra
que labran, *y no con el trabajo de sus manos*, sino con el de sus
vecinos.» Con lo cual parece que se creen autorizados a «menos-
preciar la Iglesia y ser sin vergüenza malos cristianos... y mostrar
torcido rostro a los curas y beneficiados, cuando no los dejan
libres en lo que piensan que lo son ellos». Esto escribía el arzobispo de Granada Avalos al de Toledo, don Juan Prado de Tavera,
en 1540 (Sala Balust, *l. c.*, p. 168). Una vez más se observa que el
problema de la economía española se planteaba en medio de los
choques y rozaduras causados por el conflicto de las castas, los
linajes y las creencias. Para estos arzobispos, ir «a las Indias a
buscar su vida» era una acción despreciable. Todo lo cual confirma y remacha lo dicho en la edición renovada de *La realidad*

La doctrina de mansa y cristiana tolerancia expuesta por fray Domingo de Valtanás, y que recojo en la cita precedente, de nada sirvió. El conflicto no era de religión, sino de criterios estimativos —como si en un ejército, cuya fuerza consiste en su unidad y singularidad, se infiltraran enemigos vestidos con el mismo uniforme, hablando el mismo idioma, y combatiendo, a menudo sí y a veces no, por la misma causa. Para agravar la situación y hacerla aún más confusa, los españoles de ascendencia hebrea se movían en una esfera de intereses distinta de la usual entre cristianos viejos; no siendo el mismo su estilo de vida, no era difícil barruntar quiénes eran cristianos nuevos, a veces sin necesidad de demostraciones documentales. Estos motivos, junto a otros, explican que en el siglo XVI se trastornasen los criterios valorativos en cuanto a la honra y a la «opinión» que unos españoles tenían de otros. El honor acabó por centrarse en la intangible pureza de la ascendencia y en la hombría de la persona, no en acumular riquezas o en dedicarse a cultivar la mente, o a hacer cosas útiles para la comunidad. Don Alonso de Cartagena, un converso del siglo XV, muy penetrado del sentido castellano de las estimaciones, escribía que «los castellanos no acostumbraban tener en mucho las riquezas, mas la virtud» —es decir, lo que uno era dentro de sí, multiplicado por la capacidad imperativa y por el esfuerzo heroico.

---

histórica de España, 1962, cap. VIII. Quizá fue todavía más «linajuda» que «divinal» la peculiarísima economía española, sin parejo en Europa. El tosco trabajar con las manos del labriego era lo único honroso. No se trataba, por consiguiente, de la oposición medieval entre villanos y señores, sino entre las actividades de los cristianos nuevos y las de los viejos.

UNIDAD DE CREENCIA Y HONOR
NACIONAL

No es bastante decir que la falta de unidad en la creencia religiosa hubiera privado de ímpetu combativo al hispano-cristiano según ha solido pensarse. Las grandes conquistas del siglo XIII (Córdoba, Sevilla, Valencia) se lograron con la colaboración de mudéjares y judíos; y si Granada no cayó en manos cristianas en el siglo XIV, la culpa fue de los reyes de Castilla y de Aragón, más interesados en sus rivalidades de *taifa* que en dar fin a la dominación musulmana. La expulsión de los españoles judíos y el forzado bautismo de muchos de ellos fue motivado por complejas circunstancias que no es ahora momento para analizar en detalle. Las enconadas pasiones de los de abajo, su resentimiento, su codicia, sus en muchos casos justificado enojo quizá no hubieran dado lugar a la expulsión, si todo ello no hubiera coincidido con el casi súbito engrandecimiento de la monarquía. Fernando el Católico había centralizado, como nunca antes lo estuvo, la autoridad real al suprimir los maestrazgos de las órdenes militares y al dominar las anárquicas iniciativas de los nobles. La autonomía económica de las aljamas judías, no arrasadas por el pueblo, aparecía al Rey como otra forma de poder independiente con el que era conveniente terminar. El panorama de grandezas, vislumbrado después de la toma de Granada, reemplazaría los ingresos provenientes de los judíos; y por el momento era más urgente exprimir al máximo sus caudales y los de los conversos perseguidos por la Inquisición. Los proyectos de reconstruir a España de acuerdo con la imagen de un futuro deslumbrante determinaron la ruptura definitiva del régimen de la convivencia de las castas. [Ese «futuro deslumbrante», vaticinado por algunos conversos en el siglo xv, comenzó a tomar forma tras la conquista de Granada. El ánimo imperialista de los castellanos haría posible los demás prodigios. Después de todo, los aragoneses y catalanes fueron también excluídos de la empresa de las Indias. Es falso que los Reyes Católicos unieran a España íntimamente.]

Por otra parte, no debe olvidarse que, si la expulsión de los judíos fue indecible tragedia para los hebreos relacionados en alguna forma con la corte de los Reyes Católicos, no debió producir la misma impresión a ciertos poderosos e influyentes conversos. Los judíos recordaban a muchos un ingratísimo pasado, cuya imagen urgía suprimir lo antes posible. La expulsión de los hebreos españoles ha de ser vista e interpretada en conexión con la totalidad del medio humano y de las circunstancias en que aquélla tuvo lugar, sin partidismos: fue lo que pudo ser.

Lo que Fernando de Aragón no tuvo, sin embargo, presente es que, aunque la religión judía había sido suprimida, su casta quedó en pie, y con ella los problemas de que trata esta obra. Comenzaron a funcionar oficialmente como cristianos quienes continuaban practicando el trabajo manual, de artesanía o técnico, una actividad en la cual no se habían esmerado mucho los cristianos viejos. Estos iban a sentir cada vez más la competencia de los conversos, los cuales siguieron cultivando el comercio y sobresaliendo como financieros, lo mismo que antaño habían hecho sus antepasados. La vecindad del cristiano nuevo y su supremacía social, administrativa y cultural se hicieron insoportables en el siglo xvi; en tales circunstancias no cabía otra defensa sino afirmarse el cristiano viejo en la hidalguía de su fe, de una fe absoluta, sin mácula judaica. Todo ello acabó por mezclarse además —como siempre acontece en las formas cerradas de vida colectiva—, con un olvido de la distinción entre los fines y los medios aducidos para lograr aquéllos. Se entabló así una persecución frenética contra los duendes ancestrales de los sospechosos de impureza espiritual, todo ello exacerbado por la codicia de los funcionarios inquisitoriales [27]. La pesquisa de la sangre limpia azuzó

---

[27] Los funcionarios de la Inquisición eran pagados con los bienes confiscados: «Al principio que se instituyó el Oficio de la Santa Inquisición en estos reinos, en tiempo de los Reyes Católicos de gloriosa memoria, avía inquisiciones con todos los oficiales que eran menester...; y como ivan disminuyendo las confiscaciones de las haciendas de los condenados, con que se pagavan los oficiales, se ivan también acortando el número de las inquisiciones, hasta que quedó en las pocas que agora son...; y aun para los oficiales que en ella[s] residen, no ay con que cumplir los salarios tenues que les están señalados...» (Carta del inquisidor don Fernando de Valdés al papa Paulo IV, en 9 de setiembre de 1558, publicada por H. Ch. Lea, *A History of the Inquisition of Spain*, 1922, III, p. 569). Los motivos económicos se entretejían siniestramente con otros fundados en la misma realidad de la existencia de los españoles. La justicia siempre se benefició con las penas pecuniarias, pero aquel perverso sistema fue llevado a extremos fabulosos por el Santo Oficio. Fue inútil que las Cortes del reino solicitaran reformas de los inmorales procedimientos de la Inquisición: En las de Santiago-Coruña (1520), los procuradores «Suplican a V. M. mande que los del Consejo e oficiales de la Santa Inquisición sean personas generosas ('de ascendencia hidalga'), e de ciencia y conciencia, porque éstos guardarán justicia; y sean pagados del salario ordinario, y *no de los bienes de los condenados;* y de la necesidad que para esto hay, si V. M. es servido, se dará plenaria información por descargo de su real conciencia» (*Cortes de León y Castilla*, IV, 322). Se refiere también a este tema el converso Alonso de Santa Cruz, *Crónica del Emperador Carlos V:* «Que se diesen salarios al Santo Oficio pagados por S. M., y que no fuesen pagados del oficio; y que los testigos falsos fuesen castigados conforme a ley de Toro» (II, 58). Esto se pedía en las Cortes de 1523, y vuelve a suplicarse al Emperador, en las de 1525, que se limitasen las atribuciones de los inquisidores (II, 131). Durante el alboroto de las Comunidades (en lo cual sabemos tuvieron bastante mano los conversos), también se reclamaba «que en la Inquisición se diese cierta orden como el servicio y la honra de Dios se mirase, y que nadie fuese agraviado». Pero Mejía (autor de esta *Relación de las Comunidades de Castilla*) dice que «ninguna mudanza podían pedir que no fuese mala, y ninguno

el instinto de hiena y de vampiro, siempre latente y cultivable en el ser humano, según claramente se ha visto en la tan progresada Europa de 1932 a 1945. Junto a eso, la inacción y el aburrimiento hallaban solaz espulgando linajes y hurgando en las cenizas de las familias cuyos nombres infamados constaban en los sambenitos colgados en las iglesias del lugar. Mas bajo ese infecundo frenesí colectivo latía el auténtico sentir de que honra nacional y unidad de creencia eran una y la misma cosa.

He aquí algunos ejemplos demostrativos de tal realidad. Tal vez no haya habido español en el siglo XVI más audaz y más pertinaz que Miguel Servet, en cuanto a discutir los fundamentos de la fe cristiana; tanto, que rebasó los vértices en donde coincidían católicos y protestantes. Sus obras *De Trinitatis erroribus libri septem* (1531) y *Dialogorum de Trinitate libri duo* (1532) fueron escándalo de su tiempo [28]. El tema no interesa ahora, sino por la reacción inquisitorial que provocó, y por la cooperación prestada por la familia del heresiarca, a fin de reducirlo a su patria, mediante hábiles añagazas, con objeto de entregarlo al Santo Oficio [29]. Según escribían los inquisidores, «importa al servicio de Dios, y de su Majestad, y a *la honra de la nación española»*, conseguir la captura de Servet. Años más tarde, en 1546, Juan Díaz, natural de Cuenca, adoptó la religión protestante y alcanzó gran significación entre los luteranos, aparte de por sus dotes personales, por el hecho de ser español, un caso extraño, y muy eficaz para la propaganda de las nuevas creencias. Juan Díaz llegó a enfrentarse en Ratisbona con el dominico Pedro de Maluenda (de abolengo

---

pudiese tener atrevimiento de entremeterse a reformar lo... tan bien ordenado» *(Rivad.* XXI, 369-370). Véase ahora *La realidad histórica de España,* edición renovada, 1971, cap. VIII.

[28] Estas rarísimas obras fueron traducidas en 1932 por Early Morse Wilbur, *The Two Treatises of Servetus on the Trinity,* y publicadas en los «Harvard Theological Studies, XVI». Para los antecedentes erasmianos de Servet, v. M. Bataillon, *Erasmo y España,* 1950, I, p, 498.

[29] Publicó los documentos Marcel Bataillon, en su artículo «Honneur et Inquisition», en *Bulletin Hispanique,* 1925.

judaico, sea dicho al paso), e intentó convertir a 'éste al protestantismo. Lo cual pareció excesivo al hermano del hereje, Alonso Díaz, a la sazón en Roma, de donde marchó a Alemania a fin de intentar persuadir a su hermano, y hacerle volver al redil católico. Juan Díaz se negó en absoluto, y entonces el criado que acompañaba a Alonso, «le dio un golpe en la cabeça con un hacha, de que luego cayó muerto, quedándosele la hacheta gran parte metida en la cabeça»[30].

Alonso Díaz y su criado fueron perseguidos y, a la postre, encarcelados en Innsbruck. Mas el Emperador intervino y fueron puestos en libertad. Un humanista como Juan Ginés de Sepúlveda encontró normal lo ocurrido. Motivo de todo ello, y es lo que ahora viene al caso, fue lo tan claramente especificado en la relación antes citada, característicamente española en su estilo:

«Llegó esta nueva [de haber intervenido Juan Díaz en la Dieta de Ratisbona] a noticia del dicho su hermano, a Roma, último día de febrero de 1546. El cual tocado del dolor increíble por la ofensa de Dios y del Emperador, su rey natural, y *por la deshonra de su nación y de su patria, y la infamia suya y de sus deudos*, se determinó de ir a buscalle, y procurar de recogelle y revocalle de tan mal camino; y si en ninguna manera pudiesse acabar con él esto, matalle.»

En la Relación, publicada en latín y traducida anónimamente por don Luis Usoz del Río en el volumen XX de sus *Reformistas Antiguos Españoles*, se refiere que Pedro de Maluenda, en su réplica a Juan Díaz, habló así: «Más habían de gloriarse [los protestantes] de atraer a su sentir a un solo español, que si convirtiesen a diez mil alemanes.» Estas cifras, imposibles de comprobar, son sin duda exactas como expresión del puesto ocupado por la creencia en los mismos fundamentos del vivir español, sin análogo —repitámoslo— en Occidente, en donde los católicos y los protestantes se mataban unos a otros no

---

[30] M. Menéndez y Pelayo, *Historia de los heterodoxos españoles*, IV, 1928, apéndice III.

por motivos de honra, sino por cuestiones de soberanía, de libertad de conciencia, de economía, de crítica intelectual; por razones, en último término, objetivas, no de inmanencia existencial. Predicando sobre la abominación del adulterio, clamaba fray Alonso de Cabrera: «¿Qué se me da a mí que tengas tú por gala, que ésos que son de tu estofa, te tengan por amancebado?» (O sea, hombría y «opinión» de signo inverso.) «También se precian los moros de su secta, los judíos de su ley ya difunta; pero ni los unos ni los otros dejan por su estima de tener por qué *vivir afrentados*» (NBAAEE, III, p. 244 *b*) [31].

Comienza a dibujarse el horizonte frente al cual se hizo posible la «comedia» de Lope de Vega: la hombría sexual [32], la machez, como índice de la dimensión individual de la persona; la fe en la creencia ancestral y sin tacha, como signo de la dimensión cristiano-social del español imperativo, triunfante sobre los no cristianos dentro de su tierra, sobre los protestantes en Europa y contra toda forma de religiosa discrepancia, en un sueño

---

[31] Un personaje de Lope de Vega dice a un moro:

> «Sin mi fe no hay hidalguía...
> Quien tiene a Dios es hidalgo,
> quien está sin él, es perro.»

(La divina vencedora, apud R. del Arco, *La sociedad española en las obras dramáticas de Lope de Vega,* 1942, p. 74.)

Recordando el humanista Juan de Mal Lara el proceso a que fue sometido por el Santo Oficio, escribe: «el día que salí *del mayor peligro* que se puede considerar *a la mayor honra* que los hombres piensan en su vida tener...» (Ver F. Sánchez Escribano, *Juan de Mal Lara,* 1941, p. 91.)

Por motivos de honor nacional dejó de mencionar el jesuita Andrés Schott (un belga casi español) la forma en que murió el hereje Pedro Galés, un gran humanista que acabó sus días en las cárceles de la Inquisición de Zaragoza. Véase A. Morel-Fatio, *Etudes sur l'Espagne,* IV, 1925, pp. 221-294, especialmente, p. 282.

[32] La Comedia de Lope de Vega trata de esa hombría como virtud y también como exceso bárbaro:

> «... un hombre tan airado,
> que mató mal informado,
> su desdichada mujer».

(La esclava de su galán, Rivad. XXXII, 491 *a)*

94

delirante de dominación universal. En un acorde grandioso, Lope de Vega integraría más tarde, en una unidad poética sólo así posible, la dimensión individual y social del español-cristiano viejo. De ahí Peribáñez.

Quede, pues, bien claro que la coincidencia entre honra, pureza de fe y sentimiento de supremacía personal (o de posibilidad de alcanzarla) determinó el punto central de la españolidad en el siglo XVI. El conflicto se produjo y fue acrecentándose a medida que se percibía, por los más inteligentes, el trastorno provocado por el intento de amoldar todo el funcionar de la vida de cultura a criterios herméticos de creencia y al absolutismo del «yo soy», y por eso «valgo». Las actividades exteriores a la persona, independientes del «sosiego» de su estar siendo, fácilmente «deshidalgaban» a la persona, y la ponían en riesgo de acabar su vida en las cárceles del Santo Oficio, o de algo peor. Pero hay que ampliar aún más el área del conflicto.

Capítulo II

EL SENTIMIENTO DE LA HONRA AFECTO A LA FUTURA HISTORIOGRAFIA

El deseo de hacer preponderar a los hispano-cristianos sobre los hebreos y los musulmanes, es visible todavía hoy en las concepciones y enfoques de la historia usual, interesada en olvidar las circunstancias determinantes de la peculiar forma de la historia española. Lo que de hecho acontecía en el proceso de la vida diaria y en el de la cultura, afectó más tarde a los criterios valorativos de los historiógrafos; quiero decir que la historia escrita de los españoles ha sido sometida a un estatuto de «limpieza de sangre». La presencia de musulmanes y judíos en la misma textura de la realidad española es reconocida con suma dificultad por los profesionales de las modernas crónicas y relatos históricos. Estos cronistas, o panegiristas, aspiran a que su imagen del pasado sea «honrosa» y «mantenga honra». Para ello, naturalmente, les es necesario partir de la idea de la indefinida continuidad de los españoles, y prolongarlos hasta el paleolítico. Luego, dotarlos de un ilustre abolengo. Leyendo la *Crónica general de España*, por Florián de Ocampo [o «do Campo»] (1541), «se siente halagado el orgullo patrio al ver iluminados los comienzos de la vida peninsular por el brillo de seculares dinastías, que enlazan los orígenes de España con las naciones de progenie más ilustre» [1].

---

[1] B. Sánchez Alonso, *Historia de la historiografía española*, II, 1944, p. 14.

Florián de Ocampo pensaba «consagrar diez libros a los setecientos años anteriores a la invasión musulmana», a lo cual observó discretamente Ambrosio de Morales: «Yo no puedo entender de ninguna manera cómo podía henchir tanta escritura con la historia de España que hay en estos años [anteriores a la invasión musulmana]. Porque, aunque los años son muchos, *lo que hay que escribir de ellos en las cosas de España es muy poco*» (Sánchez Alonso, *o. c.*, p. 15).

La posición corriente sigue siendo que los españoles eternos vivieron más o menos oprimidos por los musulmanes durante algunos siglos; que los hispano-judíos desarrollaron su cultura al lado de la propiamente española, y que tras esos largos incidentes la España de siempre volvió a ser lo que siempre había sido. A lo sumo se concede que hubo un «dualismo» cristiano y musulmán, aunque el imperialismo retrospectivo llega incluso a convertir en españoles a los musulmanes de al-Andalus. Entonces cabe asignar un papel ilustre a los españoles de la llamada Edad Media, porque todos los contactos entre la cultura europea y la musulmana de al-Andalus se cargan al haber de los hispano-cristianos, imaginando que éstos conocieron y utilizaron lo hecho en ciencia y en pensamiento por los musulmanes y judíos de al-Andalus. La verdad fue, muy al contrario de eso, que los extranjeros venidos a la Península a aprender de los musulmanes utilizaron a ciertos hispano-hebreos conocedores del árabe y del romance para que les ayudasen a poner en latín las obras árabes, y en todo ello los hispano-cristianos apenas tuvieron arte ni parte, es decir, que no contribuyeron al renacer del pensamiento y saber antiguos [2]. Pero esto no se dice, porque la honra histórica

---

[2] En éstos y otros casos, el saber histórico se hace creencia, y el historiador actúa como un mistagogo. Mas si las creencias son respetables como fe religiosa, la pretensión de hacerlas valer como saber racional es inadmisible. Los judíos de Galicia, Castilla y Cataluña, que hablaban sus lenguas maternamente, llegaron a ser españoles, cuando los reinos cristianos adoptaron como nombre el extranjerismo *español*, no antes. Pero las obras árabes que

de los españoles exige disimularlo o pasar por ello como sobre brasas. No basta, por lo visto, con las maravillas auténticas y propias, en España y en América, creadas por los españoles, y que están desafiando el espacio y el tiempo.

A los españoles se les dota de una falsa genealogía cultural, por los mismos motivos de desazón interior que movían al P. Sigüenza a negar la ascendencia hebrea de fray Hernando de Talavera, y a otros hoy a falsear la sabida ascendencia de Teresa la Santa, diciendo que su abuelo no era judío, sino que se había convertido al judaísmo, como si fuera pensable y verosímil que cuando multitud de judíos se convertían al cristianismo por miedo a las torturas y a las matanzas, un toledano, de nombre Sánchez, hubiese tenido a fines del siglo xv la discreta ocurrencia de hacerse circuncidar. Pero el motivo de todo ello es que el sentimiento de la honra padece gran aflicción, ahora como en el siglo xvi y en el xvii, al verse forzados algunos a reconocer el hecho de que el abuelo de la Santa era un comerciante judío, y no un hidalgo. Por el mismo motivo, un historiador de la orden dominicana en el siglo xvii forjó una ejecutoria de hidalguía al cardenal de San Sixto, Juan de Torquemada. Mayans hizo igual en el siglo xviii con Luis Vives; y cuando yo hice ver que todo en la obra y en la persona de Luis Vives parecía revelar usos exteriores e interiores de vida hispano-hebraica, un distinguido erudito me lo echó en rostro: «Se ha ido buscando, con un afán pueril de restar méritos a todo lo auténticamente español y cristiano, la posible pista hebrea de cualquier hombre que haya pasado a la historia.» Mas yo no busco nada con afán pueril ni senil; busco realidad auténtica, y no otra cosa, pues ello es de suma importancia para que el intelecto funcione al ir a presentar al público la auténtica vida de los españoles. Vives ha resultado ser un valen-

---

traducían los judíos castellanos para los extranjeros no eran españolas, ni lo fueron las consecuencias de aquellas obras en el extranjero.

ciano de familia judía, toda la cual fue deshecha por el Santo Oficio (quemazones, cárceles, confiscaciones). La obra filosófica de Vives enlaza con antecedentes hispano-orientales; es central en ella la idea del hombre como «ser peligroso, difícil», que está en don Sem Tob, en *La Celestina*, en Montaigne y, a su modo, en Spinoza [3].

El día en que la historiografía española se haga más objetiva y más discreta, Vives, pese a su ascendencia, aparecerá siendo tan español como el conde Fernán González o Miguel de Unamuno. Se aceptará como simple verdad humana que el P. Francisco de Vitoria era, no «castellano viejo», sino cristiano nuevo de estirpe judaica, y esto hará comprender mejor el que no imprimiera sus obras en vida suya, y algunas particularidades de su genial pensamiento acerca de las armonías jurídicas entre los hombres. La historiografía española ha de contraerse a los temas que le son propios, valorándolos al máximo, sin agregarles ni quitarles nada por motivos de «honra».

Un buen ejemplo de cómo el prejuicio antisemítico impide enfrentarse correctamente con el pasado hispánico y, en general, europeo, es la forma en que varios historiadores hablan de la «guerra santa» en la Edad Media.

En diversas ocasiones he hecho ver —creía que en forma convincente— cómo la doctrina de la «guerra santa» fue conocida y practicada por la cristiandad europea, precisamente a causa del *Alcorán*. Mas la antipatía y el antisemitismo en sus múltiples aspectos afectan al más recto juicio. Es ejemplar, como caso de incorrecto juicio histórico, la interpretación a que ha sido sometida una epístola del Papa León IV, fechada en 848, a fin de lograr la ayuda de los francos contra los musulmanes que tan dañosamente atacaban a Roma. A los que muriesen en aquellas luchas, prometía bienaventuranza eterna («regna illa coelestia minime negabuntur»). Y lo recalca:

---

[3] Ver mi estudio *Españolidad y europeización del Quijote*, como prólogo a la edición del *Quijote*, publicada por la Editorial Porrúa, Méjico, 1960.

«Conseguirá la recompensa tan claramente mencionada» («ab eo praetitulatum praemium consequetur») [4].

La epístola de León IV es inseparable de la realidad de estar ocupada Sicilia por los musulmanes; los ataques al continente estaban en conexión con la situación de la próxima isla; y sobre todo ello puede consultarse la fundamental *Historia de los musulmanes en Sicilia*, de Michele Amari, puesta al día en 1933 por C. A. Nallino, otro ilustre orientalista.

La invasión de Sicilia comenzó en 827, veintiún años antes de ser escrita la epístola de León IV. Asad [5], el emir de aquel ejército, era un cadí a quien el ardor de su fe convertiría en héroe. Al romper la tregua dijo a sus gentes en Quayrawan: «No seáis débiles, ha dicho el sumo Dios (*Alcorán*, XLVII, 33), y no invitéis [al infiel] a la paz, si tenéis superioridad sobre él.» A quienes se burlaban de su capacidad militar, les respondía: «Han sabido encontrar timoneles para las naves, y no necesitan, por lo visto, quien las haga surcar el mar, según el *Alcorán* y la *Sunnah*.» (*o. c.*, I, 389, 391). Asad arengó a su brillante hueste al tomar tierra en Sicilia; les recordó que ningún antepasado suyo había mandado ejércitos, y él lo había conseguido estudiando teología y derecho canónico: «¡Esforzad los ánimos..., y sabed que os otorgarán galardón en esta y en la otra vida!» Asad triunfó, aunque murió peleando. Cuando en 845, ya ocupado Palermo, los musulmanes derrotaron a los bizantinos, un cronista afirma que «sólo tres creyentes sufrie-

---

[4] *Monum. Germ. Hist., Epist.*, V, 601. Se han ocupado del anterior texto: C. Erdmann, *Die Entstehung des Kreuzzuggedanken*, 1935, p. 23. M. Villey, *La Croisade*, 1942, p. 29. P. Alphandéry, *La chrétienté et l'idée de croisade*, 1954, p. 16. Ver, además, M. García-Pelayo, *El reino de Dios, arquetipo político*, 1959, p. 174. R. Menéndez Pidal, en su reciente obra *La Chanson de Roland*, 1959, pp. 240-241, se sirve de la anterior epístola para demostrar que la guerra aludida por León IV era de «cristiandad», y nada más. En el mismo error —según creo yo— incurre R. Konetzke, en la *Historische Zeitschrift*, como hago ver en *Los españoles: cómo llegaron a serlo*, Madrid, Taurus, 1965, p. 110.

[5] Por irónico azar, ese nombre significa en árabe 'león'.

ron martirio» —o sea, que murieron combatiendo por su fe. Y en 862 continúan las crónicas hablando de guerra santa (o. c., I, 451, 481).

El Papa León IV no podía ignorar en 847 lo acontecido en Sicilia (con Palermo y Mesina en manos musulmanas) y en Nápoles, cuya República se había aliado con los árabes en 835. Esta alianza duró medio siglo, y respaldados por ella, los infieles causaron estragos en la costa del Adriático y en otras partes. No es imaginable que el Papa creyera que los mahometanos que amenazaban su sede pontificia fueran sólo piratas y bandidos; por suponer esto último, afirma Menéndez Pidal que no hay «motivo para suponer influjo de la guerra santa islámica, como muchos creen, ya que los sarracenos que irrumpen en Italia aparecen en los *Anales carolingios* como piratas salteadores, y no como combatientes por el Islam». (*La Chanson de Roland*, p. 241.) Si me permito disentir del ilustre maestro, es justamente por reflejar sus palabras en este caso la tendencia de bastantes historiadores a reducir, o a eliminar, la acción del Islam en la historia de la Europa medioeval[6]. Pero la guerra santa era una institución que los Papas y los demás gobernantes cristianos conocían muy bien, porque desde hacía dos siglos venía causando estragos en la cristiandad. Es natural que los *Anales carolingios* denigraran a los sarracenos, pues muy a menudo se falta a la verdad al referirse a un odiado enemigo. (No se puede juzgar la Roma del siglo XVI sólo a través de lo escrito por los protestantes de entonces.) Pero quienes poseían bases militares y políticas en Sicilia y en Nápoles eran algo más que salteadores. Por otra parte, la doctrina expresada por el Pontífice es fiel traslado de la expuesta por el *Alcorán* (IV, 97-98), el cual promete «a los que combaten con celo, con preferencia a los que no luchan, una gran recompensa, y el perdón y la misericordia». Que

_____

[6] Para esto último ver mi citado libro, «*Español*», *palabra extranjera...*, 1970.

es lo mismo que escribe el Papa: «Regna illa coelestia minime negabuntur.» Y como no existen textos cristianos anteriores a la época de los triunfos musulmanes del siglo VII sobre los cuales quepa fundamentar la doctrina expuesta por León IV, la conclusión obvia y razonable es que sus palabras son simple eco de la doctrina islámica. *Pro Deo o pro patria mori* era otra cosa [7].

Si me he detenido en este punto es por la importancia que reviste para el conocimiento y comprensión del pasado español. De una parte, se incluye en la historia española lo que en ningún modo le pertenece: los habitantes de la cueva de Altamira, los iberos *e tutti quanti*. Al Emperador Trajano le asignan un acento andaluz, ignorando que el latín de Hispania nada tiene que hacer con el habla andaluza. Pero en cambio se excluye de la historia y de la disposición de vida españolas la inevitable presencia de elementos islámicos y judaicos, sencillamente por la antipatía que suscitan tales antecedentes. En *Los españoles, cómo llegaron a serlo*, 1965, he demostrado que, sin el ideal de la guerra santa del Islam, no se entiende la figura igualmente ideal de don Rodrigo Manrique, inmortalizada poéticamente por su hijo Jorge. En estas páginas hago ver ahora que el retroceso cultural de los españoles desde mediados del siglo XVI no se debe a ninguna Contrarreforma, ni a la fobia anticientífica de Felipe II, sino simplemente al terror a ser tomado por judío. En el capítulo II de la edición renovada de *La realidad histórica de España* (1971), hago ver, sin sombra de duda, que la famosa limpieza de sangre del siglo XVI, el prurito de cristiandad vieja y de genealogía sin mácula judaica, son mera transposición hispano-cristiana de lo que secularmente venía aconteciendo entre hispano-judíos. Dice, en efecto, Andrés Bernáldez (el Cura de los Palacios), en su *Historia de los Reyes Católicos*, que los judíos españoles «tenían pre-

---

[7] Trato más ampliamente de este tema en *La realidad histórica de España*, 1971, pp. 419-429.

sunción de soberbia, [por creer] que en el mundo no había mejor gente, ni más discreta, ni más aguda, ni más honrada ['distinguida'] que ellos, *por ser del linaje* de las tribus e medio de *Israel*» (ver la edic. de 1870, páginas 124 a 134).

Cuando el cardenal Silíceo, en el siglo XVI, excluyó de la catedral de Toledo a los sacerdotes de ascendencia hebrea, no hacía sido aplicar la doctrina y la ley de la limpieza de sangre expuestas y vigentes en el *Antiguo Testamento:* «El pueblo de Israel y los sacerdotes y levitas no se han apartado de los pueblos de las tierras de los cananeos, heteos..., obrando conforme a sus abominaciones. Porque han tomado sus hijas para sí y para sus hijos, y la simiente santa ha sido mezclada con la simiente de las tierras [impuras]; y la mano de los príncipes y de los gobernadores ha sido la primera en esa prevaricación» (*Esdras*, 9, 1-2). Los sacerdotes de Israel debían mostrar la prueba de su limpieza de sangre. Los hijos de ciertos sacerdotes «buscaron su registro de genealogías, y no fue hallado; y fueron echados del sacerdocio» (2, 62). Lo mismo hizo el cardenal Silíceo en el siglo XVI con los clérigos que no podían probar su limpieza de sangre. El prurito de cristiandad vieja, de poseer, como dice Sancho Panza, «cuatro dedos de enjundia de cristianos viejos», fue una trasposición entre hispano-cristianos de lo que secularmente venía aconteciendo entre hispano-hebreos y, antes, en Israel [y también entre los musulmanes, según hace ver James T. Monroe, *The Shu'ūbiyya in al-Andalus*, University of California, 1970.]

No apliquemos a la historia de España estatutos de limpieza de sangre. No suprimamos ni silenciemos lo que en realidad fue, ni imaginemos lo no existente. El pasado, sin duda alguna, fue condición para lo que después vino. Repitiendo lo que a menudo digo —aunque no todos lo entiendan—, la realidad de lo que es condición para algo, no es como la realidad de lo condicionado por aquélla. Sin padre y madre no hay hijo, pero el hijo tiene conciencia de ser él, una conciencia distinta de la de sus ascendientes, aunque puedan perdurar en el hijo elementos y rasgos heredados. Ni los iberos ni los hispano-romanos tuvieron conciencia de ser españoles, los cuales comenzaron a ser llamados así en el siglo XIII, no antes.

Aunque reconozco que no basta con discretas advertencias ni con insinuaciones. Una situación fundada en modos ingenuos de pensar y en necesidades sentimentales no puede cambiar, si no se expone claramente el error radical, el absurdo, de estar españolizando a cuantos nacieron en el suelo de la Península.

Es, en efecto, extrañamente ingenuo imaginarse a los españoles hundidos existencialmente en la lejanía de un pasado sin límites, como receptáculos nunca afectados en su sustancia por gentes cuyo dominio y cuya civilización integraron la vida humana en la Península durante muchos siglos. La fantástica imagen del eterno español [8] depende, desde luego, de motivos inseparables del modo en que los españoles se sitúan frente a su pasado, es decir, de cómo están situados dentro de su propia vida. Mas por explicable que sea, ese error posee una forma, a saber, la de la falsa idea que le sirve de vehículo. Los historiadores partidarios del eterno iberismo de los españoles no han meditado sobre la dimensión lógica de los términos «español, francés, italiano», etc. Esos adjetivos se apegan por los historiadores al concepto ge-

---

[8] En un libro publicado en Madrid, en 1960, se afirma que la «movilidad demográfica de la región [toledana y madrileña] apenas creemos haya afectado a la firme base celtibérica de la Meseta. Aún hoy día la nota dominante en los pueblos alcarreños y toledanos es el aislamiento, y el sentido en muchos aspectos tribal de su organización... Toda especulación sobre cambios o mezclas raciales en estas zonas debe contar con esta realidad: que sigue siendo prehistórica la base de su población». Aunque haya en España gente rústica apenas afectada por la cultura de las ciudades, su horizonte de vida no es —para poner cualquier ejemplo— como el de ciertas tribus indias que viven prehistóricamente en ciertas zonas de América del Sur.

nérico de hombre, como si no hubiera que distinguir entre las posibles dimensiones del existir humano: orgulloso, inteligente, bobo, tímido, sufrido, arrojado, padre, arquitecto, santo, malvado, etc., etc. Estas especificaciones o determinaciones del existir humano, unas se orientan hacia la inmanencia de la persona, otras no. Para ser padre o arquitecto hacen falta, en el primer caso, una mujer; en el segundo, ciertos estudios y un título académico. En cambio, vivir como listo, tonto, valiente, sufrido, orgulloso o santo, es una modalidad inmanente a la persona. Al contrario de eso, para existir como español o francés, ciertas circunstancias ajenas al existir del individuo son indispensables; si se toma un niño de raza blanca y se lo sitúa plenamente entre ingleses, se hará inglés, sea en Inglaterra o fuera de Inglaterra. Si se le educa en árabe y en el Islam, se hará muslim, con el matiz que sea (egipcio, sirio, etc.).

La dimensión española o francesa de la persona, por consiguiente, depende de la dimensión colectiva de una agrupación social, no de ninguna característica de la persona psíquica o moral, ni de ninguna estructura biológica. De la confusión de esos dos órdenes de fenómenos humanos nace el convertir a la gente de Soria en celtíberos, o en seres prehistóricos, y todo lo demás —un sofisma básico se multiplica por incontables otros—. No se piensa —repitámoslo— en que si los prehistóricos iberos y celtíberos fueran ya españoles, los celtas de la Galia Transalpina habrían de ser franceses, y los de la Galia Cisalpina, italianos. Y en lugar de hacer frente a ese problema, por todos los «iberólatras» esquivado, se compara la colonización española en las Indias con la de Roma y con la de los musulmanes en la Península Ibérica. Hay quien sostiene que los celtíberos y tartesios no se hicieron romanos ni orientales musulmanes por los mismos motivos que los indios y mestizos americanos no perdieron su fisonomía y carácter, y continúan siendo mejicanos o peruanos. Se abusa así de la ignorancia e irreflexión de ciertos lectores. Porque veamos qué hay de raíz en toda esta falacia. En primer lugar, los habitantes de la Península eran gente de raza blanca, y los de las Indias no. El color y los rasgos somáticos dificultan la formación de grupos socialmente homogéneos; y lo mismo que un blanco no puede hacerse hoy congolés en cuanto a la forma interior de su vivir, pues los negros se llamarían a engaño, tampoco un japonés o un chino pueden occidentalizarse del todo, por muchos premios Nobel que exhiban. Ese es el drama ilógico de las convivencias humanas, a las cuales no cabe aplicar medidas espacio-temporales. Es por tanto absurdo esperar que tres siglos de dominio español en las Indias produjeran el mismo resultado que siete siglos de dominación romana sobre iberos y celtíberos.

El resultado será lo que, en efecto, haya resultado, y no el impuesto forzadamente mediante esa falsa equiparación. Falsa, no sólo porque los iberos eran blancos lo mismo que los celtas, los romanos, los germanos y que la gran mayoría de los musulmanes en los reinos de al-Andalus. La civilización ibero-celtíbera era insignificante al lado de las de Fenicia, Cartago, Grecia y Roma; las de los toltecas, los mayas, los aztecas y los incas eran espléndidas. De Méjico escribía Cortés: «La cual ciudad es tan grande y de tanta admiración que, aunque mucho de lo que de ella podría decir dejé [de decir], lo poco que diré creo que es casi increíble, porque es muy mayor que Granada; y muy más fuerte y de tan buenos edificios, y de muy mucha más gente que Granada» *(Segunda Carta de Relación)*. «Y es gente de tanta capacidad, que todo lo entienden y conocen muy bien» *(Tercera Carta de Relación)*. Para no desmerecer de tanta grandeza, y por espíritu de grandiosidad, hicieron los españoles en la Nueva España cuanto aún queda ahí a la vista [9].

---

[9] La cultura griega hizo imposible la romanización de Grecia. Algo así, en escala mucho menor, aconteció en las Indias, pues, menos Cuba, Argentina y Uruguay, las repúblicas hispanoamericanas conservan, en mayor o menor escala, lenguas o usos

Asombra que en tan inmensa extensión de tierras y de gentes consiguieran los españoles hispanizar tanto en sólo trescientos años. Aunque no haya penetrado en todas partes la lengua castellana, Hispanoamérica se parece en el fondo más a España en muchos aspectos favorables y desfavorables, que a ninguna otra cosa. El que muchos no acepten con gusto esta evidencia, la preocupación existencial del hispanoamericano no hace sino confirmarla.

Además, las Indias estaban muy lejos, y las comunicaciones ya se sabe cómo eran, precarias y a merced de piratas, o franceses, o ingleses, u holandeses, ansiosos de dar al traste con el Imperio español. La provincia Tarraconense, por el contrario, estaba ligada a Roma por una vía terrestre, y la distancia por agua, a través de un Mare Nostrum por lo común tranquilo, permitía traer a las provincias hispánicas (¡no españolas!) legiones de remotas zonas del Imperio, y trasladar a galos, iberos o celtíberos a combatir en regiones de Asia bajo las águilas imperiales que a todos los hacían unos en la lengua, en el culto religioso del emperador y en la estructura romano-jurídica de la vida. Si los españoles hubiesen podido lanzar sobre Europa en el siglo XVII tropas de la Nueva España y del Perú, como Francia usó sus senegaleses en las dos guerras mundiales, otro habría sido el curso de la historia de España. Fue en cambio posible servirse de muy aguerridas tropas napolitanas durante la Guerra de los Treinta Años; pero las Indias quedaban lejos, y los esforzados indios yaquis (para citar cualquier ejemplo) pertenecían a otro mundo humano.

Roma romanizó lo por ella plenamente dominado, gracias a sus vías pavimentadas («strata viarum») y a la navegación mediterránea. En Iberia y en la Galia, gentes blancas, al alcance de las legiones y deslumbradas

---

tradicionales, por el simple hecho de no haber sido suprimida o aislada su población originaria, según ha acontecido en los Estados Unidos.

por un ímpetu civilizador nunca antes conocido, hablaban latín al cabo de trescientos años, practicaban los cultos romanos y tenían como próximo horizonte de vida las instituciones y la civilización de Roma. Marcial hablaba de su Bílbilis como Unamuno de su país vasco, o los hermanos Quintero de su Sevilla; pero ni al primero se le ocurrió decir que no fuese romano, ni a los segundos que no eran españoles. Que los habitantes de la Península durante la dominación romana se sentían romanos, lo expresan aún los nombres de ciertos lugares, mencionados por Menéndez Pidal: *La Romana, Romanos* (Zaragoza), *Romās, Romāo, Romainho* (Portugal), *Romanillos* (Soria, ¡en tierra de celtíberos!), *Romanones, Romanos* (Guadalajara), como expresión de romanidad frente a los godos. Más tarde se llamarían algunos pueblos *Godos, Gudillos*, etc. Mas con esos o sin esos nombres, las gentes de la Tarraconense y de la Bética, ni eran, ni se llamaban españolas; porque no se trata de un *ser*, sino de un *existir* en unas circunstancias que confieren a la vida su forma, su conciencia de dimensión colectiva y su horizonte. Lo que no es eso, ni es español, ni entra en el ámbito de nuestro problema.

El cual, ya se ve, rebasa el área de los trillados errores; reclama, más bien, el uso correcto de la mente. Lo biológico y lo psíquico en el hombre pertenecen a una región de realidad diferente de la demarcada por la conciencia de estar existiendo como *celtíbero*, o como *romano, románico, romanón* o *romaniello;* como *godo* o *gudiello;* como *cristiano* o como *moro*, cuando estos términos poseían dimensión político-social; como *leonés* o *catalán;* como *español* o como *japonés*. A través de esas regiones de lo humano corren las irregulares líneas trazadas por la modalidad psíquica o moral de quienes son, o no son, valientes, envidiosos, pasionales, orgullosos, codiciadores de oro o de imperio, dados a pensar o a imaginar, inteligentes o bobos, etc. Mas, ¿qué tiene que hacer, *por sí sola*, toda esa floración psíquica con la conciencia de saberse romano, veneciano o español?

111

Es manifiesto, sin embargo, que el aspecto corpóreo de un negro o de un chino crea problemas. Quevedo hizo decir a un negro: «¿Por qué no consideran los blancos que, si uno de nosotros es borrón entre ellos, uno de ellos será mancha entre nosotros?» Las colectividades humanas se han constituido habitualmente con gentes de un mismo tipo físico en un amplio sentido; lo cual no significa que la homogeneidad biológica unifique, pues los bantús [10] y los sudaneses son negros aunque tan distintos como los daneses y los holandeses lo son entre los blancos. Mas, a pesar de todo, la conciencia de dimensión colectiva puede a veces acortar la distancia racial. Durante siglos los esclavos negros carecieron de consideración social entre los blancos; pero en este momento (marzo, 1961) el ministro norteamericano en Noruega es negro, y negros son otros funcionarios del gobierno federal. Su dimensión colectiva es «anglosajona», por la lengua, por la cultura y por el *horizonte* de su forma interior de vida. ¿Qué otra cosa podrían ser como individuos de una agrupación social? Sus antepasados eran africanos; ellos no lo son.

Todo esto es muy simple, lo lamento, pero no cabe ya andarse por las ramas, sino descender a la raíz del multisecular error de confundir la vida de la persona individual y sus aspectos externos con el saberse perteneciendo a una colectividad regional o nacional. El hecho de jugar al polo no convirtió a los ingleses en persas, ni a ciertos españoles en ingleses [11].

Cuando se habla de «el sevillano emperador Trajano» se superponen arbitrariamente las conexiones interhumanas que hacen hoy posible ser y sentirse sevillano con las dadas en el siglo I entre los habitantes de Hispalis,

---

[10] Falta este vocablo en el Diccionario de la Academia.

[11] Desconocía hasta hace poco las discretísimas páginas de don Rafael Altamira, «Supuesta aportación española a la cultura romana», publicadas en *Cuadernos Americanos*, Méjico, 1945, pp. 173-193. He aquí algunas de sus reflexiones:
«Nótese que las cualidades que los partidarios del origen español de la decadencia literaria latina señalan como típicas (fuera

que no conocemos, y que no hay motivo para identificar con las actuales. La vida municipal de *Sevilla a comienzos del siglo XII* nos es conocida por el tratado de Ibn Abdún, traducido por los señores Lévi-Provençal y García Gómez. La imagen que logramos de aquella ciudad, leyendo ese libro, no es la de una ciudad romana, que es lo que era Itálica, en donde nació Trajano; ni la de la ciudad española surgida más tarde. La posición del ciudadano respecto del conjunto de los habitantes de la ciudad dependía de un sistema de relaciones cuya forma no era la misma en la época romana (hablando latín), en la musulmana (hablando árabe y creyendo en Mahoma) y en la cristiana (hablando castellano), y cuando el horizonte del sevillano era el de Castilla, y luego el de España —no el del Imperio romano ni el del Islam—. La condición de *español* (recalquémoslo) no es atributo individual, biológico o psíquico, sino social. La persona, independientemente de ser melancólica, pasional o reflexiva, se encuentra situada ante un horizonte *español, francés* o *inglés,* que se le va haciendo más próximo y más sensible a medida que va teniendo conciencia del medio social en el cual existe. La persona tiene la posibilidad de modificar sus modalidades individuales, con ayuda de la psiquiatría, de la religión, del amor, o de lo que sea. En la vida real y en la literatura sabemos de criminales que acabaron siendo muy virtuosos; una persona adulta, en cambio, no deja de sentirse inglés, o francés, o español en su propia tierra por más que haga. A Trajano,

---

del idioma mismo) son de origen psicológico: el heroísmo paradójico, la vehemencia enfática, etc. Pero es dudoso que si esas cualidades fueron genuinas del carácter indígena, pudiesen influir entonces *sin la existencia de una literatura también indígena,* que nadie ha probado, y a la que ningún contemporáneo latino alude con relación a Séneca y demás autores a quienes se acusa... El buen sentido parece que más bien se inclina a la discreta frase de Izaac en su biografía de Marcial: «con los dos Sénecas, Lucano, Quintiliano y otros, él [Marcial] representa ese esqueje de la literatura latina que el siglo I vio injertarse en el tronco ibérico». Es decir, «*que fuimos los influidos y no los influyentes*» (pp. 188-189).

a Séneca o a Teodosio no se les podía ocurrir sentirse, ni pensar, ni obrar sino como romanos, que es lo que hicieron. Porque el existir como romano o como español depende de *los otros* y no *de uno*. Es algo que *los otros* le han hecho a uno, y le siguen haciendo. Tal situación se continúa mientras no sobrevengan profundos trastornos, trasiego de gentes, mutaciones de lengua, desplazamiento de las metas para la conducta, formación de otros sistemas de valoraciones, conciencia de ser plenamente *otros* respecto de otros situados más allá de los límites en donde estamos con los nuestros, sean éstos gratos o insoportables. Lo de «los nuestros» funciona dentro de un sistema de círculos expansibles y de diámetro más o menos amplio. La lengua y un pasado común, *mantenidos como siendo de uno* (sea éste grato o antipático), sostienen la conciencia de hallarse el hablante existiendo, moviendo su vida a lo largo de alguno de los radios de esos círculos concéntricos, en forma más o menos intensa, y —repito— agradable o enojosa. Queramos o no, nos sentimos unidos en el modo que sea (amplio o angosto) con quienes estuvieron *socialmente* ligados con nuestros antepasados, o con quienes hablaban como ahora hablamos, o se enfrentaban con las tareas y los enlaces colectivos desde *puntos de vista estimativos* algo semejantes a los nuestros. Un descendiente de italianos o de lituanos en la Argentina o en Norteamérica acaba, a la larga, en ciertos casos importantes, por conducirse como quienes hablan castellano o inglés en regiones cuya existencia a veces les es desconocida (España, Inglaterra). Por eso hablamos de un mundo hispánico, y de un mundo anglosajón, cuya realidad se mantiene por grande que sea la antipatía que ciertos hispanoamericanos sienten por los españoles, y viceversa; o por el horror que ciertos británicos experimentan si se les dice que su dimensión anglosajona corre a lo largo de unos círculos concéntricos exteriores a su país. Pero, si transitan por alguno de sus diámetros, notarán —quiéranlo o no— sentirse *menos* extranjeros en Texas que en la próxima

114

Francia. Por eso los irlandeses —inclusos, quiéranlo o no, en la dimensión anglosajona de vida—, dominan tantas zonas de la vida norteamericana, sin tener que aprender otra lengua y sin dejar de ser ellos. En suma, los límites políticos y los odios y recelos de toda clase no cambian ni la condición hispánica ni la anglosajona. Ciertos hispanoamericanos han actuado en la vida política de España —y algunos españoles intervienen en la de Hispanoamérica—, simplemente sirviéndose de la dimensión hispánica de su vida.

Mas, ¿cómo es —se preguntará el lector de buena fe— que una cosa tan sencilla no entre en las mentes de quienes prosiguen dando crédito a la fábula de ser ya españoles, los celtíberos, los romanos, etc.? La razón es que tal fábula ha sido necesaria para llenar en algún modo la oquedad sentida por los españoles más doctos, precisamente al darse cuenta de su posición, junto y frente a otros pueblos. Si únicamente se tratara de ignorancia y de ligereza, la supersticiosa creencia —desvelada ahora en sus más hondas raíces— largo tiempo ha se habría desvanecido como las ridiculizadas hace más de doscientos años por el P. Feijoo. Otro, por consiguiente, ha de ser el motivo de no haberse planteado quienes dogmatizan acerca de estas materias, el problema de quién sea el sujeto-agente de la historia de los españoles. Porque no cabe hablar de procesos a lo largo del tiempo humano, si éstos se atribuyen a algo fantasmal o emanado de la tierra, o sustanciado en mera realidad biológica, o en informes abstracciones psíquicas. Ortega y Gasset no estaba expresándose rigurosamente, sino emotivamente, al decir en público: «el emperador español Trajano..., el sevillano emperador Trajano» [12]. Al hablar así, Ortega y Gasset reflejó una creencia, no un pensamiento; sentía que un personaje de la talla histórico-universal de Tra-

---

[12] *Una interpretación de la historia universal* (obra póstuma), Madrid, 1959, pp. 139, 153.

jano, *era nuestro*. Tal sentimiento se funda en una tradición respetable, en la necesidad de hallar consuelo y compensación para una deficiencia —real o imaginaria— que punza el alma. En el caso de Ortega y Gasset, como en el de Menéndez Pidal, no cabe achacar a ignorancia la creencia de que fuesen españoles cuantos vieron la luz en la Península Ibérica. La razón humana e histórica de una creencia no afectada por lo pensado más allá de las fronteras, debe buscarse en el habitual enfoque, elegíaco y lamentoso, de la vida española. Por eso los historiadores españoles no se deciden a hacer lo mismo con cuantos habitaron sobre el suelo de las actuales Francia e Italia, es decir, decretar que los celtas fueron franceses en la Galia Transalpina e italianos en la Cisalpina. No sé cómo se las arreglarían con los habitantes de la Magna Grecia, de Etruria, de Liguria, etc.

Ortega y Gasset es autor de *España invertebrada*, en donde afirma que la vida española ha sido una radical anormalidad, una dolencia, y —nótese bien— que los árabes no fueron «ingrediente» para la constitución del pueblo español. De los judíos, ni mención. Menéndez Pidal, por su parte, piensa «que el hombre que realiza la Historia es siempre el mismo»[13]. Quien así escribe se inspira en el capítulo, *De proprietatibus gentium*, anejo al *Epitome Ovetense* del año 883, obra en donde, según pienso, perdura la idea de caracterizar a las distintas poblaciones del Imperio romano en vista de los rasgos psíquicos más aparentes para quien escribe. Fírmico Materno, escritor sículo (¡no siciliano!) del siglo IV, dice ser «Galli stolidi, leves Graeci» y soberbios y jactanciosos los «Hispani» (ver mi *Los españoles: cómo llegaron a serlo*, p. 173). ¿Y qué logramos con la noticia de ser los galos bobos, ligeros los griegos, agudos los sículos y orgullosos los hispanos? La psicología —además, lo que significó psicología para una mente del siglo IX, o del si-

---

[13] *Los españoles en la historia. Cimas y depresiones en la curva de su vida política.* Así es el título de la Introducción a la *Historia de España*, dirigida por R. Menéndez Pidal, t. I, Madrid, 1947.

glo IV— ¿cómo podría servir para determinar la compleja y sutil realidad de quienes aparecen hoy como franceses, españoles o griegos? Según antes demostré, nada. En cualquier otro orden de lo humano, procuramos tener presente lo pensado por las más capaces mentes de la cultura occidental al ir a enfrentarnos con el problema de la realidad. En el siglo XIX se abrió camino la idea de *la vida*, de eso que, en lo humano del hombre, enlaza su pasado con su futuro. El curso de esa otra vida sin volumen que no sigue un plan necesariamente dado, no se ve, no se desborda en hemorragias, pero está ahí formando designios, movido no por ninguna fuerza tangible y medible, sino por su «preocupación», por sus cuidados, según dijo ya antes del año 1050 el andalusí (¡no andaluz!) Abén Hazam, en la Córdoba musulmana, en la de al-Andalus, no en la del Gran Capitán, ni en la del Guerrita. Pico della Mirándola, en 1496, ya sabía que el hombre era obra divina «de forma imprecisa» («indiscretae opus imaginis»), y por eso Dios no le asignó «un lugar determinado» («certam sedem»), según dice en *De hominis dignitate*.

En otras obras mías ya he hecho ver cómo se fue constituyendo una idea nueva del hombre fundada en antecedentes tanto orientales como occidentales [14]. La realidad fluida y cambiante de lo humano del hombre, tan presente en el pensamiento de Luis Vives y de Montaigne, ha de ser tenida en cuenta al enfrentarnos con el problema de la historia. No es posible hablar de historia, ni de lo humano en ella, sin partir de cuanto hoy día es moneda corriente en el mundo intelectual de nuestro tiempo. No me parece, por lo mismo, que la observación de un cronista del siglo IX sobre ser uno y lo mismo el pasado y el futuro *(Quid est quod fuit? ipsum quod futurum est)*, pueda servir como primera piedra para ninguna construcción histórica.

---

[14] *La realidad histórica de España*, 1954, p. 554 y ss. *Españolidad y europeización del Quijote*, al frente de la edición del *Quijote*, Méjico, Editorial Porrúa, 1960.

Hoy pensamos que la vida fluye, que el hombre de hoy no es como el de ayer, y a la vez sabemos que la vida colectiva posee dimensiones sociales, es decir, se nos da en *una forma*. Es ya imposible seguir diciendo que la «historia» va por un lado, por sus cursos varios, y que bajo esa múltiple fluencia del acontecer, el hombre permanece siendo siempre el mismo. La historia española lo es del hombre español, la que él se ha hecho con conciencia de estársela haciendo, y que es ésa que está ahí, no la de Celtiberia ni la de Roma, ambas hundidas en el pasado. Como he dicho antes, no en la psicología abstracta, sino en el *concreto y colectivo hacer con otros o contra otros* ha de centrarse la noción del agente de una realidad histórica.

Las obras de historiografía española han solido concebirse desde puntos de vista psicológicos (sobriedad, idealidad, envidia, etc.). La envidia, «ninguna nación la tiene entre sí mayor», decía un embajador veneciano. Luego, todo gira en torno a la «decadencia» española, cuyas causas o motivos se buscan en múltiples direcciones: «invertebración» debida al desdén por las minorías selectas [15] (Ortega y Gasset); abandono del buen sistema selectivo de los funcionarios, iniciado, o llevado al máximo límite, por Isabel la Católica (Menéndez Pidal). Se acude luego a la fórmula de «las dos Españas». a «la insólita vehemencia con que la diversidad de ideología política separa a unos españoles de otros, quebrantando la unidad moral de la colectividad». La confusión se hace aún mayor al retrotraer la cuestión de «las dos Españas» a la época cartaginesa y romana, cuando unos españoles (¡entonces inexistentes!) se alían con Aníbal, y otros con los Escipiones.

La explicación de tan extraños modos de pensar —extraños respecto de las actuales ideas sobre el ser humano, y en contradicción con las modernas obras historiográfi-

---

[15] En la noción de minoría selecta en sentido orteguiano, podrían incluirse ciertos cristianos y sus consejeros judíos hasta fines del siglo XV; estos últimos, transformados en conversos, todavía formaban grupos intelectualmente destacados en el siglo XVI.

cas en Francia e Italia—, repito que debe buscarse en la situación emotiva del historiador. Angustia el aislamiento cultural de España, vista por Quevedo como víctima de una «porfiada persecución». Quevedo creía —recuerda Menéndez Pidal— que «la Inquisición no tendría nada que hacer si Melanchthon, Calvino y Lutero no hubiesen existido»; lo cual no es cierto, pues la Inquisición se instituyó ante todo contra los conversos del judaísmo mucho antes de que hubiera en España el menor atisbo de protestantismo. Para algunos modernos, aquel aislamiento se ha combinado con el constante sinsabor de vivir en «decadencia», a la cual se buscan explicaciones de toda suerte. Pero si la «decadencia» existió siempre, entonces —dice Menéndez Pidal— habría que hablar no de decadencia, «sino afirmar caracteres del pueblo español perdurables a través de los siglos. Esto, en las presentes páginas, nos interesa sobremanera, y aún queremos llevar más allá la extensión de ciertos caracteres primordiales, que creemos han de ser afirmados no ya desde Ataulfo, sino desde Indíbil» (p. xcviii). ¿Somos o no somos un país en decadencia? Azorín lo niega en 1924; Baroja, «que tanto había impulsado la corriente, lamentando el ¡Triste país!, siente, en 1935, pasada la neurosis deprimente que dominaba en su juventud», que no hay motivo para tanto pesimismo. Sin creer que «la ciencia española haya sido considerable, juzga que la cultura española en su conjunto es una de las tres o cuatro más grandes del mundo moderno».

Menéndez Pidal termina su análisis histórico de España con un noble llamamiento a la armonía de todos los españoles, a la tolerancia. Mas la nota subyacente a cuanto en esta ocasión escribió, es la melancolía, lo que llamo el tono elegíaco: «El dolor de la España única y eterna [16], entrañado en todos los espíritus que

---

[16] Los españoles no existieron siempre; se constituyeron en virtud de circunstancias conocidas de tiempo y de espacio; en y con ellas funcionó su vida llena de alternativas. No soy yo quien sustancializa y eterniza a los españoles.

se elevan en una consideración histórica por cima de tantas convulsiones pasadas, traerá la necesaria reintegración» de quienes, según Menéndez Pidal, vienen escindiendo a España desde la época de las Guerras Púnicas —Aníbal, los Escipiones; los españoles divididos en dos banderías en torno a ellos, como más tarde, como hoy. Esa radical melancolía se atenúa y se conforta, en el eximio filólogo y en cuantos tratan de historia de España, al realzar la grandeza española en el pasado hasta las cimas imperiales de Trajano y de Teodosio, o incorporando el heroísmo de los numantinos y los saguntinos al de los heroicos defensores de Zaragoza y de Gerona en el siglo XIX. Para hacerlo, los historiadores vienen incluyendo en la historia de los españoles (por lo menos desde hace siete siglos) gentes que nada tenían de españoles, y eliminando, en una defensiva y arbitraria retracción, lo que indudablemente era el cimiento y el *área humano-social* de la única auténtica españolidad: la coxivivencia y la posterior desintegración de las castas cristiana, musulmana y judía. Así se formaron los españoles en cuanto consciente dimensión social y cultural. Pero el sentimiento de la honra, multiplicado por el inmenso peso de la creencia (objetividad en moles de libros y en fantasías tradicionales) son y serán durante mucho tiempo el más recio obstáculo con que tropieza una imagen no falaz ni fabulosa de la realidad de los españoles. Como caso de ofuscación, no sé de nada igual en el campo de la cultura moderna. Hay sin duda falseamientos de gran volumen en todas las historias por espíritu defensivo o de vanagloria. Pero una deformación, un ocultamiento de la auténtica identidad de un pueblo como los aquí señalados, me parece un fenómeno único y, por consiguiente, de interés fascinante. El intento de reaccionar contra tan magna alucinación colectiva choca, como es esperable, con resistencias de la más varia forma, desde el simple no entender de qué se habla, hasta la gritería y la gesticulación. Harán falta años largos y condiciones

120

de mente, de cultura y de ánimo muy adecuadas para que una creencia así —no un pensamiento— se agriete y se venga abajo.

Hará falta sobre todo (ya que se trata de un pleito meramente racional y objetivo), hará falta que un cierto tipo de instrucción, entreverada de educación de la inteligencia y de la sensibilidad, permita hacer perceptible a las generaciones futuras que lo conseguido por los *españoles* (no por Séneca o por Averroes) posee enorme y universalizable valor para quienes sean capaces de estimarlo y hacerlo valer. La cultura creada por la convivencia de cristianos, moros y judíos, y la originada por la ruptura de aquella convivencia, son logros tan positivos como los de cualquiera otra civilización, aunque no sean como los de Inglaterra, Francia o Italia. Si los españoles conocieran y, sobre todo, *gustaran* de lo hecho por sus antepasados, hallarían mucho más efectivo consuelo para sus melancolías, y no pretenderían anexionarse lo que nunca fue suyo. ¿Por qué, por ejemplo, no leer a Luis Vives, como se lee a Montaigne? ¿Por qué no sentir como nuestro el pasado colonial de las Indias? Aunque difícil será prescindir de «lo eterno» español, si eso obliga a plantearse esta pregunta: «Si no somos directa prolongación de los celtíberos, de los emperadores romanos nacidos en España, ¿qué somos entonces?» Mas al decir España, en el caso de los celtíberos, ya se incurre en la falacia de deslizar bajo aquella palabra la imagen de unas gentes provistas de la misma dimensión social de quienes moraban en la Península Ibérica en siglos anteriores y posteriores. Y quienes se dan cuenta de la variedad «multiforme étnico-geográfica» de la población preromana, escriben que «el mayor localismo de *España* [y al decir *España* ya se da por existente aquello cuya existencia habría que demostrar] no depende de una realidad multiforme, étnico-geográfica, sino, al contrario, de una *condición psicológica* uniforme; depende de la conformidad *del carácter apartadizo ibérico*, ya notado por los autores de la antigüedad». Entonces, continúo yo, confundidas las nociones de *forma de vida social* y de *carácter psicológico*, se da arbitrariamente por supuesto que las personas a quienes se refieren Estrabón y otros, poseían la misma realidad humano-social de quienes hacia el año 1000 se llamaban castellanos y leoneses y tenían entre ellos «grandes divisiones», según dice el romance en una lengua ya expresiva de la dimensión social en la cual ambos grupos participaban, lo mismo que quienes vinieron después de ellos, o sea, quienes desde el siglo XIII comenzaron a llamarse españoles muy despaciosamente. Los cuales están ligados en unidad de conciencia colectiva (no por psicología) con quienes en el siglo XI se llamaban castellanos y leoneses, cuyas gestas, romances y tradiciones los presentan a unos y a otros inclusos en el mismo espacio social de vida humana. Esa continuidad de un consciente *ámbito humano* no impide que fueran distintos los quehaceres en el siglo XI y en el actual, pues no se trata de eso, sino de que los castellanos y leoneses nos hablan y están presentes, mientras que los iberos son muda arqueología conocida a través de Roma. Tampoco los tunecinos son ya cartagineses.

La conciencia del ámbito humano en el cual se convive, se intensifica, se debilita e incluso se desvanece. La noción de esa «ocasionalidad» y no sustancialidad maciza de las dimensiones sociales de un grupo humano es indispensable al historiador. Téngase presente que los leoneses, los castellanos, los gallegos o los aragoneses se juntaban o se repelían ya sin la menor conciencia de sus dimensiones «celtibéricas», o «célticas», o «góticas», o «tartesias». Todas esas gentes (que más tarde serían llamadas «españols» por quienes hablaban provenzal) se peleaban o se amigaban por motivos que nada tenían que hacer con un pasado, desenterrado más tarde por los eruditos a medida que se fue conociendo lo escrito en la Antigüedad por historiadores romanos y griegos. Tan borrado estaba ese pasado en los siglos formativos para los españoles, que su vértice más glorioso, Numancia, fue situado en Zamora. Lo constitutivo para los espa-

ñoles no fue lo «castizo eterno» de Unamuno —simultáneamente un gran orientador y un gran desorientador—.
Por el resquicio de tan ilusorio «eterno» se desliza esa
especie de emanación telúrica en la cual, para la historia
vigente, viene hoy a consistir el ser de los españoles, afi-
nes a las rocas, las aguas y las tierras de la Península.
Nadie había entendido el sentido de *castizo*, que aclaro
por vez primera en mi renovada edición de *La realidad
histórica de España* (1971, cap. II). «Castizo» no apun-
taba a nada eterno en el siglo XVI, sino a ser de buena
casta, la de los cristianos viejos; y entre hispano-judíos,
refería a venir de ascendientes «limpiamente» hebreos.
Los moriscos, por su parte, no se ufanaban menos de sus
«alcurnias» —vocablo árabe.

Verdad sencilla y para muchos, sin duda alguna, triste
y provocadora de lamentosas o cómicas reacciones; a
pesar de lo cual he de seguir situando al español en su
propio sitio histórico. El español posee una singularidad
paralela a las del inglés, francés o italiano, no obstante
lo cual los ingleses de hoy no se consideran pictos, ni
celtas, ni romanos, ni nórdicos, ni franco-normandos, sino
ingleses, no obstante haber conservado el nombre de
Gran Bretaña. Este nombre está tan próximo fonética-
mente del de *Britannia*, como lejos de él semánticamente.
Lo mismo vale para la relación *Hispania-España*. La razón es que esos objetos llamados sociedades humanas no
son cosas; el animal llamado *yegua* se llamaba en latín
equa, y el objeto que designa es el mismo. Pero *Hispania*
y *España* son dos realidades de muy distinto orden, porque el ser de lo humano no es como el ser de los animales y de las cosas.

El auténtico y real contenido de la civilización española, lo que dotó al pasado español de su fisonomía y
dimensiones propias, ni parecía bastante, ni contentaba
a los doctos ya en el siglo XV. En aquel siglo comenzó
a ser investigado con mirada crítica, o lamentado en
estilo doliente, lo que llamo la realidad de los españoles.
Fernán Pérez de Guzmán (✝ 1458) deploraba el silencio

123

de los historiadores sobre su patria: si España quedó
«callada e muda en las istorias» no fue «por defectos de
victorias», sino por falta de un Homero que las cantara [17].
El primer rey fue Gerión; vienen luego, según era ya
habitual, Viriato, Numancia, los escritores romanos nacidos en Hispania. El senado romano sería ingrato,

> «si me niega los mejores
> nobles de su principado,
> de España averlos tomado»

> (p. 713).

Se transparenta la angustia: a los españoles les hacía
falta Roma para llenar los vacíos que sentían en su auténtico pasado. Al llegar el momento de la invasión musulmana, Pérez de Guzmán pasa sobre ella rápidamente,
para hallar alivio en el recuerdo de Pelayo, iniciador de
la resistencia antiislámica:

> «Es materia lutuosa
> la traïción juliana,
> e la perdición ispana,
> istoria triste e llorosa,
> indigna de metro e prosa»

> (p. 718).

El que en el siglo xv aún siga Granada en poder de
moros, hace sentir más vivamente la infamia de aquella
ocupación:

> «...pues Granada
> non digo que se defiende
> de España, mas que la ofende
> e la tiene trabajada»

> (p. 720).

Conquistada Córdoba por Fernando el Santo,

---

[17] *Loores de los claros varones de España,* en «Nueva Bibl.
Aut. Esp.», t. XIX, 707.

«salió fuera la espur[c]icia
de Mohamed el malvado...
Su tono muy destonado,
los almuédanos callaron...
Ofuscando entenebresce
el Alcorán suzio e vil
del profeta mugeril...»

(pp. 737-738).

Lo sorprendente, sin embargo, es que después de tanto
maldecir el Islam de la Península, Pérez de Guzmán ce-
lebre como sabios cordobeses, no sólo a Séneca y Lucano,
romanos, sino a Averroes, moro, y a Maimónides, judío,
cuya lengua literaria era el árabe:

«Non sólo entre las muy buenas
cibdades es de contar
Córdova, mas otra Athenas
es bien digna de llamar,
si de Séneca membrar
nos delecta, e de Lucano,
e de Avén Ruiz, pagano,
nos plaze su *Comentar*.

Si del sabio egipciano
Raby Moysén, quel *Moré*
escribió contra el Boré [?]
se recuerda el reyno ispano,
bien verá que non en vano
otra Athenas llamé
a Córdova, e me fundé
sobre cimiento muy llano»

(p. 738).

La cita de Averroes, Avén Ruiz, demuestra hasta qué
punto el autor lo considera «claro varón de España», no
obstante su «paganismo»[18]; no aplica este calificativo
a Maimónides, de quien el «reino hispano» se recuerda,
como nacido en Córdoba que era, y que Pérez de Guzmán

---

[18] [La hispanización del nombre del filósofo árabe fue hecha a través del *Averois* de la *Divina Comedia* (Inf., IV, 144): «Ave-
roís, che'l gran comento feo.» Pérez de Guzmán hace ver aquí que
los castellanos nada sabían directamente sobre aquel filósofo.]

también incluye entre sus claros varones, en virtud del mismo «estatuto territorial» usado hasta hoy por los historiadores de España. El autor, ansioso de gloria cultural, ha de recurrir a un filósofo musulmán y a otro judío cuya lengua literaria era el árabe, a fin de que, agrupados con los latinos Séneca y Lucano, Córdoba se alzara hasta el nivel de Atenas. Aparte de esos «varones de España» con que Pérez de Guzmán llena su vacío de nombres ilustres, de obras en castellano no parece conocer o estimar sino las de Alfonso el Sabio:

«Este noble rey fizo las *Tablas Alfonsis,* que es una notable obra de astrología. E fizo las *Partidas,* por do se sigue la justicia en Castilla, e fizo romanzar muchas notables istorias» (p. 744).

Pero las *Tablas Alfonsís,* pertenecen a la cultura musulmana, y ya es significativo que el nombre del rey aparezca en ellas con sufijo árabe. O sea, que la pesadumbre de la secular presencia musulmana hacía a la vez posible la única cultura científica mencionable por el autor —un caso característico de vivir desviviéndose, de estar obligado a afirmarse sobre aquello mismo que se niega. Lamentaba Pérez de Guzmán que la muerte de Alfonso XI le impidiera dar fin a la total conquista de al-Andalus, pues entonces

«de moros el remanente,
no nos fuera al presente
tiempo tan intolerable».

Enrique II tampoco pudo expulsar a la morisma, ni

«Granada conquistar,
que es improperio y denuesto
de España, de mar a mar»

(pp. 747-49).

Pérez de Guzmán, hombre de clase alta, no sentía en cambio odio por los hispano-hebreos, un estado de ánimo que comenzó a hacerse presente a fines del siglo. Su rencor se limitaba a los musulmanes, y su desazón íntima, como castellano, se manifestaba en el anhelo de poseer una cultura cristiana, según él, ausente. La oquedad la llenaban los escritores de Roma y los de al-Andalus, pues la literatura en lengua vulgar (los cantares de gesta, u obras extraordinarias como el *Libro del conde Lucanor,* o el *Libro de Buen Amor)* no figuran en el panorama de aquel humanista moralizante. Raimundo Lulio no se incluye aquí en el área de la cultura española.

Para Antonio de Nebrija el panorama de los saberes castellanos es parecido al de Pérez de Guzmán: la lengua «comenzó a mostrar sus fuerzas en tiempo del muy esclarecido e digno de toda la eternidad el rey don Alfonso el Sabio, por cuyo mandado se escribieron las *Siete Partidas,* la *General Istoria,* e fueron trasladados muchos libros del latín e arábigo» (dedicatoria de la *Gramática castellana).*

En el siglo XVI comenzó a llenarse el vacío de saberes científicos y filosóficos por obra, sobre todo, de cristianos nuevos, unos en España (Gómez Pereira, aún no traducido al castellano), y otros en el extranjero (Luis Vives). No se trata ahora de inventariar tales saberes, sino meramente de hacer esta observación: si los cristianos viejos se hubieran distinguido como filósofos, humanistas, naturalistas o matemáticos, ¿cómo hubiera sido posible identificar las actividades doctas con el hecho de ser cristiano nuevo, en el lenguaje de aquel tiempo, judío? Sin tener presente, por otra parte, que las actividades literarias y científicas de los *descendientes* de judíos no habían sido cultivadas por sus ascendientes. Entre éstos no se escribieron obras como *La Celestina,* como las de Santa Teresa, etc. El cristiano nuevo no se condujo ni como el judío ni como el cristiano viejo (hay que decirlo una y otra vez). Pero así aconteció, y por tal motivo se planteó a lo largo del siglo XVI, en forma cada vez más violenta, el conflicto entre el cultivo de los saberes científicos y la honra nacional, tema del presente libro. La casta de los cristianos viejos, la castiza, la dominante y triunfadora en el antiguo y en el nuevo mundo, prefirió la honra a la eficacia de la mente, o a cualquiera consideración de tipo práctico. Cervantes —para quien la «opinión» no contaba— lanzó su mirada incisiva y sarcástica sobre la necedad de equiparar la honra con la holganza, y sobre el éxito de quienes no juzgaban deshonroso trabajar con las manos. Habla un soldado turco en *El trato de Argel,* jornada II:

> «Las galeras de cristianos
> sabed, si no lo sabéis,
> que tienen falta de pies,
> y que no les sobran manos;
> y esto lo causa que van
> tan llenas de mercancías,
> que si bogasen dos días,
> un pontón no tomarán.
> Nosotros a la ligera,
> listos, vivos como el fuego;
> y en dándonos caza, luego
> pico al viento y ropa fuera,
>
> ...hacemos nuestra vía
> contra el viento sin trabajo;
> *y el soldado más lucido,*
> el más flaco y más membrudo,
> *luego se muestra desnudo*
> *y del bogavante asido.*
> *Pero allá tiene la honra*
> *el cristiano en tal extremo,*
> *que asir en un trance el remo,*
> *le parece que es deshonra;*
> y mientras ellos allá
> en sus trece están honrados,
> nosotros, de ellos cargados,
> venimos sin honra acá.»

Combatir, padecer, morir por la honra —nadie como el español supo hacerlo tan calculada y sostenidamente en el siglo XVI. Los gloriosos triunfos con los cuales españoles y portugueses ciñeron el planeta dieron toques de perfección al proceso, a la forma de su vida. Fue ésta constituyéndose, no como expresión de una «psicología» venida no se sabe de dónde ni cómo; fue sí estructurándose mediante acciones provocadas por circunstancias ineludibles (luchar para tener tierra productiva, y para extender imperialmente su fe por toda · la Tierra). Los resultados obtenidos confirmaban a los españoles en la creencia de que su manera de vida era perfecta. Insisto en lo dicho al comienzo de este libro: en las gestas, en el *Romancero* y en la *Comedia* de Lope de Vega se oye la melodía expresiva de la razón de existir la casta heroica, de la dimensión imperativa de la persona, cuya fe en la validez de aquella estructura vital se fortalecía con los incitantes ejemplos ofrecidos por las ampliaciones territoriales, por el predominio sobre las otras dos castas (moros y judíos), tan indispensables durante siglos, como estorbosas y competidoras más tarde. Para destacarse y distinguirse frente a ellas, el cristiano castizo exaltó la prestancia de su persona, desligada de cualquier interés no 'personal, sin juzgar necesarias las cooperaciones técnicas, ni sentir faltarle el conocimiento de las cosas, ni sin interesarse en el trabajo de sus manos, considerado vil. «En sus trece están honrados», en palabras de Cervantes, el cual, en éste y en otros casos, se burla de los comportamientos de la casta por excelencia «castiza», desde fuera y por encima de ella.

El resultado de tan dramática tensión es bien conocido, y lo he puesto de manifiesto en juicios históricos tan significativos como los que el lector encontrará en *La realidad histórica de España*, 1954, p. 67: «un pueblo [como España] amputado de la historia hace más de *tres siglos*» (Giner de los Ríos, 1905). «Gravitan sobre nosotros *tres siglos* de error y de dolor» (Ortega y Gasset, 1910). «[Hacía] cerca de *tres siglos* [que] el ser auténtico e inmortal de España agonizaba...» *(Falange Española*, 1937). «Todos los problemas, desde los Reyes Católicos, *incluso desde más atrás*, han quedado insolubles ['sin resolver']» (P. Bosch Gimpera, 1947). Y aún hay otro caso no menos significativo que huelga citar.

¿No es extraordinario que el pasado de un pueblo, de una gran nación, ofrezca al juicio de personas eminentes y de tan varia procedencia un mismo aspecto en cuanto a su falta de realidad estimable? [19]. Todo intento de explicar, construir y valorar la historia española ha de contar con ese hecho imposible de escamotear. Contemplada hacia atrás desde el siglo xv, la historia de la Reconquista y del nacer de España aparecía como un espectáculo lamentable («triste y lloroso»); el reino moro de Granada seguía presente como testimonio intolerable de una secular afrenta. Visto el pasado desde el siglo xx, los trescientos años que lo preceden hieren, por diversos motivos, la sensibilidad de quienes hubieran querido que ese pasado fuera de otro modo. España —dicen— no sólo está «invertebrada»; está falta de vértebras que la mantengan erguida sobre su columna «temporal». Por tal razón se ha intentado, desde hace siglos, imaginar otras vértebras. Se mantuvo así la creencia de haber sido «Túbal, hijo de Jafet, y nieto de Noé», el primer poblador de España. Por el mismo motivo, Florián de Ocampo convirtió en españoles a los irlandeses y a los frigios; por eso son españoles Indíbil y Mandonio, y Trajano, y otros emperadores, y los celtíberos, y los visigodos, y Averroes («Avén Ruiz»), y Séneca, y Lucano, y Marcial, y..., y..., y... Todo es poco para colmar la oquedad de los siglos (la del siglo xv y la del xx), para dulcificar el amargor causado por la ausencia de la España, antaño imperial, en la constitución de la ciencia y de las actividades modernas en Europa, en la Europa en donde la religión no está confundida con el Estado —un rasgo más oriental que europeo. De ahí el tono elegíaco en que son moduladas las reflexiones sobre la historia de España; de ahí también ciertas irreflexiones.

---

[19] Estos hechos capitales se citan con pesada insistencia, porque ningún manual de historia de España se ha servido de ellos, para deshacer fábulas y crear firmes bases de esperanza. La juventud española está condenada a ignorar por qué su país es como es.

Para mí, lo único razonable y legítimo es hacernos cargo de cómo y en virtud de qué motivos el pasado español se constituyó *como español* —en forma épica—, como una soñada novela y como un angustiado y espléndido drama. Lo conseguido, lo existente, me parece admirable. Lo he hecho ver y seguiré haciéndolo en mis libros. El futuro han de crearlo los acaudalados y los menesterosos inteligentes, ayudados por aquéllos con obras, no con palabras ni quejumbres; con actos de esforzada inteligencia y no con caóticas violencias.

Queda un último punto por precisar. Las modernas historias de Francia e Italia —pongo ejemplos muy próximos al español—, dejaron de admitir hace mucho que los celtas o los romanos fueran ya franceses o italianos; sobre ello se encontrarán datos en *Los españoles: cómo llegaron a serlo.* En las historias de Francia e Italia, ni Vercingetórix ni Carlomagno aparecen como franceses, ni Augusto o Liutprando como italianos. Lo llevado a cabo por los habitantes de la antigua Galia o de la antigua Italia desde el año 1000 (una fecha exacta no cabe en este caso) ofrecía tal volumen de valores internacionalmente reconocidos, que fue fácil establecer una correlación entre el carácter bastante homogéneo y entrelazado de esos valores (en cuanto fenómenos de civilización) y quienes los habían creado, o *venían dejándose afectar y moldear por ellos durante siglos.* Los franceses *se hicieron* en conexión con un sistema de conexiones prestigiosas —en política, en filosofía, en religión, en letras, en artes, etcétera. Se constituyó así un trenzado vertical y horizontal, cada uno de cuyos puntos fue sintiéndose enlazado en una contextura que se llamó francesa, lo mismo que pudo llamarse borgoñona o aquitana, si los ejes axiológicos no hubieran atraído a la gente hacia la zona de los francos, y sí hacia la de los burgundios o de cualquier otro grupo dirigente. Al mirar hacia atrás, desde Napoleón o desde Pasteur, el historiador recorría zonas de humana plenitud, conocidas y válidas para muchos. Válidas, ante

131

todo, para quienes, desde Bretaña a Marsella, y desde Borgoña a Gascuña, habían ido adaptando desde hacía siglos sus modos de vida interior y de trabajo creador o productivo a los modelos que *se le imponían* por su prestigio o su utilidad. El labriego, a poco que se alzara sobre sus «labours», se encontraba con incitaciones sociales venidas de la Isla de Francia, expresadas en una lengua que el aldeano tuvo que aprender cuando aspiraba a algo por encima de destripar terrones. Y así se hicieron franceses los picardos que hablaban de un modo, los del Rosellón de otro, los de Bayona de otro, etc., etc. Ser francés no depende de ser braquicéfalo, o ligero de cascos, o sensual, o de *ser* cualquier otra cosa; depende, sí, de unos ciertos modos de pensar que se han ido produciendo en el suelo hoy llamado francés desde Abelardo hasta Descartes y Augusto Comte; de unas tendencias a valorar la vida suelta y la vida frenada, y de las cuales vale la pena hablar por haberse expresado en creaciones que están ahí *objetivadas* y no *psicologizadas*: Cluny, catedrales góticas, edificios civiles, obras de belleza y de pensamiento, vinos exquisitos conseguidos mediante técnica trabajosa y legada de generación en generación, culto de la inteligencia y de la belleza femenina, etc. Todo eso y mucho más contribuyó a «afrancesar» a los habitantes de la región extendida desde el Pirineo hasta Flandes, desde Bretaña hasta el Valais. Esas tierras podían haber sido habitadas por gentes con otros modos de vida, de existir socialmente. Nada en el suelo de la antigua Galia prejuzgaba que la heterogeneidad humana del año 800 hubiese de aparecer hoy como está ahí [20].

---

[20] Juzgo ineficaz, y simple reflejo de la tendencia a deshumanizar lo humano, un libro como el de Don Stanislawski, *The Individuality of Portugal*, The University of Texas Press, Austin, 1959. Ahí se afirma que la personalidad de Portugal depende de condiciones climáticas: «Ante todo, y de capital importancia, las diferencias culturales, de inmemorial antigüedad, entre la periferia húmeda de la Península y la meseta» (p. 213). «La base para una nación independiente en el oeste de la península ha existido desde siempre (through all known time)» (p. 168). Quienes relacionan la

Parecidas consideraciones, fundadas en motivos muy otros, cabría hacer respecto de Italia. La experiencia está al alcance de quien conozca el funcionamiento del hombre existente entre hombres, y no sólo su biología, su economía, su clima o su «psicología». Los animales y las plantas existen ligados a circunstancias físicas; el hombre, no. Tan posible habría sido humanamente que los límites de Portugal llegaran hasta Valencia, como que los límites de Castilla llegaran hasta el Algarbe. Los españoles y los portugueses son simple resultado de la interacción de fuerzas y debilidades políticas, de atracciones y de despegos culturales, de circunstancias humanas en suma. El curso del Duero y del Tajo nada tuvo que ver en este asunto.

---

cultura y el clima (p. e., Ellsworth Huntington) hablan en sus libros de cómo el clima hace degenerar la cultura, *pero no de cómo la crea.*

Capítulo III

LOS HISPANO-HEBREOS Y EL SENTIMIENTO DE LA HONRA

Honra existencial, de linaje, inmanente; en ella la estimación del propio valor revierte hacia la conciencia de quienes creen poseer honra; ésta no se transmuta en fama y gloria objetivadas en las cuales sobreviva la persona como monumento de sí misma. Eurípides hace decir a Ifigenia:

«Doy mi cuerpo a Grecia. Sacrificadme, arrasad a Troya, pues por larga edad esto será mi monumento, esto mis hijos, mis bodas y mi gloria»[1].

En la misma categoría se incluyen las proverbiales frases horacianas: «Exegi monumentum aere perennius... Non omnis moriar.» El acento cae, en unos u otros modos, sobre lo hecho; entre semitas, en cambio, sobre el hacedor, cuya obra o méritos sirven de pedestal al orgullo de su persona, y regresivamente al de su linaje:

«Loado sea Dios, que dispuso que quien hable con orgullo de la península de al-Andalus pueda hacerlo a plena boca, infatuándose cuanto quiera, sin encontrar quien le contradiga, ni le estorbe en su propósito... Yo alabo a Dios porque me hizo nacer en al-Andalus, y me concedió la gracia de *ser* uno de sus hijos... Yo pertenezco a un linaje de gentes nobles y

---

[1] *Ifigenia en Áulide*, apud María Rosa Lida, *La idea de la fama en la Edad Media castellana*, p. 19.

137

poderosas... ¿Acaso no *somos* nosotros los Banú-Marwán, aunque cambie nuestro estado y a pesar de las vicisitudes de la suerte?»[2].

El afán o afirmación de gloria en el mundo clásico o renacentista aspiraban a colmar un vacío presente, en polémica con el tiempo por venir; Boccaccio escribía que hemos de obrar y laborar... «ut a vulgari segregemur... ut nomen nostrum inter perennia conscribatur»[3]. Pero el sentimiento de la honra dramatizado en España se hizo justamente drama a causa de su dimensión social, por dar lugar a conflictos entre el individuo y la sociedad. Lo puesto en cuestión no era el derecho de la obra humana a monumentalizarse, sino la misma conciencia del ser de la persona. El elogio citado de al-Shaqundí fue provocado por algo dicho en Ceuta: «El imperio y el mérito no proceden sino de nosotros.»

Lo anterior permite ver con claridad que la fama conducente a la gloria, y la fama en tiempo presente, fundada en la *opinión,* son cosas distintas. Esta última fue el fundamento en que estaba asentada, o el abismo en donde se hundía la conciencia de lo que cristianos, moros e hispano-hebreos eran como personas. En otro libro he hablado de cómo expresaban la conciencia de su valer personal, en contraste con su medio, musulmanes tan insignes como Abén Hazam, Alfarabí y Algacel[4]. Ahora es preciso hablar de los hispano-hebreos.

«Siendo como eran los judíos, a una mano, todos gente baxa y que fácilmente se podían esconder y ocultar su linaje mudándose de una parte a otra, y siendo tan *vehemente el deseo de los hombres de que sus hijos tengan honra,* ¿qué fue inhabilitar a un confeso, a un penitenciado, a un recién convertido en tierra tan ancha

---

[2] Al-Shaqundí, *Elogio del Islam español* [hacia 1200], trad. de E. García Gómez, pp. 41, 44.

[3] Introducción al libro VIII de *De casibus virorum illlustrium.* «Para que nos apartemos del vulgo..., para que nuestro nombre sea escrito y se haga perdurable.»

[4] *Santiago de España,* Buenos Aires, Emecé, 1958, pp. 67-68.

como España?» Así dice el dominico fray Agustín Salucio
en un curioso «ensayo» sobre la limpieza de sangre [5] y
los comienzos de las purificaciones inquisitoriales en el
siglo XV.

Salucio —lo mismo que Alonso de Cabrera, Sigüenza
y cuantos escribían hacia 1600— pensaba que el judío
o el moro no podían tener honra, pertenecían a una casta
degradada, pero Salucio sabía que los convertidos a la
fuerza en el siglo XV «se preciaban de ella», y, por tanto,
«juramentos falsos sobre encubrir la casta, no los había»,
dado que no eran cristianos de verdad [5 bis]. Cierto era, en
efecto, que los judíos se preciaban de ser judíos, y con
más intensidad que en ninguna otra parte, pues sólo
en España tuvieron tan altos motivos para sentirse socialmente importantes (una prueba más del carácter hu-
mano-axiológico del problema, no *etnológico*). Mientras
los moros, desde mediados del siglo XIII, habían perdido
toda ocasión para manifestarse superiores, los hispano-
judíos aún alzaban la voz en el momento de decretarse
su exilio. Si el hispano-cristiano de Castilla se destacó
por su firmeza y por su alta valía ya en torno al año mil [6]

---

[5] *Discurso acerca de la justicia y buen gobierno de España en
los estatutos de limpieza de sangre*, publicado en el *Semanario Erudito*, de Valladares y Sotomayor, XV, 1788, pp. 128-214, escrito
con anterioridad a la expulsión de los moriscos (1609), y muy
útil para dar a conocer cómo se sentía a principios del siglo XVII
acerca de los conversos. El autor justifica lo hecho por la Inquisición y por los Reyes Católicos, pero cree sería ya hora de olvidar
las diferencias de «casta». La «gente principal» se tenía por muy
ofendida cuando le investigaban su linaje, aunque gracias a eso
(es decir, sin lo hecho por los Reyes Católicos y por la Inquisición) ni ellos ni sus parientes «fueran hoy cristianos de corazón»
(p. 154). Salucio (arrojado y a la vez temeroso) desempeñó importante papel en las polémicas sobre los estatutos de limpieza de
sangre. Ver la obra del P. Huerga que menciono en el Apéndice
a este libro, p. 252, y la mencionada e importante obra de Albert
A. Sicroff.

[5 bis] Sobre este complicado tema, ver B. Netanyahu, *The Marranos of Spain*, New York, American Academy for Jewish Research,
1966, p. 204: «la mayoría de los conversos no eran judíos ni en su
fe ni en su conducta». Aun siendo así, las excepciones y los matices
tardarán en hacerse visibles con exactitud.

[6] Un moro dice del conde Sancho García, a principios del si-

139

—y así aparece desde entonces, siempre que la conciencia de su persona se hace presente—, el hebreo se enorgullecía de su saber, de su inteligencia y de su linaje. Sus contactos y su familiaridad con la clase señorial le ofrecía continuas ocasiones para hacerlo.

Yhudá fi de Mosse al-Cohén tradujo por encargo de Alfonso el Sabio los *Judizios de las estrellas,* obra escrita en árabe por Aly Abén Ragel. Dice el traductor que el rey Alfonso, desde que «fue en este mundo, amó e allegó a sí las sciencias e *los sabidores de ellas* [o sea, a nosotros los judíos]; e alumbró e cumplió la grant mengua que era en los ladinos por defallimiento de los libros de los buenos philosophos e provados» [7]. El traductor aludía a las obras de los astrónomos árabes; pero como su lenguaje y su contenido hubieran sido impenetrables sin los «sabidores» hebreos, éstos pasaban a ocupar lugar eminente, «empinado» que dirá más tarde el cronista Andrés Bernáldez. En el siglo XIV dom Sem Tob de Carrión hablaba melancólicamente de quienes viven «en cuidado profundo», por ejemplo, del «sabio que ha por premio de servir señor nescio» [8] —es decir, poco culto—, una situación típica para el hebreo proveedor de sabidurías, o de técnicas de muy vario orden.

Una inscripción hebrea en la sinagoga del Tránsito, en Toledo, descubre en un destello lo que el hispanohebreo hubiese hecho de permitírselo las circunstancias: «El rey [Pedro I de Castilla] lo ha engrandecido y exaltado [a Samuel Leví], y ha elevado su trono por cima de todos los príncipes que están con él... Sin contar con él, nadie levanta mano ni pie» [9]. En la intimidad de su lengua, no entendida de cristianos, el hebreo (entonces en el zenit de su «empinación») revelaba la amplitud de su

glo XI, que nunca había visto «quien le igualara en gravedad de ademán, en valentía, en claridad de mente, en conocimientos, en palabras eficaces» (R. Dozy, *Recherches,* I, 1881, p. 203).

[7] Edic. de Gerold Hilty, Madrid, 1954, p. 3.

[8] *Proverbios Morales,* edic. I. González Llubera, v. 805.

[9] Traducción de F. Cantera, *Sinagogas españolas,* 1955, p. 113.

anhelo. De haberse hecho real tan quimérico sueño, España hubiera sido una nueva «tierra prometida», gobernada con un cerrado criterio político-religioso [10]. Si los musulmanes hubieran conseguido adueñarse total y establemente de la Península, al-Andalus hubiese sido un país islámico más, con un Estado religioso. Mas como triunfó el cristiano, y la dimensión político-social de su vida se había hecho en lo religioso análoga a la de sus enemigos y rivales, el resultado fue lo que tenía que ser: la monarquía religiosa e inquisitoriada del siglo XVI, a destono con Europa, con sus esplendores y sus conflictivas angosturas.

Mas sigamos oyendo cómo se exteriorizaba en palabras la conciencia hispano-hebrea hacia 1420, en forma cortesanamente reprimida:

«Esta *preheminencia* ovieron los reyes e señores de Castilla: que los sus judíos súbditos, memorando la magnificencia de los sus señores, fueron *los más sabios*, los más honrados ['ilustres'] judíos que quantos fueron en todos los regnos de la su transmig[r]ación, en quatro *preheminencias: en linaje*, en riqueza, en bondades, *en sciencia.*»

En tales términos se dirigía el rabí Arragel de Guadalfajara al maestre de Calatrava, don Luis de Guzmán,

---

[10] La peculiar superioridad de los hispano-hebreos fue sentida como voluntad de poderío que, desde dentro del reino, amenazaba con sojuzgar al cristiano. En el *Libro del Caballero Cifar* se advierte a los reyes que, aunque los judíos «son e deven ser siervos de los cristianos, *si podiesen, pornían en servidumbre ellos a los cristianos*, e fazerlo ían de grado. E por ende, quando ovieren poder en la vuestra casa, punarán de vos falagar con aquellas cosas que entendieren que vos plazerá... Punan en desfazer los buenos consejos de los príncipes, metiéndolos a que saquen más de su tierra; e los príncipes con codicia créenlos, ¡mal pecado!, e caen en muy grandes peligros muchas vegadas por esta razón» (edic. C. P. Wagner, pp. 329-330). Esto se escribía hacia 1300, y por ser la situación como aquí se describe, fueron produciéndose los acontecimientos de todos sabidos. De ahí que los judíos se otorgaran el título de «grandes de Castilla» (ver antes p. 61). No obstante todo lo cual, todavía en 1545 el diablillo de la historia nos hace una mueca burlona, desde Trento precisamente: don Diego Hurtado de Mendoza «vase a Venecia por consejo de un

por cuyo encargo tradujo para él el Antiguo Testamento. Quien no esté cegado —fatal o voluntariamente— habrá de admitir que, por debajo de todas las apariencias, la vida más auténtica de los españoles fue irguiéndose sobre afanes de preeminencia, de honra, entrecruzados y entrechocados a lo largo de siglos, lo cual, repito, nada tiene que ver con problemas raciales o etnológicos. El judío castellano o aragonés fue único en Europa, y por eso continúan sus descendientes llamándose *sefardis* 'españoles'. Por tan hondo motivo, el «honor» en el drama del siglo XVII no es un simple tema literario, ni un rasgo de psicología humana y universal. Es, sí, expresión de realidad profunda, de la inquietud española por el valer de su persona frente a otras personas, de la inconmovible creencia en su valer personal, afirmada en roces, ajustes y pugnas con otras creencias rivales. El balance final se resolvía en algo como un «qué quedo yo siendo al encararme con ese otro que pretende valer tanto o más que yo». Las ganancias y triunfos no personales (riqueza, técnica) nunca ocuparon el primer plano de la vida hispanocristiana, según demuestra el que los «indianos» en el siglo XVII *emplearan su dinero* —cuando podían— en adquirir un título de nobleza. La riqueza, por sí sola, no creaba honra.

De ahí la importancia del linaje y de la hidalguía, que el hispano-hebreo sintió y expresó con tanta fuerza como más tarde el cristiano. Pensando sin duda en sí mismo, escribía hacia 1350 don Sem Tob:

> «¡*Fidalgo de natura*, usado de franqueza,
> e trajol la ventura a mano de vileza!»

(vv. 801-802).

---

médico judío». Así escribe Juan Páez de Castro, secretario del embajador de Carlos V (Ustarroz y Dormer, *Biografía de Gerónimo de Zurita*, en «Progresos de la historia en el reino de Aragón», Zaragoza, 1878, p. 532). El judío, con su inteligente saber, seguía siendo necesario en torno a los grandes.

Como parte del pueblo electo por Dios para ser suyo, el judío se sentía hidalgo por naturaleza, como más tarde harían los cristianos españoles del siglo XVI [11]. El que a la postre todos alardearan de hidalguía al encontrarse en las tierras dominadas por su rey (en Italia o en las Indias), era algo más que un ardid picaresco y cínico.

En el siglo XV, el converso Juan de Lucena se hace eco de la misma idea expresada por don Sem Tob, al poner en boca del converso don Alonso de Cartagena la defensa del honor de los descendientes del pueblo de Dios:

«No pienses correrme por llamarlos hebreos [a] mis padres. Sonlo por cierto, y quiérolo: ca si antigüedad es nobleza, ¿quién tan lejos?» [12].

El clamor de los convencidos de la «preeminencia» hispano-hebrea se intensificó en el siglo XV, a medida que los judíos se iban viendo próximos a una ruina sin posible remedio, aceptaran o no el bautismo. Otro ilustre converso, mosén Diego de Valera, respondió afirmativamente a la pregunta «de si los convertidos a nuestra fe, que según su ley o seta eran nobles, retienen la nobleza de

---

[11] [Por si no puedo ampliar esta idea en el futuro, recuerdo al lector dos obras muy significativas, una de 1619, *Política española*, de Fr. Juan de Salazar, edic. de M. Herrero, 1945: «Los sucesos, casi símiles en todos los tiempos, y el modo singular que Dios ha tenido en la elección y gobierno del pueblo español, declaran ser su pueblo escogido en la ley de gracia, como lo fue el electo [el judío], en tiempo de la escrita» (p. 73). Otra obra es la de Alfredo Martínez Albiach, *Religiosidad hispana y sociedad borbónica*, Burgos, 1969, en la cual se habla a las claras de «Teocracia según Israel... El español decidió revivir esta gesta bíblica, y escogió una forma determinada de vida social de la teocracia israelita...» (p. 18). Las 675 páginas de esta obra, tan cristiana como de perfecta buena fe, sirven al autor para fundamentar su tesis. Las Cortes *liberales* de 1821 decretaron: «El que... conspirase a establecer *otra religión* en las Españas..., será perseguido como *traidor*, y sufrirá la *pena de muerte*» (p. 620).]

[12] Este texto y los de don Sem Tob ya fueron citados en *La realidad histórica de España*, 1954, pp. 531-532, aunque no relacioné la cuestión con el central problema de la honra como en este caso lo estoy haciendo.

su linaje después de cristianos». Porque no hay duda de que «entre los judíos e moros aya así nobles como entre los cristianos, a los *sabios* asaz es manifiesto, aunque los ignorantes piensen lo contrario». Dice el *Deuteronomio* de los hebreos: «'¿Cuál es otra nación así noble?', como si dixese *ninguna*» [13].

El judío y el converso en el xv, antes de que se les hiciera irrespirable el ambiente con los barruntos de Inquisición, escribían aún con cierta libertad. En adelante sabremos de sus estados de ánimo sobre todo a través de sus enemigos, o analizando el sentido de las nuevas y extrañas situaciones creadas a los conversos. Los exjudíos no se jactarán ya de su noble abolengo, ni intentarán competir con el cristiano en cuanto a prestigio y honra. Van, en cambio, a destacar su capacidad intelectual, su agudeza, sus actividades intelectuales *mucho más* que en los siglos de la Reconquista. Con razón o sin ella —para el caso es indiferente lo uno o lo otro—, llegó a crearse una especie de psicosis colectiva, instigada y fomentada por la persecución inquisitorial, y por el terror a sus esbirros. Ese estado de recelosa histeria fue agravándose cada vez más, y se llegó a sentir que todo trabajo intelectual, o simplemente de artesanía algo técnica, exponía a caer en las garras de los malsines, y a la postre en las del Santo Oficio, crueldad tenebrosa y sin escape. Todavía he oído de niño en Granada (ya sólo como un tópico sonoro y referido quién sabe a qué) el consejo siniestro de «con la Inquisición, chitón».

Simultáneamente, el tener que hurgonear en los linajes de toda persona interesada en ocupar puestos públicos, o en ingresar en las órdenes militares y monásticas o en la enseñanza, llevó a creer que la única clase social a salvo de tales riesgos era la de los labriegos. Por tan tortuosa vía los villanos, sin sospecha de cultura o de antecedentes nobiliarios, llegarían a ser idealizados como

---

[13] V. *Realidad histórica de España*, Méjico, Ed. Porrúa, 1954, p. 532.

miembros sin posible tacha dentro de la «casta» de los elegidos.

Y ahora habrán de ser examinados a esta luz testimonios muy significativos en los cuales se manifiesta sin veladuras lo sentido por los españoles, desde fines del siglo xv hasta muy avanzado el xvii.

Cuenta fray José de Sigüenza que el primer libro compuesto por fray Hernando de Talavera (siendo prior del convento jerónimo de Nuestra Señora de Prado, junto a Valladolid), «fue en defensa de nuestra fe contra un libro de un hereje que se sembró por Sevilla sin saberse del autor, lleno de mil herejías y en favor de los judíos. Hallóse allí con los Reyes Católicos, y entendiendo el daño que el libro hacía en muchos, con gran presteza y *con igual ingenio*, escribió esta impugnación; y fue tan bien recebida, que luego desapareció el libro del hereje y se atajó el fuego que con él se iba emprendiendo, cosa que los Reyes estimaron en mucho»[14]. El título de este hasta hoy raro libro es: *Cathólica impugnación del herético libelo que en el año 1480 fue divulgado en la cibdad de Sevilla*, Salamanca, 1487[15]. El libelo del judío no existe pero por la réplica de Talavera se deduce lo más importante de su contenido: «Dize este nescio que, porque la gente convertida del judaísmo es *gente sabia e de gentil ingenio*, por esso no puede ni quiere aplicarse a las burlas que cree y obra el pueblo christiano convertido de la gentilidad.» Y comenta Talavera: «Verdad es que el pue-

---

[14] *Historia de la orden de San Jerónimo*, II, 325. Antes ha dicho Sigüenza de fray Hernando de Talavera que «tenía agudeza de ingenio y gracia particular en decir con presteza» (II, 297). Es decir, que el judío de Sevilla había encontrado quien podía luchar con él en igual nivel en cuanto a agudeza. Sigüenza, que antes había hecho de Talavera un cristiano viejo, ahora le presta la cualidad que, como un tópico, se atribuía a los cristianos nuevos, que es lo que Talavera era en realidad.

[15] Un ejemplar de esta obra, de la cual poseo fotocopia, fue encontrado por E. Asensio en la Biblioteca Vallicelliana de Roma (ver *Revista de Filología Española*, 1952, XXXVI, p. 58). [Ha sido editada, con una docta introducción, por Francisco Márquez, Juan Flors, Barcelona, 1961.]

145

blo judiego fue en su tiempo pueblo sabio e de buen entendimiento, porque tenía conoscimiento de Dios verdadero... Mas, naturalmente, no fue aquel pueblo más sabio, más sotil, ni más ingenioso que otro; ni lo son los que descienden dél, antes por ventura menos, como parece claramente por otras gentes y naciones de aquellos tiempos. Ca en las scientias humanas que se alcançan por sotileza de ingenio, más sotiles e más ingeniosos eran los caldeos; y mucho más lo fueron los griegos, y después los latinos y romanos, y aún los arábicos, como parece claramente por los libros de las tales scientias, assí naturales como morales... Y en nuestros tiempos, tan letrados, tan sotiles y tan ingeniosos son en todas cosas los unos como los otros» (signatura gI *v*).

Las observaciones de Hernando de Talavera eran discretas, pues, en efecto, la ciencia hebrea no fue superior a la de los griegos, ni incluso a la de los árabes. No hubo entre ellos nombres equiparables a los de Platón, Aristóteles y Euclides. Pero el fraile jerónimo, cristiano nuevo, derivaba el asunto con gran habilidad hacia un terreno distinto, hacia otras épocas, y no hacia el conflicto presente y angustioso acerca de quién merecía más preeminencia y más honra. Los judíos y los conversos tenían conciencia de ser «gente sabia y de gentil ingenio», y los cristianos no lo ignoraban. Hemos visto que en los siglos XIII, XIV y XV los hispano-hebreos se habían jactado de ser sabios, más que los hispano-cristianos. Lo acaban de decir, por otra parte, el autor del libelo sevillano y el mismo Talavera, el cual no niega que los judíos sean sutiles e ingeniosos. La única corrección fue añadir que también lo eran los cristianos. José de Sigüenza afirma por su parte —ya lo hemos visto— que Talavera «tenía agudeza de ingenio y gracia particular en decir con presteza». Más adelante, según haré ver, confiere esa alta calidad humana a todos los conversos.

Pero ahora hay que oír a Andrés Bernáldez, el cronista también llamado «el Cura de Los Palacios» (Sevilla), gran odiador de los judíos, y autor, además, de deliciosas descripciones y narraciones de cómo se vivía en tiempo de los Reyes Católicos.

Según Bernáldez, la Inquisición se hizo necesaria porque los judíos bautizados volvían a su anterior religión: «Quedaron todavía muchos judíos en Castilla, y muchas sinagogas, *e los guarecieron los señores e los reyes siempre*, por los grandes provechos que de ellos habían; e quedaron los que se baptizaron, christianos, y llamáronlos conversos... Y esta herejía ovo de allí su nacimiento como habéis oído; e ovo su *impinación* e lozanía ['orgullo'] de muy gran riqueza y vanagloria de *muchos sabios e doctos*, e obispos, e canónigos, e frailes, e abades, e *sabios*, e contadores, e secretarios, e factores ['administradores'] de reyes e de grandes señores... En tiempo de la impinación de esta herética pravedad, de los *gentileshombres* de ellos e de los mercaderes, muchos monasterios eran violados, e muchas monjas profesas adulteradas e escarnecidas... Todos venían de oficios holgados... *Nunca quisieron tomar oficios de arar ni cavar* [16], ni andar por los campos criando ganados, ni lo enseñaron a sus fijos, salvo oficios de poblados, y de estar sentados ganando de comer con poco trabajo [!]... Tenían presunción de soberbia, que en el mundo no había mejor gente, ni más discreta, *ni más aguda, ni más honrada* que ellos *por ser del linaje de las tribus e medio de Israel*. En cuanto podían *adquirir honra*, oficios reales, favores de reyes e señores, algunos se mezclaron con fijos e fijas de caballeros cristianos viejos con sobras de riquezas... [*y*] *quedaron* [*más tarde*] *en la Inquisición* por buenos christianos e *con mucha honra*.» Establecida la Inquisición en 1481, «prendieron luego [en Sevilla] algunos de los *más honrados* e de los más ricos, veinticuatro e jurados, e *bachilleres e letrados,* e hombres de mucho favor... Creían que Dios milagrosamente los sostenía e los defendía; e

---

[16] Según averigüé en Mallorca, tampoco practican hoy estos oficios los chuetas mallorquines, notable supervivencia de una situación social ya desaparecida en la Península. Téngase en cuenta que el habla mallorquina conserva rasgos del catalán del siglo XIII.

147

tenían que por mano de Dios habían de ser acaudillados, visitados e sacados de entre los christianos, y llevados en la santa Tierra de Promisión. So estas locas esperanzas estaban y vivían entre los christianos, como por ellos fue manifestado e confesado, de manera que *todo el linaje quedó infamado*»[17]. ¿Mas cómo hubieran podido volverse sinceros cristianos *todos* los obligados a convertirse, por fuerza de las circunstancias, nos preguntamos hoy? Tamaño absurdo revela que, entre aquellos cristianos, no se asociaba la fe con la conducta: tenían una idea mágica, taumatúrgica del bautismo.

Lo arrojado por Bernáldez a la faz de los judíos, con tanta vehemencia como escasa caridad cristiana, demuestra que tales ideas rebasaban los límites de la religión, y se difundían ampliamente por las zonas en donde prosperan la envidia y la quisquillosería. El problema era más que religioso, y el odio al judío y al converso estuvo atizado en el siglo xv no sólo por la gente de «los menudos», víctima de la usura hispano-hebrea. El alto rango y la práctica de la usura tenían abolengo secular dentro de la casta ahora atacada con superlativa furia, y es por lo mismo, históricamente inepto, acudir a tales motivos para explicar y justificar el exterminio o expulsión de los hebreos. El tenaz odio de la casta cristiano-vieja ganaba en intensidad a medida que se había ido fortaleciendo su poderío y su afán de preeminencia y de honra desde fines del siglo xiv; de ahí las matanzas, legalizadas a la postre con la instauración del Santo Oficio. Cuanto escribe Bernáldez se ajusta en un todo a la imagen trazada por él de la alta función desempeñada por los hispano-hebreos: eran sabios, agudos, bachilleres y letrados, de alto linaje, gentiles-hombres, de mucha honra y gozaban de subido

---

[17] *Historia de los Reyes Católicos don Fernando y doña Isabel,* edic. de los «Bibliófilos Andaluces», 1870, I, pp. 124 a 134. Bernáldez fue capellán de don Diego de Deza (un converso), y él tal vez lo sería. Su abuelo había sido «escribano público» en León, ocupación muy de conversos. Es además otro indicio de serlo su odio a los judíos.

favor con reyes y grandes señores. Es decir, que habían sido un elemento importante y constituyente en la formación de la vida y de la cultura españolas. La historiografía —inspirada en lo que ahora llamo «odiamientos», no razonamientos— preferiría que nada de eso hubiera existido.

Durante siglos la conciencia de valía entre los cristianos de alta sangre (*fijos de buenos*), estuvo más o menos a tono con el paralelo prestigio de los hebreos (*bené tovim*) [18], dado que éstos contribuían con su honra a mantener la de sus adversarios en religión. Cuanto unos y otros *hacían* iba encaminado a fortalecer la conciencia de lo que *eran;* sin la visión de este fondo último de la vida e historia españolas, no hay modo de entender la una ni la otra. Proyectemos, por tanto, sobre tal fondo la nueva situación creada por el advenimiento de los Reyes Católicos, y los nuevos y magnos proyectos ofrecidos a las masas del pueblo bajo, seguras en cuanto a sus personales apetencias de *llegar a ser,* pero faltos de posibilidades, sin metas ni guías para ascender a las cimas de la honra. Los Reyes Católicos presentaron al pueblo proyectos de acción bélica e imperial *formulados por los conversos* (Juan de Mena, Juan de Lucena, Alonso de Cartagena y otros) desde comienzos del siglo xv. Aquellos proyectos eran adecuados a los gustos y posibilidades de los más, y la respuesta de las masas fue inmediata. El pueblo se había sentido aplastado durante siglos por el poderío y riqueza· tanto de los señores cristianos como de los judíos. Con estos últimos no había posible competencia, porque la gente cristiana estaba bien versada en guerras, pero no en técnicas y negocios. Lo único hacedero era intentar aniquilarlos y apoderarse de sus riquezas, que es lo que había venido aconteciendo desde finales del siglo xiv, a favor de circunstancias que situaban

---

[18] Véase ahora *La realidad histórica de España,* 1971, páginas 222-223, en donde se demuestra, además, que *hijodalgo* y *grande de España* son expresiones calcadas del árabe, según recordé antes.

a las masas populares en condiciones cada vez más propicias. Pero ahora la gran embestida de los nuevos Reyes contra la nobleza desmandada, despejaba el horizonte, y a «los menudos» se les abrían insospechadas perspectivas [19].

El Consejo Real habló así a los Reyes en 1475: «Vemos que vos es necesario tener gente de armas junta para la guerra, e como quier que vuestros súbditos, con voluntad que tienen a vuestro servicio, os an venido e vernán a servir por sus personas, pero es necesario dinero para les pagar su sueldo e pensiones...; porque no les pagando sueldo, no tiene obediencia...; e desto se siguiría que *la afición e amor que los comunes tienen a vuestras personas reales*, se convertiese en odio e malquerencia» [20]. Más adelante, al ir a constituirse las Hermandades en Castilla, Alonso de Quintanilla, en su famoso razonamiento a los Reyes, disipa la objeción de quienes recelan que la Hermandad sea «cosa de comunes e de pueblos, do avrá diversas opiniones e voluntades, las cuales podrían ser de tanta discordia que lo derribasen e destruyesen todo, segund se fizo en las otras Hermandades pasadas». No hay que temerlo —dice—, dado que estos «Rey e Reyna, nuestros señores, son otros que el rey don Enrique [IV]» (*l. c.*, p. 238).

Como «los menudos» a fines del siglo XIV, «los comunes» pasan ahora a ocupar posiciones de privilegio desde donde ejercitar sus fuerzas. Con ello sufren cambios de gran alcance la ordenación social de los españoles, la valoración de la honra, y también la de cualquier menester de cultura. El porvenir de ésta, en los siglos XVI y XVII, iba a ser muy afectado por el temor de los cristianos de casta a darse a las ocupaciones del hispanohebreo; y *con ello, el sentimiento de la honra, del qué*

---

[19] Ver *Aspectos del vivir hispánico*, Madrid, 1970, «Alianza Editorial», pp. 21 y sigs.

[20] F. del Pulgar (un converso), *Crónica de los Reyes Católicos*, edic. J. de M. Carriazo, I, 143.

dirán, llegaría a pesar en la sociedad mucho más que el interés económico [21]. La conciencia del ser-valer entre los cristianos viejos se hizo todavía más estricta, y adquirió *autenticidad vital* la antigua doctrina de ser el honor el bien más alto. La posibilidad del drama como forma literaria y la crisis de toda actividad cultural (incluso la administración de las finanzas) fueron derivaciones divergentes de unos mismos motivos.

[21] El tipo de hidalgo hambriento quedó fijado para siempre en el *Lazarillo de Tormes*.

EL ESPECTRO JUDAICO Y LOS CONJUROS PARA ALEJARLO

La idea de ser los judíos españoles «gente muy sutil» de mente —bien manifiesta, como vimos, en el siglo xv—, va a continuar viva entre cristianos a lo largo del xvi. Ya he citado en otro lugar el caso del profesor de Salamanca, Martínez de Cantalapiedra, procesado por la Inquisición. Había interés en descubrirle antecedentes judaicos, y uno de los testigos declaró que su padre, «Sebastián Martínez, y sus hermanos... venían de conversos, *según eran de agudos*». El doctor Huarte de San Juan estudió «científicamente» la razón de tal creencia popular, que, según él, poseía fundamento físico-biológico, a saber, la virtud del maná ingerido por el pueblo de Israel en el desierto, virtud transmitida luego a sus descendientes [22]. Para el P. José de Sigüenza la agudeza innata de los judíos era verdad manifiesta. Hablando de los esfuerzos de fray Hernando de Talavera para convertir a los judíos, dice que «como *son naturalmente agudos,* y tienen tan en los labios la Escritura Santa, argüían muchas veces contra lo que se les predicaba» (II, 307). Al tratar en otra ocasión de un fraile jerónimo, muy interesado personalmente en el estatuto de llmpieza de sangre en relación con su orden, nota Sigüenza que aquel religioso, fray García de Madrid, era «hombre docto, *agudo e inquieto,*

---

[22] Ver *La realidad histórica de España*, 1954, pp. 449, 606-610.

a quien tocaba esto [del estatuto] muy de lleno por ser de los confesos» (II, 34). Ya hemos visto que fray Hernando de Talavera «tenía *agudeza de ingenio* y gracia particular en decir con presteza» (II, 297), aunque Sigüenza, jerónimo, disimule sus orígenes judaicos por tratarse de tan importante miembro de su orden.

Después de un siglo de preocupación y de pesquisas sobre si se era o no se era judío, si se vivía con honra o con infamia, de andar recelosos con «la barba sobre el hombro» (según decía Quevedo), se entiende muy bien el poco interés en mostrarse agudo, o afanado en torno a las cosas de este mundo. Tratamos de la ascética y de la vida en tiempo de Felipe II recurriendo a la cómoda explicación de la «Contrarreforma», como si el gran riesgo sólo hubiera sido el protestantismo, quitado de en medio con dos muy solemnes autos de fe. Leyendo el idílico libro de Ludwig Pfandl sobre la vida en los siglos XVI y XVII [23], parece que nada sombrío e inquietante acontecía en aquellos siglos. Todo fue encaminado a mantener «en toda su pureza la integridad nacional» (p. 38); «la Inquisición no malogró el desarrollo de profundos talentos» (p. 94 [23 bis]). Pero oigamos a quienes escriben sobre lo diariamente acontecido en torno a ellos: «Y lo que se dice, que los christianos viejos *es gente quieta, y los otros inquietos* y perturbadores, más parece calumnia de competidores que sentimiento de gente cuerda... La inquietud de los confesos nace de la opresión con que se ven afligidos» (Agustín Salucio, *o. c.*, págs. 149-150). Esta era la realidad, y no cabe eludirla pensando y diciendo que no había judíos en el siglo XVII, o que las asperezas y

---

[23] *Cultura y costumbres del pueblo español en los siglos XVI y XVII*, Barcelona, 1929. En la obra de A. Valbuena Prat, *La vida española en la Edad de Oro*, Barcelona, 1943, no se hace referencia a la Inquisición, a los conversos o a la angustia del diario existir

[23 bis] [Pfandl era excelente persona, y había idealizado amorosamente el pasado español; me confesó que no venía a España, porque le habría impresionado terriblemente encontrarse con un país distinto del de Felipe II. ¿Cuándo nacerá en España alguien capaz de interesarse por una civilización extranjera?]

roces se habían ido suprimiendo paulatina y suavemente. Los cristianos nuevos seguían siéndolo generación tras generación, y para recordarlo estaban los sambenitos colgados en las catedrales y en las iglesias. Cervantes deslizó maliciosamente la sospecha de haber en Toledo judíos conocedores del hebreo; no le costó trabajo dar con un morisco aljamiado que interpretara el árabe de Cide Hamete, «pues aunque le buscara de *otra mejor y más antigua lengua,* le hallara» *(Quijote,* I, 9). El Licenciado Vidriera vio que entraba en una iglesia *«un labrador* de los que *siempre blasonan* de cristianos viejos, y detrás venía uno que no estaba en tan buena *opinión* como el primero, y el Licenciado dio grandes voces al labrador, diciendo: —*Esperad,* Domingo, que pase el Sábado». Según ha demostrado Edward Glaser [24], decir a alguien que *esperara* significaba llamarle judío que aguardaba el Mesías. En una comedia de Calderón dicen a alguien: «aquí me *espera»,* y el aludido responde: «*espere* un judío de Orán» (Glaser, p. 58). Hay otros ejemplos igualmente reveladores del frenesí reinante en torno al magno asunto de la *opinión* en cuanto a ser o no ser judío. Mas lo notable ahora es que, a la luz de los textos aducidos por Glaser, aparece aquí Cervantes haciendo una de las suyas, pues llamó judío tanto al labrador muy ufano de su cristiandad vieja, como al zaherido por no disfrutar de aquel privilegio. Cervantes inventó figuras de locos y desmandados, y sobre ellos y sus enredadas peripecias proyectó destellos de comprensión y simpatía. Pero al habérselas con la figura de algún sujeto presumido o jactancioso, inmediatamente lo deshacía irónicamente. Su preocupación por los conversos es manifiesta; para él, los roperos de Salamanca eran de casta judía, según dice velada y punzantemente en *El Licenciado Vidriera* [25].

---

[24] En su artículo «Referencias antisemitas en la literatura peninsular de la Edad de Oro» *(Nueva Revista de Filología Hispánica,* 1954, VIII, 39-62). Otros textos acerca de Cervantes y los conversos doy en la nota 10 bis del Cap. IV.

[25] Ver Edmundo L. King, en *Modern Language Notes,* 1954, pá-

La presencia del judío seguía reflejándose en las conversaciones y fantasías de la gente, contra lo cual no valían razones. Lo importante era el recelo de ser tildado de judío, de verse en riesgo de perder la buena «opinión». Los ejemplos reunidos en el artículo de Glaser antes mencionado ponen al descubierto un estado de ánimo muy persistente. Noto además que el *Vocabulario de refranes*, de Gonzalo Correas (comienzos del siglo XVII), consigna éste: «Ni xudío nezio, ni liebre perezosa» (edición L. Combet, p. 232). El dicho (corriente entre sefardíes) llega hasta el Padre Feijoo, el cual piensa ser los judíos muy necios por esperar el Mesías. Mas lo significativo es que tal refrán corriera en España, a pesar de todo lo hecho y dicho contra aquel pueblo. Feijoo comienza su comentario: «Supongo que, en cuanto a la primera parte ['Ni judío necio...'], es locución hiperbólica, y que no significa otra cosa sino que la nación judaica ['el judío de nacimiento'] es por lo común más hábil y despierta que otras.» Pero se advierte que, no obstante su ataque antijudaico, todavía está presente en Feijoo la antigua idea de la ingeniosa disposición de los judíos, pues los compara con los gita-

---

ginas 99-102. Con posterioridad a la publicación de esa nota, el señor King ha hallado otros casos de roperos motejados de judíos. Gaspar Lucas Hidalgo (*Diálogos de apacible entretenimiento*), cuenta que los roperos de Valladolid hicieron un arco triunfal para recibir una reliquia de San Benito, y que un poeta puso en el arco esta copla:

> *Todos los de este cuartel,*
> *con regocijo infinito,*
> *hacen arco a San Benito*
> *porque Dios les libre dél.*

(«Bibl. Aut. Esp.», XXXVI, 290.)

Otra referencia al judaísmo de los roperos en Salas-Barbadillo, *La casa del placer honesto*, edic. Edwin B. Place, p. 358.

[Añádase a lo anterior, que en el proceso contra los asesinos del inquisidor Pedro Arbués, en 1487, uno de los complicados en el crimen, Sancho de Paternoy, declaró que odiaba a Anchías, oficial de la Inquisición, por haber preguntado éste a un *judío sastre* si «Paternoy tenía sitio en la sinagoga» (M. Serrano y Sanz, *Orígenes de la dominación española en América*, en «N. Bibl. Aut. Esp.», t. 25, 1918, p. DXVII).]

nos, «un ejemplo de lo mucho que habilita una gente para *la negociación* el no tener tierra que trabajar, ni otro oficio de que vivir» (*Cartas eruditas*, III, 1786, p. 4). Aun en Feijoo se nota el intento de querer explicar causativamente el ingenio de los hispano-hebreos, y el seguir desestimándose en España los negocios productivos.

Antes vimos que, según Salucio, «los christianos viejos son gente quieta». La quietud y el sosiego, tan propios de la clase señorial, valían para los conversos como signo de buena fama ya en el siglo XVI. Escribía Alvar Gómez de Castro en 1552 que había logrado en Toledo «el descanso que anhelaba hace muchos años atrás, no muy a propósito para alcanzar celebridad y gloria..., pero sí para llevar una *vida quieta y tranquila, y sin apresuramientos ni disminución de la fama*» [26]. Fama quiere decir aquí «no estar en opinión de ser judío». Con lo cual Alvar Gómez manifiesta su temor de ser tomado por cristiano nuevo, es decir, por lo que en realidad era.

La inquietud, el bullir en los negocios, el ejercitar la curiosidad mental, podían dar motivo a no ser tenido por hombre de limpia ascendencia. Bastaba sencillamente con andar entre libros. Cuenta el P. Benito Remigio Noydens [27] que «un hidalgo fue a visitar a un

---

[26] Ver F. Zamora y V. Hijes Cuevas, *El bachiller Pedro de Rua*, Madrid, «Consejo Superior de Investigaciones Científicas», 1957, p. 112. Considero, además, bastante probable la procedencia hispano-hebrea de Pedro de Rua, oriundo de Soria, y gran amigo de Alvar Gómez. Se conocen ahora muchos detalles de su vida, pero nada acerca de sus padres. Según Lucio Marineo Sículo, «sin sujetarse a ningún maestro, valido únicamente de su ingenio, salió doctísimo». Alcalá y Salamanca le ofrecieron cátedras, aunque prefirió permanecer en su rincón soriano, en donde acumuló una razonable fortuna prestando dinero. No parece que el cargo de maestro de humanidades permitiera adquirir tanta propiedad territorial y urbana como Rua poseía. (Ver *o. c.*, pp. 14, 21, 22 y ss.). Por una carta, publicada en este erudito opúsculo y dirigida a Pedro de Rua (p. 111), se ve cómo Juan de Vergara y Alvar Gómez (dos conversos) satisfacen la erudita curiosidad del Duque del Infantado en 1552, situación que recuerda otras análogas en el siglo XV, en el XIV y en el XIII.

[27] *Visita general y espiritual colirio de los judíos*, 1662, p. 192, *apud* Glaser, p. 57.

157

amigo suyo, gran letrado; y hallándole ocupado en *una junta de muchos negociantes,* con ropón de martas y bonete de los redondos (hábito propio de entre casa y de entre libros), le saludó risueña y amigablemente diciendo: «*Ave Rabbi.*» Y el letrado, «por satisfacerse por los mismos filos, le respondió: *Amice, ad quid veniisti?*» —o sea, con las palabras de Jesús a Judas.

¿Un chiste de mejor o peor gusto? Pero Tirso de Molina dice muy en serio, en *La prudencia en la mujer,* que han de elegir los reyes

> «médicos sabios,
> hidalgos y bien nacidos,
> de solares conocidos,
> sin raza ['raja', 'defecto'], nota o resabios
> de ajena y contraria ley...
> Hablo en esto de experiencia,
> y sé en cualquier facultad,
> *que suele la cristiandad*
> *alcanzar más que la ciencia.*»

(Bibl. Aut. Esp., V, 300.)

Es cierto que el médico judío de la reina doña María había estado a punto de envenenar a su hijo. Pero la ciencia médica, al ser cultivada por la casta hispano-hebrea, también se hacía venenosa. La idea que flotaba en el aire durante el siglo XVII era la de ser todo saber sospechoso y arriesgado, por suponerse menester propio de conversos cualquier ocupación intelectual. En otros países europeos hubo choques entre la ciencia y la ortodoxia (Galileo, Descartes, etc.), y, sin embargo, la cultura intelectual no se paralizó, y a la postre se produjo un acuerdo entre el pensar y el creer. El caso de España fue muy distinto, porque en ella la religión privó a la persona de cultura secular. Nada tiene de extraño ni de censurable rendir culto a Dios, pues se trata de una característica humana, constante y universal: quienes no aceptan ninguna religión tradicional, acaban por crearse

otra a la medida de sus preferencias y necesidades [28].
Monoteísta o politeísta, todo el mundo posee un sistema
de creencias por decirlo así, vertical. Ahora bien, en el
mundo moderno, en la Europa occidental, junto con el
culto a una Divinidad sobrenatural (un Infinito no abar-
cable por lo finito), ha ido desarrollándose otra clase
de ligazón, por decirlo así, horizontal; gracias a ella, la
persona individual se encuentra «trascendida» por sus
semejantes, *ob-ligada* a ellos en forma real y eficiente (lo
opuesto a los separatismos). Por eso surgió la idea de los
«droits de l'homme», y la «freedom of Speech» es hoy uno
de los «rights» del hombre en el mundo anglo-sajón.
Gracias a esa *ob-ligación* horizontal, al alcance de nuestra
experiencia, han sido posibles las formas de vida demo-
crática, más o menos perfectas, pero preferibles a ser regidos, no por la razón de la autoridad, sino por su fuerza
brutal. Las formas más eficaces y respetables de vida
colectiva han sido y son aquéllas en que ha sido posible
armonizar la *ob-ligación* vertical con la horizontal. Tal armonía se produjo sólo tardía y escasamente en pueblos
re-ligiosamente totalizados —en el Oriente y en España—,
y en ellos arraigaron por lo mismo a excesiva profundidad
los modos de relacionarse con el prójimo antes mencionadas por Juan de Avila, hoy merecidamente canonizado
por la Iglesia católica.

El drama de quien deseaba ejercitar su intelecto y
no podía, fue expuesto con elegante amargura por Sor
Juana Inés de la Cruz (1651-1695). Mujer tenía que ser
quien revelara, al declinar el siglo, la angustia exquisita
de un alma torturada. Sor Juana se sitúa en la tradición
de Teresa de Jesús y de Teresa de Cartagena, y en su

---

[28] Augusto Comte prescindió del cristianismo, pero instauró en
su lugar la religión de la Humanidad, del Gran Ser (v. J. Ferrater
Mora, *Diccion. de Filosofía*, 1965, I, p. 316). Todavía he alcanzado
a conocer a algún «fiel» de la iglesia positivista, cuyo evangelio
era el *Système de philosophie positive, instituant la religion de
l'Humanité*, 1851. Para los ateos de Moscú, la tumba de Lenin
es otra forma de «Santo Sepulcro», en donde yace el profeta de
la Deidad marxista.

prosa inteligente, las llagas de dentro aparecen como flores recogidas y ofrendadas por unas manos cándidas, en un gesto de olvido, de entrega a lo ineluctable. Aquella genial monjita se retrajo al claustro en solicitud de paz, para que los indiscretos elogios de los cortesanos no perturbaran sus sueños de intelección. Partiendo del deseo de darse cuenta del sentido de las sagradas letras, intentó nada menos que penetrar en el ámbito de lo que los románticos llamarían más tarde la enciclopedia de los saberes. Aspiraba a llegar a «la cumbre de la Sagrada Teología» subiendo «por los escalones de las sciencias y artes humanas. Porque ¿cómo entenderá el estilo de la reina de las sciencias quien aún no sabe el de las ancillas?» [29]. Sor Juana invierte la perspectiva usual en donde todo aparecía teologizado. Ella intentaba elevarse a las verdades últimas de la fe partiendo de la matemática, de la historia, de las artes y de la arqueología. A ese efecto había reunido aquella gentil criatura (muy linda a juzgar por su retrato) unos cuatro mil volúmenes, cifra extraordinaria en aquel tiempo. «Pero todo ha sido acercarme más al fuego de la persecución, al crisol del tormento: y ha sido con tal extremo, que han llegado a solicitar que se me prohiba el estudio. Una vez lo consiguieron con una prelada muy santa y muy cándida, que *creyó que el estudio era cosa de Inquisición*, y me mandó que no estudiase. Yo la obedecí en cuanto a no tomar libro, que en cuanto a no estudiar absolutamente, como no cae dentro de mi potestad, no lo pude hacer» (p. 23). «Nada veía sin reflexa ['reflexión'], nada oía sin consideración, aun en las cosas más menudas y mate-

---

[29] Los textos proceden de la *Respuesta a la muy ilustre sor Filotea de la Cruz,* en «Obras escogidas», edic. M. Toussaint, Méjico, 1929. Como es sabido, Sor Filotea era seudónimo de un obispo, que había reprendido a Sor Juana por haberse consagrado a los estudios y por plantearse problemas de carácter científico. [Quienes actualmente editan y estudian la obra de Sor Juana prefieren eludir toda referencia al conflicto entre creencia religiosa y pensamiento científico, tanto en la Nueva como en la Antigua España del siglo XVII. Ver ahora *Obras completas,* con prólogo de Francisco Monterde, Méjico, Editorial Porrúa, 1969.]

160

riales; porque como no hay criatura, por baxa que sea, en que no se conozca el *me fecit Deus,* no hay alguna que no pasme el entendimiento» *(ibid.).*

Pero aun sin la presión de la abadesa y del obispo, ya antes había conocido Sor Juana el riesgo implícito en el hecho de pensar y en decidirse a escribir sobre temas de ciencia: «Yo —dice— nunca he escrito, sino violentada y forzada, y sólo por dar gusto a otros... ¿Qué entendimiento tengo yo?... Dexen esso para quien lo entienda, que *yo no quiero ruido con el Santo Oficio.*» De ahí su preferencia por la poesía, ya que «una herejía contra el arte no la castiga el Santo Oficio» (p. 6). «Bien se infiere *cuán contra la corriente* han navegado (o, por mejor decir, han naufragado) mis pobres estudios» (p. 16). Contra ella se levantaron «tales áspides de emulaciones y persecuciones, cuantas no podré contar». Y lo peor de todo no fue eso, sino los consejos de quienes procuraban su bien: «No conviene a la santa ignorancia que deben, este estudio; se ha de perder, se ha de desvanecer en tanta altura con su mesma perspicacia y agudeza.» Una rara especie de martirio, «donde yo era el mártir, y me era el verdugo» (p. 16).

[La grandeza de la España imperial, heroicamente mantenida frente a los odios y ambiciones de otros países europeos, contribuía a reforzar la posición de los partidarios de la «santa ignorancia».]

Sor Juana, mártir de la inteligencia. Si sus versos hubieran sido ñoños, y sólo intrincada retórica, su quietud interior no habría sido perturbada. Pero su arte problemático desconcertaba e irritaba. Era diferente. La pobre monjita tuvo que escindirse, a sabiendas, en la seductora imagen que de sí misma nos ha legado, y en la realidad de su deshecha persona. Vendidos los dañosos libros, Sor Juana murió, con paz en su alma, durante una epidemia, cuidando a las hermanas de su comunidad. Su angustia me recuerda la de Jovellanos, en 1800, encarcelado por el crimen de interesarse por la cultura, de haber querido instruir a la juventud asturiana y de no aprobar el adulterio de la Reina con Manuel Godoy, príncipe de la Paz.

Mirando hacia atrás desde el final del siglo XVII, aparecen muy claros los efectos del desinterés por cualquier actividad mental. Durante dos siglos las actividades aptas para desarrollar contenidos y formas de cultura intelectual y técnica habían sido casi del todo borradas por la doble acción del terror a ser tenido por no hidalgo (y a ser tenido por judío, que vino a ser lo mismo), y del miedo a ver comprometidas y en peligro las creencias religiosas. Ambos motivos se ensamblaban en el supremo principio de que la honra y la hidalguía iban aunadas con la ortodoxia, con la misma conciencia de ser español, según he puesto bien en claro. Cristiandad vieja y ranciosa (que decían Cervantes y otros), y valoración de la ignorancia rústica se hermanaron en forma hoy ya no perceptible, o que tal vez hay empeño en disimular.

En la segunda mitad del siglo XVI aparecen testimonios de estados de ánimo y de criterios estimativos que habían venido formándose desde mucho antes. Dice Juan de Mal Lara en su *Filosofía vulgar* (1568), comentando el dicho «a tu hijo, buen nombre y oficio le procura»:

«... se pueblan con tanta ignominia las ciudades de una gente ociosa y perdida, atados al comer y triste salario, que llaman pajes, lacayos o mozos de espuelas, rascamulas, escuderos; y si queremos nombrar otros más honrados que viven en las salas más altas, que sin oficio, con sólo estar a la sombra de palacio, pasan lo mejor de su vida... Reiránse algunos deste negocio diciendo que '¡bueno sería que todos fuesen oficiales!'; y que no solamente el hijo de caballero no debe aprender oficio, pero el hijo del oficial ni aprenderlo, ni acordarse que su padre lo fue... *Y aun ha venido la cosa a tal extremo, que aun es señal de nobleza de linaje no saber escrevir su nombre.*» (VI, 61.)

En todas partes hubo siempre ociosos, vagabundos, parásitos, gente de baja ralea y apicarada, que medraban al amparo de la clase económicamente más venturosa. Pero el cuadro que traza Mal Lara hace ver algo distinto

162

de eso, puesto que el motivo de huir del trabajo era el afán de hallar hidalguía y «opinión», además de comida. Lo decisivo en aquella descripción de las costumbres contemporáneas era lo que en éstas había de propósito bien calculado, sin el cual todo hubiera quedado reducido a un apunte anecdótico e inconexo.

En 1588 don Luis de Góngora, racionero de la catedral de Córdoba, respondió a los cargos dirigidos a él por el obispo don Francisco Pacheco. A la censura de que su poesía «no ha sido tan espiritual como debiera», dio como excusa «que mi poca teología me disculpa, pues es tan poca, que he tenido por mejor ser condenado por liviano que por hereje» [30]. Los eruditos juzgan «graciosa defensa» las razones alegadas por Góngora —otro cristiano nuevo—, por ignorar la situación humana en donde tales «gracias» existían y adquirían sentido [31]. Con tales enfoques se ha ido evitando enfrentarse con la realidad —muy familiar para las gentes de los siglos XVI y XVII. El estado de estrechez mental que impidió a Sor Juana continuar con sus estudios en la Nueva España, llevaba casi dos siglos de existencia en la Vieja. Con posterioridad a Mal Lara y a Góngora, clamaba desde el púlpito el P. Alonso de Cabrera:

«Habemos venido de un extremo a otro: que por no ser hipócritas, han dado los hombres en ser disolutos y parecerlo; como el que *por no ser hereje,* dio en *ser necio* y *no quiso saber leer*» [32].

Ya conocemos el refrán «Ni judío necio, ni liebre perezosa»; y también cuán presentes estaban los judíos en el ánimo del predicador de Felipe II: «El pueblo hebreo... merecía mil muertes por haberla dado a Cristo inocentísimo Abel... Infórmate *del mayor enemigo que tengo, que es el judío;* pregunta a la Sinagoga si es verdad la

[30] M. Artigas, *Don Luis de Góngora,* 1925, p. 64.
[31] Ver *Hacia Cervantes,* Madrid, Taurus, 1967, p. 23, y A. Collard, *Hispanie Review,* 1968, XXXVI, 328-337.
[32] «Nueva Bibl. Aut. Esp.», III, 37.

profecía y verdadero el profeta con que se comprueba lo que enseña la Iglesia» (p. 536).

Sorprende que, un siglo después de arrojados de España todos los judíos, siguieran éstos inquietando de tal modo tanto a clérigos como a seglares. Porque no era sólo Alonso de Cabrera quien se mostraba recelosamente agresivo. Un canónigo del Pilar de Zaragoza, Domingo García, ex profesor de hebreo en Alcalá y censor del Santo Oficio, juzgó necesario oponerse al peligro judío, en 1606, en una obra en latín para que circulara fuera de España. El título de este denso volumen, de más de 800 páginas, es en castellano: *Firmísimos baluartes de la religión cristiana contra la obstinada incredulidad de los judíos* [33]. No interesa demasiado la argumentación del doctor García, cuyos antecedentes se encuentran en la literatura medieval, y aún más antigua, «contra Iudaeos». Mas el autor está ahora estimulado por una situación internacional que en gran medida afectaba a España, y por motivos que ignoro también personalmente al doctor García. Parece, en efecto, extraño que ya entrado el siglo XVII hubiera que emplear 800 páginas para hacer ver a los españoles capaces de leer latín, que Cristo era el anunciado Mesías. Pero es que inquietaban en gran manera las actividades de la emigración judaica. El autor dedica un extenso proemio para responder «a las injustas lamentaciones de los judíos, en privado y en público». Se indigna desde el comienzo, porque «perversa e injustamente estos miserables judíos se quejan de los cristianos entre toda clase de gentes, en todas partes, públicamente y sin pausa; afirman que los cristianos vienen

---

[33] *Propugnacula validissima religionis christianae, contra obstinatam perfidiam Iudaeorum, adhuc expectantium Primum Adventum Messiae... extructa a Doctore Dominico Garcia...* Anno 1606, Caesaraugustae, apud Laurentium à Robles. La obra va dedicada a don Francisco de Sandoval y Rojas, «Maximum Ducem de Lerma», en ocho apretadas páginas, en las que exhorta al poderoso ministro para que contenga el ímpetu de los enfurecidos judíos, desencadenados contra el autor: «furentes Iudaeorum impetus nunc in me, tuo nomine audito, ardentius concitatos fortiter comprimas... vt ex nunc spurcissima istorum ora prorsus obstruantur».

cometiendo con ellos, desde largo tiempo, un crimen espantoso y execrable, nunca visto ni oído». Cuarenta y seis páginas más adelante (el proemio no está paginado) continúa obsesionado por la opinión de las naciones extranjeras: «Si no me engaño, en lo dicho hasta ahora hemos hecho ver a todas las naciones sobre qué vanos fundamentos y fútiles razones nuestros miserables judíos (miserabiles *Iudaei nostri*) se quejan de nosotros en el extranjero.» Es decir, que eran «miserables», pero también «nuestros». La magnitud del terrible problema se plantea en esas dos palabras. Pero oigamos un poco más al inquisidor: «No paran de decir maliciosamente que los perseguimos en todas partes, animados únicamente por nuestro odio a la santísima ley de Moisés; y que procedemos contra ellos como las naciones extranjeras, adversas a nosotros, e interesadas en derrocar nuestra religión en privado y en público» [34]. España —colectividad— también se sentía acosada por la «opinión», por lo que con bastante frivolidad fue llamado más tarde «leyenda negra».

Fuera y dentro de España se les sentía por doquiera, y ya lo hacen ver las abundantes referencias literarias recogidas por Glaser, y otras aquí mencionadas. Por falta de información, o de voluntad para tenerla en cuenta, se han juzgado chiste las frases antes citadas de Góngora, o lo escrito por Cervantes (citado por mí en 1925) en su entremés *Los alcaldes de Daganzo*:

«*Bachiller.* ¿Sabéis leer, Humillos?
Humillos.   No por cierto,
ni tal se probará que *en mi linaje*
haya persona tan de poco asiento,
que se ponga a aprender esas quimeras
que llevan a los hombres al brasero,
y a las mujeres a la casa llana.»

(Edic. Schevill-Bonilla, p. 47.)

---

[34] En *El Brasil restituido*, de Lope de Vega, los españoles judíos aparecen como responsables de la toma de Bahía por los holandeses.

Por el saber —cuyo inicio era la lectura—, se exponían los hombres a terminar en las hogueras de la Inquisición, y las mujeres en el prostíbulo; ésa era la idea común que Cervantes y Alonso de Cabrera expresaban cada uno a su modo[35]. Veamos ahora la opinión de los más doctos. En 1572 fue encarcelado fray Luis de León y también Gaspar de Grajal y Martín Martínez de Cantalapiedra, todos ellos catedráticos de Salamanca. El inquisidor Diego González opinaba que «siendo notorio que Grajal y fray Luis eran cristianos nuevos, tenían que estar interesados en oscurecer nuestra fe católica y en volver a su ley»[36]. Al mismo tiempo que los anteriores, era llevado a la Inquisición fray Alonso Gudiel, catedrático de la Universidad de Osuna. Fray Luis y Martín Martínez fueron absueltos al cabo de cinco años; Grajal y Gudiel acabaron sus vidas en las cárceles del Santo Oficio[37]. Sobre este asunto se ha escrito y polemizado en abundancia. Algunos contemporáneos de aquellas víctimas de la Inquisición, y de quienes azuzaban a ésta en las universidades y conventos, alzaron su voz, aunque inútilmente, contra la injusta persecución de los consagrados al ejercicio intelectual.

Este no había surgido espontáneamente en la Castilla cristiana vieja. El estudio de las humanidades había sido

---

[35] Los padres de la priora Catalina de Cristo (probablemente conversos) no habían querido que sus hijas aprendiesen a leer y escribir, por miedo a que cayeran en la herejía de los alumbrados (F. Márquez, *Espiritualidad y literatura en el siglo XVI*, Madrid, 1968, p. 176).

[36] Aubrey F. G. Bell, *Luis de León*, p. 155. Aquel inquisidor fingía ignorar que los más de los cristianos nuevos eran fieles católicos, como Juan de Avila, Francisco Suárez, Diego Laínez, Francisco de Vitoria, Teresa de Jesús y otros muchos. Había criptojudíos como García de Orta, además de otros menos célebres científicamente. Véanse los estudios del I. S. Révah citados en p. 66, y Constance Hubbard Rose, *Alonso Núñez de Reinoso, The Lament of a Sixteenth-Century Exile*, Associated University Presses, Cranbury, New Jersey, 1971.

[37] Murieron «como mártires, el noble Grajal y el piadoso P. Gudiel». (P. Pedro M. Vélez, agustino, *Observaciones al libro de Bell sobre Fray Luis de León*, 1931, p. 209.)

importado de Italia. Tropezaba con la falta de tradición propia, y después de un siglo aún no estaba aclimatado el nuevo tipo de cultura iniciado por el cristiano nuevo Antonio de Nebrija y por otros maestros formados en Italia. El movimiento erasmista, en el cual figuraban bastantes neocristianos (entre otros, los hermanos Juan y Alfonso de Valdés), había sido ahogado en la forma que todos saben. Los rescoldos de curiosidad intelectual aún existentes en la segunda mitad del siglo era esperable que fueran extinguiéndose paulatinamente.

Es muy significativa la carta (conocida y nunca interpretada) que el célebre humanista Pedro Juan Núñez escribía al historiador Jerónimo de Zurita en 1556:

«La aprobación que V. Merced ha hecho de mis estudios me da muy grande ánimo para pasarlos adelante, porque si eso no fuese, desesperaría no teniendo aquí (en Valencia) persona con quien comunicar una buena corrección o explicación, no porque no haya en esta ciudat personas doctas, pero siguen muy diferentes estudios; y lo peor es esto, que *querrían que nadie se aficionase a estas letras humanas por los peligros, como ellos pretenden, que en ellas hay, de como emienda el humanista un lugar de Cicerón, así emendará uno de la Escritura; y diciendo mal de comentadores de Aristóteles, que hará lo mismo de los doctores de la Iglesia.* Estas y otras semejantes necedades me tienen tan desatinado, que me quitan muchas veces las ganas de pasar adelante, las cuales cobraré yo de cada día viendo la aprobación que V. Merced hace de mis estudios... Valencia a 17 de setiembre, 1556» [38].

La oposición encontrada por Núñez no era sólo debida a las prédicas contra la literatura profana, conocidas en otras partes y tan explicables como inofensivas. Dice, por ejemplo, fray Luis de Alarcón en *Camino del cielo* (Granada, 1550), que «se siguen graves daños de leer libros mundanos... Extrema locura es que, siendo de nuestra cosecha tan mal inclinados, se leen libros con que

---

[38] *Biografía de Gerónimo de Zurita*, por J. F. A. Ustarroz y D. J. Dormer, en «Progresos de la historia en el reino de Aragón», Zaragoza, 1878, p. 594.

sean los vicios más avisados... ¿Qué otra cosa son los
libros mundanales sino tizones infernales? Del número
de estos libros son el latino Ovidio y Terencio en algunas
obras, y otros tales; en romance un *Amadís* o *Celestina*
y otros semejantes». Tal censura, por sí sola, nada signi-
ficaría; lo grave era el ambiente ya bastante hermético
en el cual aparecía, transido de temor a toda curiosidad
intelectual: «¿Qué cosa es el sol sino un criado de Dios,
que te sirve de paje de hacha para alumbrarte en el
día?» [39]. En el auto de *Las cortes de la muerte* [40], San
Agustín increpa a los filósofos Heráclito y Demócrito:

> «¡Oh cuánta filosofía,
> cuánta ciencia de gobierno,
> retórica, geometría,
> música y astrología
> camina para el infierno!
> ¡Bendito Dios que consuelas
> con tu saber a las gentes,
> y a los pequeños revelas
> tus misterios, y los celas
> a los sabios y prudentes!»

No hubo frente a tan boba «propaganda» intentos con-
trarios, *sostenidos o estimulados por personas o grupos
con fuerza y prestigio*. La «honra» se lograba por otras
vías, y la adquirida mediante el esfuerzo intelectual era
sospechosa más de judaísmo que de herejía, y encami-
naba a la infamia social y a las interrogaciones en el Santo Oficio. Cuando sean publicados los documentos inquisitoriales relativos a Luis Vives [41], se entenderá por
qué, en la primera mitad del siglo XVI, pululaban en París

[39] B. J. Gallardo, *Ensayo*, I, 62.
[40] De Micael de Carvajal y Luis Hurtado de Toledo, 1557, «Biblioteca Aut. Esp.», XXXV, 31.
[41] [Hasta ahora sólo se ha publicado el *Proceso contra Blanquina March*, la madre de Luis Vives, por M. de la Pinta Llorente, O. S. A., y José María de Palacio, Madrid, C. S. I. C.,
Instituto B. Arias Montano, 1964. Al final (p. 107) dicen los editores:
«En impresión el vol. II, relativo al *Proceso Inquisitorial de
Miguel Vives, padre del filósofo J. L. Vives.*]

y en Flandes españoles de reciente origen judío: Luis de Santángel, los Maluenda, Pardo, Astudillo, Miranda, Coronel, y bastantes otros. A medida que se va demostrando que los más entre las mejores mentes del siglo XVI eran conversos, se va dibujando con más claridad el área de la cultura de abolengo hispano-judaico. En ella se incluyen ya los hermanos Valdés, los botánicos Andrés Laguna y García de Orta, Luis Vives, Francisco de Vitoria, Gómez Pereira, Pedro Núñez, Fox Morcillo, Huarte de Sanjuán, Gonzalo Fernández de Oviedo, Francisco Suárez, y muchos más. Sus actividades intelectuales, al abrir nuevos horizontes, y al complicar con ellos la condición personal de quienes los abrían, dieron origen a la conmoción que había de trastornar el curso de la vida española en el siglo XVI, muy entrecruzada por recelos mutuos.

A esta luz ha de entenderse ahora el efecto producido por los procesos contra los ilustres profesores de Salamanca y Osuna, no calibrables suficientemente si se toma el ingenuo punto de vista de que también en otras partes hubo persecuciones, etc. En aquellos procesos culminaba una larga serie de ataques contra el «desasosiego» intelectual provocado por los conversos. Cuando en 1600 desapareció Francisco Sánchez de las Brozas, mientras estaba sometido a un proceso inquisitorial, el aleteo de la curiosidad y afán intelectuales se extinguieron. Aunque otras nobles actividades ocuparan la atención de los españoles, ya no cabría ni siquiera acercarse a los problemas planteados por la realidad del mundo natural y cultural. Francisco de Vitoria (1483-1546) todavía pudo fundar el dominio de los españoles sobre los indios americanos en el principio de la libertad del comercio: «Parece también de derecho de gentes que, sin detrimento de los ciudadanos, puedan los extranjeros ejercer el comercio» [42]. El enfoque secular de los intereses humanos era como el de Vives al tratar de la ayuda a los pobres desde un pun-

---

[42] *Relecciones sobre los indios y el derecho de guerra*, «Colección Austral», p. 105.

to de vista de la asistencia pública, y no sólo caritativo. Ese modo claro, directo y racional de enfrentarse con la vida era el propio de la tradición intelectual hispano-judía, y que a veces nos pareció motivado por «influencias» erasmistas. El expresar lo que se piensa con sencilla naturalidad ya aparece en los judíos que tradujeron obras astronómicas para Alfonso el Sabio, y luego en Sem Tob, en el Rabí Arragel, en Alonso de Cartagena, en Alonso de Palencia, en Hernando del Pulgar, Antonio de Nebrija y otros. Cuando se conozca más cumplidamente la contribución científica y literaria de los escritores españoles de casta judía, se podrán establecer ciertas características de la «forma mentis» hispano-judaica dentro de la cultura española [43]. Indicio de oriundez judaica era, entre otros, el pasar largo tiempo en el extranjero ocupado en tareas intelectuales, a veces sin volver nunca más a España. Otro sería la incertidumbre o penumbra en cuanto a la ascendencia de los estudiosos, o el forjarse una ascendencia fabulosa (Nebrija, Suárez, Vélez de Guevara); o el pretender haber vivido como un rico hidalgo (el padre de Cervantes). Si a esto se añade el conocimiento del hebreo, se hace muy probable el origen hispano-judío. Según antes dije, Nebrija (tan poco grato al inquisidor Diego de Deza) era también *ex illis* como lo sospeché (y resultó cierto) de Diego de Valera, de Vives y de Santa Teresa por motivos internos de estilo y expresión. Se explica ahora mejor la intimidad de Nebrija con el secretario de Estado Miguel Pérez de Almazán —para quien compuso su tratado *De liberis educandis*— y su invero-

---

[43] [Que el Brocense era de linaje hebreo se hace claro en el hecho de que sus dos mujeres, Ana Ruiz del Peso y Antonia del Peso, «tenían varios sambenitos en el convento de San Esteban de Salamanca, según demostró P. González de la Calle». Lo era también su yerno el maestro salmantino Baltasar de Céspedes, que debió intervenir en la forja de un testamento atribuido al Brocense. Sobre todo ello, ver Gregorio de Andrés, O. S. A., *El maestro Baltasar de Céspedes*, Bibl. «La Ciudad de Dios», El Escorial, 1965, y 93. Para Nebrija y Francisco Suárez, v. mi Introducción al *Quijote*, Editorial Magisterio Español, Madrid, 1971.]

símil ascendencia. Los conversos mantenían estrecha relación unos con otros y, por lo común, practicaban la endogamia [44]. [Por otra parte, nunca repetiré bastante que la actividad científica y literaria de los conversos no fue como la de los judíos españoles antes y después de 1492.]

Nótese bien que en el caso de los procesos inquisitoriales, el interés del Santo Oficio tendía sobre todo a probar que sus víctimas eran de casta judía; así fue seguramente en el caso de Luis de León, Grajal y Gudiel, no en el de Martín Martínez, y por lo mismo fueron a escudriñar los funcionarios de la Inquisición el lugar de origen de aquel catedrático (ver antes p. 153). Parece que debiera haber bastado con probar, o no probar, lo herético de lo escrito o enseñado por aquellos maestros. Mas que no era así se deduce de la acusación de judaísmo, del temor a que la casta dominante se maculara con mescolanzas de impura sangre, en este caso «culturales».

Algunas mentes lúcidas se rebelaron contra aquel absurdo, absurdo cuando no se tiene en cuenta hasta qué punto se había infiltrado el casticismo semita en el cristiano. Un notable escriturario, Diego de Zúñiga, escribía en 1577 (comentando en latín el *Libro de Job*, a raíz de la excarcelación de Luis de León y Martín Martínez) algo que cito en la traducción del agustino P. Vélez:

«Mas el motivo de repugnarme este parecer de un hombre docto (de alguien que juzgaba judaizante cierta opinión sobre el *Libro de Job*), es porque en nuestros tiempos, ciertos hombres *indoctos* y *temerarios*, con el menor pretexto, alborotan inmediatamente diciendo que *judaízan* los que, al exponer la S. Escritura, no refieran todos los sentidos a sentidos anagógicos ('místicos'), o acepten la interpretación llana y manifiesta de algún hebreo. Tal *terror* han producido los *estúpidos* gritos de esos hombres en muchos estudiosos de las Sagradas Letras, que los han *retraído, asustado,* de tan noble y santo estudio, y han persuadido a los *doctos* de que *apenas* es

[44] Para el siglo XV es importante la bien documentada obra de F. Márquez Villanueva, *Investigaciones sobre Juan Alvarez Gato*, Madrid, 1960. Del mismo autor, *Espiritualidad y literatura en el siglo XVI*, Madrid, 1968.

posible, sin *grave peligro*, consagrarse a la Escritura. Por eso las autoridades eclesiásticas debían poner coto a esos necios clamores, por *criminales*, por imprudentes, por ofensivos a los estudios de la S. Escritura, por gravemente injuriosos a *dignísimas personas*. No puede llevarse en paciencia que se acuse de judaizar a hombres católicos, cuando nada enseñan que disienta de las sanas y católicas enseñanzas, sino que permanecen constantemente adheridos a la verdadera doctrina, aunque la tomen de libros hebreos o gentiles» [45].

Pero más angustiante aún que el texto transcrito es otro del P. Juan de Mariana con motivo del proceso contra fray Luis de León:

«Tuvo aquella causa con ansiedad a muchos, hasta saber cuál fuese su resultado; acontecía, en efecto, que personas ilustres por su saber y por su reputación tenían que defenderse, desde la cárcel, de un peligro no leve para la vida y el buen nombre. Triste condición la del virtuoso: en pago de haber realizado supremos esfuerzos, verse obligado a soportar animosidades, acusaciones de aquellos mismos que hubiesen debido ser sus defensores. Con cuyo ejemplo era fatal que se amortiguaran los afanes de muchos hombres distinguidos, y *que se debilitaran y acabaran sus fuerzas*. El asunto en cuestión deprimió el ánimo de los que contemplaban el ajeno peligro, y *cuánta tormenta amenazaba a los que sos-*

---

[45] *In Job*, c. XX, pp. 482-3, Toledo, 1594 (los subrayados son del P. Vélez, en su obra citada, *Observaciones al libro de Bell...* página 207). El mismo texto en castellano y en latín, en *Causa criminal contra el biblista Alonso Gudiel*, del agustino M. de la Pinta Llorente, 1942, p. 26. Gudiel descendía de judíos, y el proceso da detalles que importan sobre sus padres y parientes. El padre era *boticario;* su tía paterna casó con un *médico;* otro tío era fraile jerónimo y otro agustino; una hermana estaba casada con el *contador* del marqués de Algava. La madre de Gudiel, por parte de su madre, venía de cristianos viejos; pero por parte de su padre, «eran conversos» *(Causa criminal, p. 122).* Se ve así, como ya he dicho, que los conversos emparentaban unos con otros en el siglo XVI, como antes lo habían hecho los hispano-judíos, y han seguido haciéndolo hasta el siglo XX los chuetas mallorquines. Sus ocupaciones continuaban siendo las mismas que, según se vio, el cronista Bernáldez asignaba a los judíos: se daban a tareas profesionales y técnicas; o se hacían frailes y clérigos. Se cita el caso de un pueblo de Toledo en donde «de los 14 clérigos que habían, 13 eran conversos» (N. López Martínez, *Los judaizantes castellanos*, 1954, p. 113).

tenían libremente lo que pensaban. De ese modo, *muchos se pasaban al otro campo,* o se plegaban a las circunstancias. ¿Y qué hacer? La mayor de las locuras es esforzarse en vano, y cansarse para no conseguir sino odios. Quienes participaban de las opiniones vulgares, seguían haciéndolo con más gusto, y fomentaban las ideas que agradaban, en las que había menor peligro, pero no mayor preocupación por la verdad.»

Estas palabras valen como la más íntima y valerosa confesión de la agonía intelectual de ciertos españoles de mente clara y renovadora. Así quedaron enterradas las posibilidades de una España abierta a los aires de fuera, y a los de dentro. Se hacía imposible el que se constituyera y actuara una minoría intelectual [46]. Gracián —de ascendencia hebrea— insinuó que el Padre Mariana, jesuita como él, era de ascendencia judaica, y bien pudo ser, ya que aquella orden estaba llena de conversos, y tropezó al principio con serias dificultades a causa de ello. El pasaje transcrito figura en una obra, escrita en latín y nunca publicada en España: *Pro editione Vulgata,* editada por J.-P. Migne, en París, 1893, como parte del *Scripturae Sacrae Cursus Completus,* p. 588. Fue citado en latín por el P. Revilla, en la *Rev. Esp. de Estudios Bíblicos,* 1928, p. 33, y creo haber sido yo el primero en verter ese texto al castellano, en 1931; y vuelvo a aducirlo a fin de que el cuadro de tiniebla y de aurora que estoy esbozando, posea la suficiente realidad.

---

[46] Si no hubiese sido una *terra incognita* la historia interna de la cultura española, otro habría sido el tono de la *España invertebrada,* de J. Ortega Gasset, obra en tantos sentidos importante. [El gran pensador habría aceptado estas elementalísimas realidades, ante las cuales muchos prefieren cerrar los ojos; aunque sin tenerlas presentes no podrá España rectificar el curso de su historia.]

EL LABRIEGO COMO ULTIMO REFUGIO CONTRA LA OFENSIVA DE LA «OPINION»

Quienes cultivaban el intelecto u oficios que exigían alguna técnica se habían hecho sospechosos de impureza de sangre. Sería el colmo de la inepcia oponer a aquel estado de opinión el hecho de haber tantos o cuantos cristianos viejos, o «lindos», dedicados a tareas más o menos especializadas. La vida se hace y se dirige con lo que se piensa, se cree y se siente; y el hacer esto mejor que aquello depende de *cómo* se manejen las circunstancias ahí dadas. Hay países con minas de hierro sin industria propia, otros importan el hierro y se fabrican sus barcos y sus locomotoras. Tan elementales principios no inspiran la historia al uso, que continúa obstinada en buscar en el clima, en la economía, y no en la situación de los hombres frente a ellos, la solución de sus problemas. [Nadie ha osado desmentir o anular lo dicho en esta obra, pero sí a componer otra, tan voluminosa como falsa, acerca de ser España un pueblo occidental como cualquier otro. Pero el cerrar ojos y oídos a lo que en estas páginas se dice demuestra sin más que la verdad molesta o irrita; y algo todavía peor, hace ver la falta de decisión o de capacidad para iniciar enérgicamente nuevos rumbos de conducta y de ejercicio intelectual. No escribo con fines «científicos», ni para saber por saber —renuncié a ello hace muchos años. Este libro, y otros de tema análogo, brotó de la convicción de haber encontrado, aislado, el *virus* paralizante de la voluntad y curiosidad inquisitivas e intelectivas del pueblo hispano, más de cien millones hoy día. Sin amor y esperanza, sin angustia inquietante, la tarea se habría reducido a bobo palabreo, a volumen de páginas, a faltar a la verdad.]

Nada importaba que hubiese algunos humanistas entre los cristianos viejos (hasta ahora poco visibles), pues lo que el hispano-cristiano contemplaba desde su morada de vida (la que se había construido), era que, con el ejercicio del pensamiento crítico (sobre un texto griego, un trozo de naturaleza, lo que fuere), se abría la puerta a formas de preeminencia social muy calamitosas para la «casta» dominante hispano-cristiana, encastillada en la honra personal, no necesitada de cosas ni de ideas, ni de que la realidad fuese así o de otro modo. El *ser de uno* es lo que contaba, y no el de las cosas. Desde fines del siglo XIV habían estado empujando al judío para que se quitara de en medio, y no molestara con la ostentación de sus dineros y de su bienestar, ni con sus pretensiones de honra y preeminencia. Toda posible salida a «las cosas» quedó así obturada, mientras se recreía el ansia del personalismo [47]. La cultura era un bien secundario sacrificable como tantos otros en el altar de la honra nacional o personal. Hemos visto antes a Mariana y a otro gran humanista Pedro Juan Núñez lamentarse de la opresión a que el saber crítico había de someterse.

---

[47] A don Diego de Simancas (feroz adversario del arzobispo Carranza) le ofrecieron ir a Roma, como auditor del Tribunal de la Rota; tentaron su vanidad «diciendo que en Italia tenían a los juristas españoles por bárbaros, y con ir yo a Roma se desengañarían». Se negó a ello, y así lo manifestó al duque de Sessa; su «*ánimo* no podía bien acomodarse a aquella jornada, ni aun mi conciencia». «Pues si eso es así —respondió el duque—, no hay que deliberar, que por servir al rey hase de poner la persona y la hacienda, pero *no la ánima ni la honra*» (*Autobiografías y memorias*, edic. M. Serrano y Sanz, en «Nueva Bibl. Aut. Esp.», p. 153). Las frases del Alcalde de Zalamea («el honor es patrimonio del alma, y el alma sólo es de Dios») eran un tópico *vivo*, aunque ahora aparezca proferido por aquel atroz y vanaglorioso don Diego.

Pero no era menos verdad (ver antes p. 94) que el hereje Pedro Galés —un catalán— había sido discípulo dilecto de Pedro Juan Núñez, y estaba en contacto con humanistas españoles y europeos que sentían por él gran admiración. Era la época en que, como en ningún otro país europeo, el honor nacional se había puesto en conflicto con el pensamiento. Adoptado por un momento en Salamanca el sistema de Copérnico por el agustino fray Diego de Zúñiga (cuyas palabras citamos antes), fue en seguida reemplazado por el de Tolomeo, a la vez que las matemáticas caían en una miseria de la que aún no se habían redimido en el siglo XVIII [48], según refiere don Diego de Torres Villarroel en su conocida autobiografía.

El horror a la herejía y la obsesión por la limpieza de sangre eran dos ramas del mismo árbol. La honra (el «ser») se perdía cuando se disentía en la creencia religiosa, o por llevar en la propia sangre impurezas ancestrales. El humanista se hacía sospechoso de contaminación judía o protestante a través del menester intelectual; el profesional y el oficial (persona con oficio) descubrían su hilaza judía o morisca al ejercer sus varias ocupaciones. Ya hemos visto, por ejemplo, que los sastres estaban motejados de judaizantes, aunque Gaspar Lucas Hidalgo dijese en 1606, «como si no conociésemos entre ellos gente muy honrada y de muy buena sangre» [49]. Pero éste es un caso en que la investigación sociológica aporta datos eficaces. El hispano-cristiano no tuvo una palabra castellana para designar a quien hacía ropa de hombre. *Alfayate* (aún conservado en portugués) es palabra árabe, lo cual no excluye que los sastres entre hispano-cristianos fuesen judíos, pues la lengua de cultura de aquéllos fue el árabe, antes de serlo el castellano (o el catalán, o el gallego). Luego, en lugar de *alfayate*, se dijo *sastre*, vocablo dialectal francés. La palabra *ropero* se

---

[48] Véase **P**. Pedro M. Vélez, *Observaciones al libro de Bell...*, página 54.
[49] *Diálogos de apacible entretenimiento*, «Bibl. Aut. Esp.», tomo XXXVI, 290.

aplicó más bien a quienes vendían ropa hecha; ropero con el sentido de «sastre» tuvo escasa vida, pues en otro caso no hubiera prevalecido el extranjerismo *sastre*. Es decir, que al hispano-cristiano no le atrajo mucho el oficio de hacer vestimentas.

La actitud respecto de los sastres era, en el fondo, igual a la suscitada por cualquier trabajo algo técnico, por encima de la simple tarea de arar, cavar o escardar la tierra. Desde aquí se podía ascender a la proeza militar, a la hidalguía, como es sabido, y según razonó el humanista Juan Ginés de Sepúlveda [50]. No sabían entonces que *hijodalgo* y *grande de España* eran calcos árabes; pero se creía en cambio manchado de semitismo islámico-hebreo cualquier trabajo por encima del de labrar la tierra, justamente por no dedicarse a éste los judíos. Si el motivo de desdeñarse el trabajo manual hubiese sido únicamente su incompatibilidad con el estado nobiliario, no se habría alzado el labrador a tan alta cima de dignidad, ni se hubiera tachado de judaicas o morunas las ocupaciones intelectuales y de artesanía. Sería absurdo, en vista de ello, formar estadísticas de artesanos cristianos y judíos, o de cristianos ranciosos, porque la vida funciona según fue vista y estimada por quienes la vivieron, y no según la «loi du nombre», según dice F. Braudel, líder de la historiografía francesa; según él los judíos fueron expulsados en 1492 porque había demasiada gente en España (ver mi «*Español*», *palabra extranjera...*, 1970, p. 66).

Testimonio de cómo andaban las estimaciones de cualquier oficio en Madrid, a comienzos del siglo XVII, se encuentra en los citados *Diálogos de apacible entretenimiento*, de Gaspar Lucas Hidalgo. Había, además de ocuparse en tareas intelectuales, muchos otros motivos para ser mirado como judío:

---

[50] Ver *La realidad histórica de España*, 1971, pp. 55-56, 222-223.

«*Doña Margarita.* Vamos a la chimenea, que vengo hecha un carámbano de frío.

Doña Petronila. Sospechosa cosa es tener tanto frío después de la cena, si damos crédito al refrán que dice que "el judío después de comer ha frío".

Doña Margarita. Ese refrán no dice 'la judía', sino 'el judío', y ansí no me comprehende.

Castañeda. Por Dios, que a esa cuenta, que viene don Diego traspasado de frío.»

Es decir, que si la mujer elude la sospecha de ser judía, entonces recaerá aquélla sobre el marido. El cual don Diego habla, a su vez, de un «doctor Gómez y su mujer, de quienes decía que tenían ciertas gotillas de sangre del patriarca Jacob». Un tal Colmenares fue «a comprar una ropilla en casa de un ropero que tenía la ejecutoria de su limpieza en la iglesia». Una «moza de fregar» sacó a la calle el servicio de sus amos a las once de la noche, «y por quitarse de ruidos, vacióle a la puerta de un vecino que hacía y vendía esteras de esparto y de paja, oficio que comúnmente se halla entre discípulos del Alcorán». De «un mozo de un mercader muy rico...», decían que «cuando se bautizó, sabía ya andar y hablar». Un morisco muy rico no quiso tomar el lavatorio ordenado por el médico; éste le manda decir «que no es bautismo, que bien lo puede recebir».

Toda riqueza adquirida con trabajo o negocios se hacía sospechosa, lo cual ha de tenerse en cuenta para entender el descrédito de los enriquecidos en las Indias o en cualquier otro lugar. Gaspar Lucas Hidalgo escribía para algo más que para referir anécdotas chuscas; la sociedad contemporánea se le aparecía como el parto de los montes: «Retrato vivo de las obras del soberbio y arrogante: que quien le viere encumbrar sus cosas, blasonar de su nacimiento y sangre, calificando sus palabras, imaginaciones y trazas, pensará que ha de tener el mundo un parto felicísimo de sus prendas y calidades; y al cabo, al cabo saldrá con una vaciedad..., ... una ba-

179

jeza de pensamientos, frialdad de palabras y mengua de sus obras que pongan risa y escarnio a todo el mundo» (Diálogo I, cap. IV). Lucas Hidalgo no expresa el punto de vista de los cristianos viejos, y enlaza con lo escrito por los doctos en el siglo anterior, aunque sus observaciones no sean ya directas, sino irónicas y sesgadas; proceden del campo del buen sentido, ya como clamor ingenuo, sin fuerza ni acción sobre la vida en torno. La vida española estaba acorazada contra el razonamiento, y sólo fue vencida por quienes tuvieron genialidad e inventiva suficientes para recrear un «doble» de aquella vida, olvidados ya de su detalle diario e hiriente, con sensibilidad y fantasía alzadas a la región de lo perdurable. Para salvar aquel mundo insensato, hubo que hurtarle el cuerpo, es decir, superarlo en la creación literaria (Cervantes, Luis de León, Teresa la Santa).

Y ahora, sólo ahora, es posible llegar a la intelección de Peribáñez, del villanaje de *Fuente Ovejuna*, de Sancho Panza y del Alcalde de Zalamea. Cuando a principios del siglo XVI el célebre jurista Lorenzo Galíndez de Carvajal († 1534) investigaba los miembros del Consejo Real de Carlos V, lo que principalmente se perseguía era determinar el grado de limpieza de sangre, no la competencia o la moralidad, de quienes integraban el Consejo:

«El Presidente es hombre de muy *buen* linaje de caballeros, de todas partes ['por los cuatro costados'], que es de los Rojas y Manrique... (o sea, que no todos los linajes de caballeros eran buenos).
El Doctor de Oropesa... es cristiano viejo, *de linaje de labradores...*
El Licenciado Santiago es... limpio de sus padres, porque es de todas partes *de linaje de labradores...*
El Doctor Palacios Rubios..., hombre limpio porque es *de linaje de labradores...*
El Licenciado Aguirre es hombre limpio porque es hidalgo, y *ha entendido en la Inquisición...* (no bastaba, por tanto, con ser hidalgo).
Don Alonso de Castilla es hombre muy noble en condición y linaje... Letras no las tiene... *Dicen* tiene un poco de converso de parte de los de Castilla.

El Doctor Cabrero... no es natural del reino. *Dicen* por cierto que tiene algo de converso.

El Doctor Beltrán *tiene buenas letras y es agudo*... Todos tienen que sería bueno poner otro en su lugar, porque *ni su linaje* ni su manera de vivir... son para ser consejero de ningún señor.

El Doctor Guevara... no sé si es hombre limpio: *dicen* que lo es, y que su mujer es conversa.

El fiscal Pero Ruiz... es nieto de condenado por la Inquisición. Es vergüenza que tal persona sea fiscal del Consejo...»

Para llenar las vacantes que se habían producido, fueron propuestos el «Dr. Vázquez y el Ldo. Medina, oidores de Valladolid, que son muy buenos letrados, ... y hombres virtuosos y limpios: son *de nacimiento de labradores*».

[Como digo en nota [51], este documento, de importancia capital, fue ya publicado en 1842; lo doté de sentido en 1961, en la primera edición de este libro, no obstante lo cual NADIE lo menciona, con lo cual la historia de los españoles continuará siendo una maraña ininteligible. En 1966 apareció *La España del emperador Carlos V*, obra muy valiosa del catedrático don Manuel Fernández Alvarez, que forma el tomo XVIII de la *Historia de España*, dirigida por R. Menéndez Pidal, publicada por Espasa-Calpe. En este tomo se mencionan incluso los nombres de los procuradores en las Cortes de 1520 (p. 130), pero no he encontrado ninguna referencia al enorme problema implícito en el hecho de que los consejeros del Emperador tuvieran que ser, en España, de ascendencia rústica. ¿Cómo puede entenderse el reinado de Carlos I sin tener presente cómo era la población sobre la cual reinaba?]

En 1539 se encontraba en las cárceles de la Inqui-

---

[51] *Informe que Lorenzo Galíndez de Carvajal dio al Emperador sobre los que componían el Consejo Real de S. M.*, en «Colección de documentos inéditos para la historia de España», I, 1842, pp. 122-127. En este significativo documento se observa cómo ya a comienzos del reinado de Carlos V, la «opinión», el qué dirán, funcionaba en estrecho enlace con la creencia de que sólo el descendiente de labradores se hallaban totalmente a cubierto de la sospecha de judaísmo.

sición de Toledo el doctor Juan López de Illescas, converso él, y que se había acusado a sí mismo de ciertas tentaciones diabólicas de no creer en Dios. Ahora no importa sino un detalle del proceso relativo a la condición de ciertos testigos alegados por aquel descarriado médico a fin de probar su buena opinión. Como algunos entre aquéllos ofrecían sospecha de no ser cristianos viejos, añade el doctor: «Quiero que vras. mds. hagan también información de todos los *christianos viejos* que aquí abaxo pone, que son *labradores muy honrados* y algunos otros clérigos, [de] quién soy yo» [52].

En las listas de los pasajeros que iban a las Indias, la condición de labriego servía para justificar la de cristiano viejo. En 1564 salió para Santo Domingo Francisco Hernández, «cristiano viejo por cuatro costados y de casta de labradores». En 1576, un Alejo Flores fue a Popayán, y era «cristiano viejo, labrador». En el mismo año salió para Guatemala Juan García, cuyos padres, abuelos y bisabuelos eran todos «labradores honrados, cristianos viejos, limpios». Basta con estos ejemplos [53].

Cuando los nietos de Fernando de Rojas, el autor de *La Celestina*, intentaron probar en 1584 la hidalguía de su abuelo, presentaron como testigos a ciertos hombres pecheros, no hidalgos: «Lorenzo de Gálvez, hombre pechero... Martín Fernández de Guejo, albañil, hombre pechero... Hernando de Benabides, tratante en sedas, hombre pechero» [54]. La primera impresión es que una familia rica como la de los Rojas, tal vez escogería en

---

[52] Se refiere al proceso del Dr. Illescas la Sra. Angela Selke de Sánchez Barbudo, en su artículo «¿Un ateo español en el siglo XVI? Las tentaciones del doctor Juan López de Illescas», en *Archivum*, Oviedo, 1958, VII, 25-47. Las frases que cito se hallan al fol. 29 r del proceso, y no figuran en el artículo mencionado por no interesar al propósito de la autora, a quien doy las gracias por haberme hecho conocer tan interesante documento.

[53] Ver Luis Rubio y Moreno, *Pasajeros a Indias*, en «Colección de documentos inéditos para la historia de Hispano-América», vol. 8, p. 171; vol. 13, pp. 12 y 32.

[54] Ver *Rev. de Filología Española*, 1925, XII, 385-394.

aquella ocasión a hombres pecheros por juzgar más fácil comprar su testimonio, ya que de falsear la verdad se trataba. Fernando de Rojas era de origen judío, no sólo parcialmente, sino por los cuatro costados, según hace ver en su biografía el profesor Stephen Gilman. Pero ése sería un criterio inadecuado y anacrónico. Los pecheros, los no hidalgos, ofrecían menos reparos que las personas de calidad, puesto que cuanto más inferior el rango social, menos probabilidad había de judaísmo. En un manuscrito del siglo XVII se lee que «en España ay dos géneros de nobleza: una mayor, que es la hidalguía; y otra menor, que es la limpieza, que llamamos christianos viejos. Y aunque la primera, [la] de la hidalguía, es más honrado tenerla, pero *muy más afrentoso* es faltar a la segunda; porque en España muy más estimamos a un hombre pechero y limpio que a un hidalgo que no es limpio»[55]. Lo cual queda corroborado por cuanto he hecho ver antes y por las declaraciones de fray Agustín de Salucio: «Es recia cosa que un hijo de un herrador, o de otro más bajo oficio, se debe estimar por *más honrado y de mejor casta* que un nobilísimo caballero, aunque sea nieto de un grande, si por algún lado tiene alguna raza... Para ser christianos viejos basta ser hombres baxos, y no saberse de sus abuelos, aunque hubiesen sido judíos»[56].

[La situación ya tan agudamente planteada a comienzos del reinado de Carlos I de España y V de Alemania dio los resultados esperables. En un Memorial anónimo, redactado en latín y dirigido a Felipe III[57], se solicita del

---

[55] Ver A. Domínguez Ortiz, *La clase social de los conversos*, página 196.
[Ignoro si Pascal pensaba en España al escribir: «En un pays on honore les nobles, en autre les roturiers» (*Sur la conditions des grands*, edic. de la Pléiade, 1954, p. 618). No sé si Pascal se refería sencillamente a quienes no eran nobles, o si pensaba en los campesinos. «Roturiers» originariamente eran quienes roturaban la tierra, o sea, a quienes la rompían con el arado.]
[56] *Semanario Erudito*, de Valladares, XV, 149, 150.
[57] Publicado por F. Cantera, *Bol. de la R. Academia de la Historia*, 1970, CLVIII, pp. 15-34.

Rey que sea limitada a la cuarta generación la afrenta sufrida por los cristianos nuevos: «Dios mismo no amenaza con llevar sobre los hijos el castigo por los crímenes de los padres más allá de la cuarta generación» (p. 21). Los depurados por la Inquisición (p. 16) han hecho posible que «hijos y nietos de antiguos penitenciados profesen ahora el cristianismo, y pongan su empeño en matrimoniar con familias preclaras. De ahí que no pocos próceres de aquella [casta] hayan logrado ingresar en la Orden de Santiago y otras...» Pero más importante que esto para comprender como estaba constituida la sociedad española en el siglo XVII, es que muchos «eran tenidos por hebreos», sin haber sido condenados por la Inquisición ni ellos ni sus antepasados, «*no por otra razón que por consagrarse al comercio,* o porque el vulgo ha sido inducido a ello llevado de envidia u odio. Pero si el ejercicio del comercio es considerado en Francia, Alemania y otras naciones por cosa noble o propia de hombre libre, ¿por qué en España se ha de reputar como indigno? No ocurría así en Roma, según se prueba con Cicerón en el *De Officiis.* Ahora bien, de seguirse la opinión de los hombres *rústicos o campesinos, que comúnmente suelen llamar judíos a los ciudadanos de las urbes,* se acabaron (?) ya éstos: en su lugar destínense a los cargos públicos a los hombres hijos del terruño y oscuros». Ya en 1954 (*La realidad histórica de España,* p. 540) me referí a un documento, publicado en 1897, en el cual los conversos eran llamados «ciudadanos» y «ruanos», esto último por darse el lujo de «ruar», de pasear a caballo por las calles de la ciudad. Era muy excepcional que un judío labrara el campo (A. Domínguez Ortiz, *La clase social de los conversos,* 1955, p. 145). Todo esto ha de conectarse con el documento antes publicado en que se requería que los consejeros de Carlos V tuvieran ascendencia labriega, es decir, que fueran sin posible objeción cristianos viejos. Lo cual me obliga a repetir, con pesadez machacona, que entre los siglos XV y XVI se produjo una violenta inversión del sistema de valoraciones sociales: los de abajo se alzaron hasta las cimas de la sociedad. En un Memorial enviado a las Cortes en 1600 se recuerda a Felipe III que, según las leyes de las *Partidas*, había dos clases de nobleza, la de la virtud y la del linaje. La primera está en tal descrédito, «que ya hemos venido a que la virtud y letras son afrenta para los Nobles, los cuales, haviéndoles el Rey honrado porque eran letrados, siendo actualmente Consejeros por Letrados, *se afrentan que los llamen Doctores o Licenciados...* En estas provincias, de jornalero se hace uno noble, si después vivió honradamente de su hacienda; y con esto se llevan los hábitos y encomiendas, y a nosotros nos llaman *marranos*» (A. Domínguez Ortiz, *o. c.*, pp. 230-231). Esta obra, la de A. Sicroff, y cuanto otros y yo venimos publicando desde hace más de veinte años ponen al desnudo el drama —más bien el trauma— cultural de la historia española. Como ya he dicho en otras ocasiones, Paulino Garagorri exhumó el libro del Conde de Peñaflorida (Xavier de Munibe), *Los aldeanos críticos*, 1756, perseguido por la Inquisición, con tal eficacia, que en la Biblioteca de Autores Españoles, de Rivadeneyra, figura entre las obras del P. Isla, ya olvidado el nombre de su autor. Con duro sarcasmo dice Peñaflorida que en España sólo conocían la física de Aristóteles, *un cristiano viejo*, mientras eran desdeñadas como heréticas, o judaicas, las obras de Descartes, Galileo y Newton.

Como el propósito de mis obras no es cultivar la erudición ni la sabiduría histórica, sino despertar la dormida conciencia de todo un pueblo, me refiero a un mismo fenómeno humano en diferentes obras mías, a fin de aumentar las posibilidades de que algún lector lo tenga presente. Ningún libro de Historia de España dice que, en la Castilla del siglo XIII, el judaísmo era tan religión del reino como el cristianismo. El *Fuero Real*, de Alfonso X, dado a la villa de Madrid en 1262, manda bajo graves penas, que si un judío tiene en su casa una obra heterodoxa (desde el punto de vista rabínico, naturalmente) la queme en público a la puerta de la sinagoga. Los reyes Alfonso VI, VII y VIII ayudaron a los judíos ortodoxos a exterminar la, para ellos, muy peligrosa herejía caraíta. En las *Partidas* se prohibe a los musulmanes tener mezquitas en las villas cristianas, pero se toleran las sinagogas, en donde se rinde culto a Dios, que es también el de los cristianos. En suma, la religión hebrea y los hebreos compartían la supremacia social de que gozaban los cristianos, más ocupados en guerrear y en labrar sus campos, que en administrar el reino y en cultivar la medicina y otros saberes. Todo ello es ya de sobra conocido, aunque se ignore, o se haga como si fuera ignorado. No se comprende así el terrible desconyuntamiento que significó colocar abajo lo que estaba arriba, y situar en la corte lo antes propio del agro. Unos pocos, por fortuna, se negaron a aceptar tamaño absurdo (desde Feijoo hasta hoy, aunque siempre por difíciles y tortuosos senderos).

No basta, por tanto, con atribuir el desnivel cultural de la gente hispana a circunstancias geográficas de clima, o a abstractas características psicológicas. Entre los siglos XV y XVI tuvo lugar una «rustificación» de la sociedad española de la cual es síntoma el hecho nunca antes explicado de que el Romancero pasara de ser poesía para «gente baja y servil condición» (según el Marqués de Santillana), a ser un género de literatura tan grato a la plebe como a la aristocracia (ver mi librito *'Español', palabra extranjera: razones y motivos*, Madrid, Taurus, 1970). Un trastorno de tal magnitud en las estimaciones colectivas demuestra que la historia no es sólo hija de la unión del azar con un harén de fatalidades. Si alguna vez el pueblo español conoce y reflexiona acerca de los motivos de los extraordinarios cambios en el curso de su historia (el judaísmo pasó de ser religión del reino a servir de combustible inquisitorial, el labriego excedió en prestigio al graduado por una universidad), ¿no sería posible que en el siglo XXI la gente adinerada se convenciera de que el cultivo desinteresado de la ciencia en

186

sus múltiples formas puede acarrear tanto prestigio como el negocio bancario, o la posesión de cotos de caza? Si el hijo de un gañán en el siglo XVI tenía ya mucho andado por la vía que llevaba a los honores [58], ¿por qué el hijo de un acaudalado español, en el año 2000, no llegaría a ser un gran astrónomo, o una autoridad en el descifre de la escritura cuneiforme? Entre quienes realizan esos arduos menesteres no vemos hoy nombres hispánicos, e incluyo en ese gentilicio tanto a andaluces o catalanes, como a gallegos y peruanos, al mundo de habla castellana y portuguesa, unos doscientos millones de personas, todos ellos herederos de la semítica creencia —ya soterrada y desconocida por los historiadores— de que la sangre ha de ser limpia, y de que el ejercicio desinteresado de la inteligencia no es cosa de señores].

---

[58] [A los datos bibliográficos antes citados ha de añadirse el importante artículo de Francisco Cantera, *La obsesión de «limpieza de sangre» en un lema heráldico montañés*, en «Sefarad», 1969, XXIX, 23-30. En una vetusta casa solariega de Las Henestrosas (Santander) hay un escudo de armas con esta leyenda: «Tú que de nación eres / noble christiano bieio / limpio por toda biya, / no te cases con iudiya / aunque bistas de peleio», o sea: Tú que eres cristiano viejo por naturaleza, limpio por toda vía (por los cuatro costados), no te cases con judía, aunque tengas por todo vestido un pellico.]

Capítulo IV

POSTURAS Y REACCIONES MOTIVADAS POR EL CONFLICTO

La situación de vida en que se constituyeron los españoles desde fines del siglo XV careció de análogo en Europa, y con ella se afirmó el desnivel de la casta cristiana en cuanto a pensamiento y ciencia. Los libros extranjeros que con tanto entusiasmo animaban a importar los Reyes Católicos en 1480 («redunda en provecho de todos y en ennoblecimiento de nuestros reinos») fueron atajados en 1502 y sometidos a la censura eclesiástica y judicial[1], *antes de que existieran Lutero y la Contrarreforma.* Motivo de tan súbita y, a primera vista, inexplicable restricción, fue sin duda el temor a las actividades de los judíos expulsados, y a la acción que pudieran ejercer sobre la masa de nuevos conversos, transformados en cristianos, en 1492, de la noche a la mañana. La figura del «intelectual» judío, o sospechoso de serlo, se hizo desde entonces presente en la cultura de la Península, con consecuencias incalculables para el fu-

---

[1] *Novísima Recopilación,* tít. XV, ley I; tít. XVI, ley I: que los libreros e impresores no sean «osados de vender en los dichos nuestros reynos ningunos libros de molde que truxeren fuera dellos, de ninguna Facultad ni materia que sea... Y si tales [obras] se hubieran traído imprimidas de fuera de nuestros reynos, defiendan que no se vendan», a menos de ser autorizadas por los presidentes de las audiencias, o por los arzobispos u obispos que se citan. Los libros autorizados a entrar sin censura en 1480, ahora habían de pasar por una muy estricta.

turo de los españoles. No nos habíamos dado cuenta del sentido de la barrera bibliográfica alzada por los Reyes Católicos en 1502, para proteger al reino contra peligros que la historiografía no había sospechado, y que seguían angustiando aún en 1606 al inquisidor Domingo García, autor de los *Propugnacula validissima* antes analizados.

No hubo en España pugna de dos religiones interesadas en conquistar o mantener su poderío político y económico como en Alemania e Inglaterra; ni existió el conflicto entre un ideal de gobierno democrático y el hecho de la tiranía como en Florencia; ni luchaban sobre la tierra española ejércitos extranjeros codiciosos de dominarla, según acontecía en Italia, con lo cual la losa de la tradición y del destino italianos se hacía cada vez más pesada; ni entraron en crisis las ideas tradicionales respecto de Dios, la naturaleza y el hombre como en Italia, y, siguiendo su magisterio, en el norte de Europa. Resultado de esto último fue que se hiciesen problemáticos el creer, el pensar y los principios que venían rigiendo la vida privada y la pública. En España no se produjo ninguno de esos acontecimientos, y por lo mismo la crisis del llamado Renacimiento tomó entre los españoles aspecto y sentido muy peculiares.

El auténtico conflicto fue el planteado por la dificultad de cómo convivir el español con su prójimo, y de cómo instalarse en la conciencia de su propia vida; el planteado por lo arduo de hallar un seguro e inofensivo quehacer, ya que toda ocupación —de mente o de mano— se daba de bruces contra peligrosos o muy ingratos obstáculos. Mientras los reinos cristianos no estuvieron unidos y los reyes no se sintieron fuertes, fue relativamente fácil la coexistencia con judíos y con moros del «hombre en sí y esencial», del «hombre de fierro», que combatía en al-Andalus, o contra los otros cristianos, o que imperaba en sus estados (como el conde Haro y otros) sobre cristianos, moros y judíos; había sido hasta cierto punto hacedero convivir con moros y judíos, tradicionalmente

192

habituados a servir al señor cristiano con sus saberes y con su artesanía[2]. Fuera de ese mundo quedaban los labriegos, los pecheros, en forzoso diálogo con la tierra, y que en la época de los Reyes Católicos cultivaron exaltadas esperanzas, sobre todo durante los diez muy tensos años de la Guerra de Granada.

El tradicional ordenamiento de las tres gentes o castas sufrió una ruptura decisiva con aquella decisiva victoria. El relativo *status quo* mantenido durante los seis o siete siglos anteriores se vino abajo por un doble motivo: 1) los Reyes se vieron obligados a hacer concesiones cada vez más numerosas y efectivas a los combatientes cristianos, a los depositarios de la tradición épica del *Romancero*[3]; 2) los éxitos y triunfos dentro del reino, en Europa y en las tierras descubiertas superaban en magnitud

---

[2] Los nuevos datos estadísticos en libros y artículos recientes sobre moriscos y judíos no cambian la composición de mi cuadro. Algunos eruditos continúan tratando de sus temas literarios o históricos fuera del contexto de vida en que han existido.

[3] [No creo un azar que la zona en que tiene lugar la guerra de Granada fuera «de gran hervor romancístico» (J. B. Avalle-Arce, *Bernal Francés y su romance*, en «Anuario de Estudios Medievales», Barcelona, 1966, p. 387). En este romance, el célebre capitán, odiado por cristianos y por moros, se encuentra con que la querida con quien esperaba pasar la noche, era su mujer, y la mata. Avalle-Arce supone, con buenas razones, que el romance fue compuesto en Vélez-Málaga. A mis fines sólo interesa ahora que la forma popular o rústica de expresión épica adquirió dimensión amplísima con la guerra de Granada, en la cual tomaron parte bastantes conversos, junto a los cristianos viejos. Añade este autor que algunos conversos fueron «denodados capitanes», y que ahora se les prefiere recordar como burócratas y covachuelistas (p. 378). Tiene razón en este su juicio Avalle-Arce, y ya Cervantes se alzó indignado en *El retablo de las maravillas* contra la creencia popular de que converso y cobarde eran sinónimos. En este caso, sin embargo, no se ventila la cuestión de si el descendiente de judíos era o no cobarde, sino de lo sentido y dicho por la gente. Las creencias (buenas o malas) están respaldadas por el número de quienes creen; cuando éstos rebasan el millón, nada cabe hacer contra ellas: Júpiter, y antes Zeus, estuvieron lanzando rayos mientras gran número de mortales atribuían tal causa a ese fenómeno físico. Así y todo, como el mismo Avalle-Arce afirma, «la carrera militar no era usual entre las familias de conversos» *(l. c.*, p. 383).

y riqueza a las más desatadas fantasías, y no ofrecían precisamente una invitación a rigurosos y reposados razonamientos. En adelante, el alud de los acontecimientos cogerá desprevenidos a los gobernantes, siempre faltos de hombres y de recursos, desde el siglo XVI hasta la extinción del imperio transmarino a comienzos del siglo XIX. Ya no tenían los reyes contadores judíos en Castilla; sus descendientes colaboraron al levantamiento económico y naval de Turquía en el siglo XVI, de Holanda en el XVII y de Inglaterra en el XVIII; sus actividades irían ya dirigidas contra su antigua patria. En el siglo XV habían contribuido, por última vez y magníficamente, a la toma de Granada, a las empresas marítimas de los portugueses y también a la de Cristóbal Colón, de su misma casta.

[Aquella casta había convivido con la cristiana durante siglos en forma ilegal, pues según las leyes, los judíos eran siervos del Rey, aunque a menudo eran señores, y de muy alto rango. Los mudéjares y luego moriscos también gozaron en Aragón de privilegios de hecho, sin apoyo jurídico (p. e., tenían mezquitas). Veo en todo ello una lejana raíz del hábito a considerar las leyes como letra muerta (muchas de las dictadas más tarde para las Indias se acataban pero no se cumplían). Ese conflicto entre ley y conducta se haría crónico, y afectaría a las relaciones entre el Estado y quienes debían no sólo acatarlo, sino obedecerlo. La amplitud y peculiaridad del anarquismo español (ese mal llamado individualismo) tuvieron ahí *una* de sus fuentes.

La heterogeneidad de las tres clases de creyentes que integraban la población que acabó por llamarse española, unió a ésta en el infinito de lo ultraterreno; el vivir inmediato y tangible fue descuidado, y la variedad de los reinos cristianos (una especie de *taifas*) daría ocasión a regionalismos, a veces un plano inclinado hacia el separatismo.

En la época que ahora interesa (siglos XVI y XVII), la casta hispano-hebrea aparecía como grupo en los odios y maledicencias de sus enemigos, pero dentro de ella misma se fragmentó, se deshizo en partículas, salvo en casos muy especiales, como el de los chuetas de Palma de Mallorca en el siglo XVII, tan bien historiados por Angela Selke de Sánchez Barbudo (*Rev. de Occidente*, febrero 1971). En aquel conflicto entre el individuo y la comunidad, el español de casta impura fue tomando actitudes variadas e imprevisibles, a fin de protegerse contra las garras de la opinión, o de confundirse con ella a fuerza de leyendas y falsas ejecutorias, o de sobresalir mediante el cultivo de actividades sin precedente entre sus antepasados. Ahí se encuentra la contribución positiva a la civilización española y europea de ciertos conversos desde el siglo XV hasta el XVII muy avanzado. Los hispano-hebreos de casta (como tales, españolísimos; para insensatos como el fiscal Juan Arce de Otálora, 1559, extranjeros), en una u otra forma fueron viviendo] su soledad, y expresaron su melancolía y desesperación íntimas en formas literarias de nuevo estilo. Y en el siglo XV, la participación de los conversos en la cultura española era extraordinaria. La historia de la literatura —apegada por lo común a las abstracciones y al convencionalismo de «buen tono»— tiene cuidado en no decir que sin la obra de los hispano-hebreos, la literatura del siglo XV aparecería bastante desmantelada. Bastaría con recordar estos nombres: don Pablo de Santa María y toda su descendencia, desde don Alonso hasta doña Teresa de Cartagena, pasando por los García de Santa María. Luego, Juan de Mena, Juan de Lucena, Juan Alfonso de Baena, Fernando de la Torre, Juan Alvarez Gato, Antón de Montoro, Mosén Diego de Valera, Alonso de Palencia, Alfonso de la Torre, Hernando del Pulgar, Rodrigo Cota, Diego de San Pedro, Fernando de Rojas, el primer teatro (Juan del Encina, Lucas Fernández, Torres Naharro, Diego Sánchez de Badajoz) [4]. En la obra de estos y otros conversos se

---

[4] En el teatro iniciado a fines del reinado de los Reyes Católicos, los cristianos nuevos se sirvieron de las representaciones de la Natividad y Pasión de Cristo para reclamar, fundándose en ellas, su derecho a ser tratados como cristianos salvados por el

muestran las huellas de su procedencia, tanto en su estilo como en la manera de articular sus temas. En forma más o menos abierta se nota en ellos algo discrepante, minoritario, y esto ayuda a predecir en ciertos casos su pertenencia a la casta hispano-hebrea. No cabrá referirse en adelante a tales hechos como a un accidente, deslizándose sobre ellos, como si no radicara ahí uno de los motivos que determinaron la singularidad de la literatura española, un motivo más para tenido en cuenta, que el de la luz «otoñal» de la Edad Media en el siglo xv, o el de las erizadas púas de la Contrarreforma en el xvi. Los españoles ocuparon una posición muy soslayada respecto de la Edad Media europea y, más tarde, del Renacimiento, por la sencilla razón de que [Castilla careció de una cultura en latín como la de Europa, por haber tenido que emplear su fuerza y su inteligencia en otros menesteres]. La forma de su existencia había sido labrada por la convivencia de tres castas de gentes, y a ellas hemos de recurrir para fijar correctamente el objeto de que estamos hablando. La madre de Pármeno, en *La Celestina*, no «dexava christianos, ni moros, ni judíos, cuyos enterramientos no visitava: de día los acechava, de noche los desenterrava» (acto VII). Vivos o muertos hemos de tenerlos presentes a todos ellos, como voz clamante, como textura vital.

A medida que avanzaba el siglo xvi las situaciones se hacían más complejas y exacerbadas con los pruritos de limpieza de sangre, vivísimos en todas las regiones, también en Cataluña. Los «impuros» sabían que lo eran. Pese a su nueva cristiandad, a menudo sincera, y no obstante las ejecutorias de hidalguía, tan solicitadas entre ellos, y su frecuente bienestar económico, la verdad es que los «no limpios» vivían consumiéndose. [Según digo en *Teresa la Santa, con otros ensayos*, Madrid, Alfaguara,

---

bautismo, y libertados de la esclavitud espiritual y material en que habían vivido antes de su conversión. [Un buen historiador de la literatura publicará una obra sobre esos autores dramáticos, en confirmación de lo aquí dicho.]

1971, el Conde-Duque de Olivares y su padre no pudieron tener la grandeza de España, por no ser *bastante* limpios.] Mateo Alemán, en 1599, menciona en su *Guzmán de Alfarache* (II, 3, cap. 8), el caso «de un cristiano nuevo y algo perdigado [5], rico y poderoso, que viviendo alegre, gordo, lozano y muy contento en unas casas propias, aconteció venírsele por vecino un inquisidor; y con sólo el tenerlo cerca vino a enflaquecer de manera, que lo puso en breves días en los mismos huesos». Lo mismo sucedió —cuenta Mateo Alemán— a un carnero metido en una jaula a cuyo lado pusieron otra con un lobo dentro: «Aunque el carnero comía lo que le daban, hacíale tan mal provecho, por el susto que siempre tenía, que no solamente no medraba, empero se vino a poner en los puros huesos».

El converso se sabía enfrentado con una sociedad en donde su «opinión» estaba en riesgo; trataba entonces de atraérsela o de eludirla, y crearse, si podía, individuales preeminencias. Algunos embistieron contra aquella sociedad en forma dolida, irónica o amarga. La historia literaria, enseñada a los estudiantes, ignora o pretende esquivar las conexiones entre ese estado social único en Europa, y ciertas formas y géneros del siglo XVI sin equivalente europeo. Yo hablaba hace muchos años de Renacimiento, de erasmismo, de Contrarreforma, de «huida del mundo», de Barroco, como si la literatura sólo estuviese determinada por circunstancias «hegelianas», extrínsecas e ideales, y no también, y decisivamente, por las formas y situaciones de vida expresadas en ella, directa u oblicuamente. La cual vida, a su vez, enlaza con tradiciones de vida, de estimaciones, y no sólo de temas. Se da, además, en un espacio, en un tiempo y entre cierta clase de gente.

Los conversos del siglo XVI se veían pobres de tradición heroica, aunque tenían plena conciencia de la supe-

---

[5] Que estaba como si hubieran comenzado a asarlo, o sea, expuesto a ser quemado.

rioridad de sus antepasados, sin los cuales el cristianismo no habría existido. Por su tradición hispano-islámica [en la que estuvieron inmersos entre los siglos VIII y XIII, más de 400 años], estaban habituados a mantener presentes e integradas en su obrar y pensar las íntimas reacciones de su sentir, nunca dejado en paréntesis.

Los no señalados como conversos se dejaban arrastrar por la empresa bélica, por el activismo viajero característico del español del siglo XVI; muchos lograron mandos en Europa o en las Indias [6], o mantener honra con «sosiego» señorial en oficios reales, o rigiendo y administrando sus estados. Pero al inseguro y torturado en cuanto a la «opinión», trabajase en lo que trabajara, ¿qué salida le quedaba para dotar de alguna dimensión de valía a la «figura social» que se le aparecía en el diálogo consigo mismo? Las circunstancias opresivas acorralaban, aún más que a otros, al interesado en discurrir sobre problemas de tipo razonante. ¿Qué cabía hacer? Los más se abandonaban y pervertían, intelectual y moralmente, según se ha visto escribía el P. Mariana. Mas hubo otros que optaron, no por objetivar lo pensado (tarea peligrosa), sino por «personarse» en el mismo centro del conflicto, sin escindirse entre existir y pensar. No siendo lícito ni hablar ni callar sin grandes riesgos (según escribía Luis Vives a Erasmo), quedaba abierta, como salida, el poner de manifiesto la situación misma en la cual se sentía uno oprimido y comprimido. Y así aconteció que la misma cerrazón del ambiente hiciera surgir las claridades y aberturas de la expresión literaria. Los mismos agobios que hacían adelgazar al rollizo y opulento converso en el *Guzmán de Alfarache*, e impedían

---

[6] Diego Núñez Alba, un soldado que sintió necesidad de contar sus hazañas junto al Emperador en las campañas alemanas de 1546 y 1547, habla así: «Aprovecha más en el campo uno que tenga autoridad de mandar, en saberlo bien hacer, que ciento que le obedezcan»; protesta porque, habiendo venido «por me aumentar en nobleza a la guerra, *no pagando pecho en mi tierra*», le hiciesen pagar «sobre cuanto comíamos en el campo». (*Diálogos de la vida del soldado*, en «Libros de Antaño», XIII, 25-26.)

pensar en público a Luis de León, al Brocense y a Sor Juana, esas mismas estrecheces hicieron indirectamente posible el arte de Teresa de Jesús y de Cervantes. Pero la vida de cada día se había hecho habitualmente angustiosa y sospechosa. La narración pastoril, iniciada por el converso Bernardim Ribeiro, proponía como alivio huir a un mundo ideal y teñido de vaga melancolía. Otra manera de afirmación personal, iniciada por *Lazarillo de Tormes* [fue también concebida por un converso. En esa misma sociedad en donde las personas —inertes en cuanto a crear objetos materiales o mentales—, se mostraban activísimas al enfrentarse con el monstruo de la «opinión»; en ese ambiente, urgía mostrarse «hombre», irónicamente o desesperadamente como en la novela picaresca, o dramáticamente en la «comedia» de Lope de Vega, a fin de mantener la hombría frente a la mujer amada como presa codiciable, cuyo amor puede tornarse nube frágil y huidiza]. Toda faceta humana expuesta a las funestas ráfagas de la opinión, se volvió tema dramático capaz de encandilar el ánimo y la fantasía del público de los corrales.

Estos hechos habrán de ser examinados con mayor reposo en otra ocasión [7], para hacer ver que la forma dramática del arte de Lope de Vega estuvo ligada con las circunstancias de la vida social en España [7 bis]. Ahora se trata simplemente de relacionar aquellos hechos con la pérdida de la honra de la población cristiana de ascendencia hebrea, incluso remota. Quiero, de todos modos, presentar algún caso en donde se vea cómo el estado de ánimo de los conversos se refleja en el modo de enfrentarse con la sociedad en la cual se sentían asfixiados.

No pienso que exista relación de *causalidad* entre el

---

[7] *Hacia Cervantes.* Madrid, Taurus, 1967, pp. 10-25.
[7 bis] [En el teatro del siglo XVII se ofrece como espectáculo la *totalidad* de España, sus clases sociales, la vida de los señores y de los rústicos, la historia, la religión. Se «echaban» comedias en Madrid y en pueblos pequeños.]

misticismo de Teresa Sánchez de Cepeda (la futura santa) y su conciencia de pertenecer a una familia de conversos. Pero sí creo que el ardor y furia espirituales con que la santa se entregó a Dios y se lanzó a su defensa, le sirvieron de firme protección y de refugio frente al ataque de quienes hallaban máculas de judaísmo en quienes eran paradigmas de cristiandad. Tal era el drama íntimo de algunos cristianos nuevos, a veces más sinceros y fervorosos que muchos viejos. Hay en la Santa manifiesta inclinación a oponerse a las decisiones de la opinión vulgar. Escribe en *Camino de perfección:* «Cuando en un tiempo de alboroto, en una cizaña que ha puesto [el demonio], que parece lleva a todos tras sí medio ciegos, levanta Dios uno que los abra los ojos... Si dicen que hay peligro en la oración, procura se entienda cuán buena es la oración, si no por palabras, por obras... Nunca hagáis caso en cosas semejantes de *la opinión del vulgo.* Mirad que no son tiempos de creer a todos, sino a los que viereis van conforme a la vida de Cristo.» (Cap. XXI.)

Teresa se refugiaba en el propio juicio, fortalecido por el favor divino gracias al cual se sentía elevada sobre «la opinión del vulgo». De la más ínfima bajeza, la conciencia oprimida se sentía alzada a la suprema eminencia. La huida del mundo en este caso, en vez de acobardar exaltaba al fugitivo. Mas ¿por qué huir? ¿Qué sabía Teresa acerca de sus orígenes familiares, y de la infamia implícita en ellos? No nos habíamos preocupado de averiguarlo, pero ahora va a decírnoslo por vía indirecta el P. Jerónimo Gracián, el gran amigo de la futura santa, interesado, como no podía ser menos, en el asunto de los linajes. En su obra *Espíritu de la beata Ana de San Bartolomé,* cuenta cómo preguntó a ésta por su familia y naturaleza; y el diálogo es una maravilla:

«Gracián. ... Mas contadme al principio dónde nacisteis, y quién fueron vuestros padres.

Ana. Nací en un pueblo cerca de Avila, que se dice Navalmorcuende, donde se vino a casar mi padre, llamado Hernán García, natural de otra aldea llamada

200

Pajares, que está cabe Talavera, con mi madre María Manzanas. Tuve tres hermanos y otras cuatro hermanas; y aunque *mi linaje era humilde,* no faltaba a mi padre lo que había menester de ganados y heredades; y fue tenido él y mis hermanos en *reputación de hombres buenos y prudentes,* y así casi siempre los nombraban por alcaldes del pueblo, o mayordomos de la iglesia.

Gracián. Con más facilidad me habéis contado vuestro *linaje* que la beata madre Teresa de Jesús; que habiendo yo averiguado en Avila el *linaje* de los Ahumadas y Cepedas de donde descendía, que era de los más nobles de aquella ciudad, *se enojó mucho conmigo porque trataba de esto,* diciendo que le bastaba con ser hija de la Iglesia católica; y que más le pesaba de haber hecho un pecado venial, que si fuera descendiente *de los más viles y bajos villanos y confesos* de todo el mundo. Y así es verdad, como dice Oseas de Efraín: muchos se vuelan de la mano de Dios, y rompen las fibras de la observancia a su ley, y se hacen cerriles y rebeldes por hacer caso de la *nobleza de su linaje»* [8].

Está bien marcado el contraste entre ambas religiosas: la una, hija de rústicos, habla con toda llaneza de su ascendencia, y del lugar y rango ocupados por sus familiares dentro de la jerarquía de valores accesibles al villanaje, en la vida usual y en la literatura (Pedro Crespo, Peribáñez). La otra se enfurece cuando le recuerdan el linaje de los nobles Ahumadas y Cepedas, porque ella sabía de eso más que sus futuros genealogistas. Las tales hidalguías —logradas a fuerza de engaños y dineros— no borraban la tara del ancestral judaísmo. El concejo de Avila, en 1520, alegaba que los descendientes del abuelo de Teresa, Juan Sánchez de Toledo, eran pecheros y no hidalgos, pues Juan Sánchez había sido reconciliado por la Inquisición de Toledo en 1485. Su cuñado, Pedro de Cepeda (mercader, lo mismo que Juan

---

[8] *Obras del P. Jerónimo Gracián,* edit. por el P. Silverio de Santa Teresa, III, Burgos, 1933, p. 259.

Sánchez), declaró en 1520 que Juan Sánchez había sido reconciliado [9]. La madre Teresa sabría de todo ello, así como de los esfuerzos de su padre y de sus tíos para lograr una ficticia declaración de hidalguía, gracias a sus abundantes medios económicos. La parentela de la santa, tanto por el lado paterno como materno, refleja su condición de conversos; había en ella eclesiásticos, mercaderes ricos, vivían cerca de obispos de cuyos asuntos tal vez se ocupaban, etc. A Teresa le brota, hirviente, la frase «los viles y bajos villanos y confesos». ¿Por qué son viles y bajos los villanos? Esperaríamos más suave calificativo en persona de tanta caridad, y tan poco pagada de vanidades mundanas. Mas justamente por su condición de conversa, y por todo lo oído en las conversaciones familiares, el villano le era odioso por estar libre de la mancha que a ella la mortificaba; y el confeso, como espejo vivo de su propia desdicha. Las frases transmitidas por el P. Gracián le habían brotado del fondo del alma a Teresa la Santa, y revelan sin más cuánto sabía y sentía acerca de su situación en el mundo en que estaba viviendo. «Nunca hagáis caso de la opinión del vulgo», escribía en *Camino de perfección;* la tenía, sin embargo, muy presente [10].

De tanta angustia la compensaban con creces —y con razón— sus divinas intimidades. La «honrosa» Teresa y su alma exquisita se salvaban así de la inquietud existencial. Todo ello, por cierto, nada tenía que hacer con el judaísmo, del cual Teresa no sabría nada. La religión no era la medula de tan atroz pleito, todo él centrado en

[9] Ver. N. Alonso Cortés, «Los pleitos de los Cepedas», en «*Boletín de la Academia Española*», 1946, XXV, 85-110. H. Serís, «Nueva genealogía de Santa Teresa», en «*Nueva Rev. de Filología Hispánica*», 1956, X, 365-384.

[10] [Vuelvo a mencionar a Francisco Márquez Villanueva, *Espiritualidad y literatura en el siglo XVI*, Madrid, Alfaguara, 1968, en cuya p. 163 se dice que «el pueblo pechero de labradores le resulta por completo indiferente a Santa Teresa». Ver, además, José Gómez-Menor Fuentes, *El linaje familiar de Santa Teresa y San Juan de la Cruz*, Toledo, 1970, obra tan erudita como llena de buen sentido histórico.]

materias de «opinión», en la conciencia del propio y circunstancial existir, en la sede de la honra otorgada por los «otros», y sin la cual la persona se encontraba sola y en oquedad. Frente a esos «otros», Teresa se erguía muy segura de sí y nada humilde: «Era tan honrosa, que me parece no tornara atrás en ninguna manera, habiéndolo dicho una vez» *(Vida,* cap. III). Las jerarquías sociales, cuyo peso oprimente había amargado su vida y la de los suyos, fueron eludidas tan despectivamente como la opinión del vulgo. «Puedo tratar [con Dios] como con amigo, aunque es Señor; porque *entiendo* que no es como los que acá tenemos por señores, que todo su señorío ponen en *autoridades postizas...* ¡Oh, Rey de gloria, ... cómo no son menester terceros para Vos!... Sigún la Majestad mostráis, no es menester gente de acompañamiento ni de guarda para que conozcan que sois Rey... Y ansí es razón tenga estas *autoridades postizas»* (lo dice dos veces). *(Vida,* cap. XXXVII).

La privanza de que gozaba junto al Rey de Reyes la redimía de la situación conflictiva creada por su conciencia de ser cristiana hasta los tuétanos y del hecho de saberse expuesta en lo exterior a quién sabe qué enojos y vergüenzas, todo ello inicuo. Se nota un dejo amargo tras esa doble mención de las «autoridades postizas».

SUPERACION DE LA ANGUSTIA
EN LA CREACION LITERARIA

El cuadro de la vida social en donde se produjeron los conflictos de honra sería incompleto y engañoso si me limitara a presentar únicamente sus aspectos negativos, de deficiencia humana. Estos, desde luego, siempre ofrecen como lado positivo la verdad de manifestar, en su raíz y en su desarrollo, la situación auténtica de los españoles en el siglo XVII, cuando ya no hubo «intelectuales» que perseguir, como lo habían sido los erasmistas, los escriturarios y los científicos del siglo anterior [11]. La perspectiva de las valoraciones había sido trastornada; y, de acuerdo con ella, la masa informe de la rusticidad anónima resultaba ser un mar sin posibles borrascas y sin confines de espacio y tiempo. Entre ellos se ahorraba el espanto de ser tenido por «nadie» [12]; y se le creaba así un paradójico «ser alguien» precisamente a quienes encarnaban un pasado de «nadies», extendido por

---

[11] Los restos del eminente botánico García de Orta fueron sacados de la catedral de Goa y quemados por la Inquisición.

[12] He aquí cualquier muestra: En 1573 falleció en las cárceles secretas de la Inquisición Fr. Alonso Gudiel, acusado de haber juzgado más exacto el texto hebreo y original de la Biblia que su traducción latina. Acto seguido se promulgó un edicto dirigido a los herederos y a quien «por infamia interese», y contra «la memoria, fama, y bienes del dicho maestro Fr. Alonso Gudiel». (Causa criminal contra el biblista Alonso Gudiel, edic. Pinta Llorente, p. 206).

incógnitas lejanías de terreidad. Para afirmarse ahora sobre la tierra servía de mucho el haber preexistido encorvado sobre ella sin memoria de tiempo, sin nada visible con perfil singular de persona, de cosa o de idea: «limpio de sus padres porque es de todas partes de linaje de labradores». El linaje anónimo permitía hacerse con un linaje; las actividades culturales, económicas o técnicas de cualquier clase se hacían socialmente peligrosas, mientras que la simple condición de rústico confería sangre inmaculada. De ahí que *Guzmán de Alfarache* se llame a sí mismo «hijo de nadie» (I, II, 4), en un acceso de entristecida furia.

A favor, sin embargo, de tan angostas circunstancias, el genio de ciertos españoles sintió la necesidad y a la vez halló modo de dotar de vida nueva, insospechada y durable, a ciertas figuras humanas incapaces a primera vista de destacarse singularmente. Un estado social en sí mismo inválido, sólo merecedor de ser descrito como una situación de hecho [13], sirvió de sumisa arcilla para conformar ciertos personajes novelísticos y dramáticos. Y como acontece siempre a toda auténtica creación literaria, la relación de ésta con lo que le sirve de punto de apoyo y de partida, no es de «mimesis», de imitación, sino de superación de los datos de cualquier elemental experiencia. Al labrador jactancioso, que antes encontramos en *El licenciado Vidriera,* le bastaba con arrastrarse por la vida encastillado en su estéril y boba arrogancia, y motejando de judíos a los cristianos nuevos. Cervantes no se quedó ahí, según hubiera podido hacer un escritor «costumbrista»; fulminando ironía sobre el dato a él presente, dice al engreído labrador que él es tan judío como el otro (y para sí pensaría que el cristiano nuevo tal vez fuese más cristiano que el viejo). Es decir, que lo que

---

[13] La necia preocupación de los especializados en espulgar linajes, tarea de los llamados «linajudos» en el siglo XVII, sólo servía para mantener muy visible la raya entre la masa de quienes se preciaban de serlo y los pocos para quienes su mera existencia era un problema.

para la gente era uso admitido e inerte, para Cervantes se volvió problema. Hora es ya de afirmar que las radicales fracturas del alma española en el siglo XVI hicieron posible la concepción del *Quijote* [14], con lo cual la situación conflictiva, sacada a luz en estas páginas, adquiere dimensión positiva y esplendente. La obra de ciertos conversos es una de las mayores glorias de la civilización española.

Punto de arranque para la creación artística fue la visión contrastada y polémica de dos situaciones de vida, la del villano y la del noble, o la del simple hidalgo. Dorotea, en el *Quijote*, era hija de «gente llana, sin mezcla de alguna raza mal sonante, y *como suele decirse,* cristianos viejos y ranciosos» (I, 28) [15]. Más tarde (I, 36) Dorotea y su seductor, don Fernando, se oponen como la villana-noble frente al noble-villano, puesto que, para Cervantes (no a tono con la «turba», como diría Gracián) nobles y villanos valen por su calidad moral, no por su ascendencia castiza, lo cual no rimaba con las ideas preferidas por sus contemporáneos: «La verdadera nobleza —dice Dorotea— consiste en la virtud, y si ésta a ti te falta negándome lo que tan justamente me debes, yo quedaré con más ventajas de noble que las que tú tienes... Testigos [de que yo soy tu esposa] son tus palabras, que no han ni deben ser mentirosas, *si* ya es que *te precias de aquello por que me desprecias*» —es decir, de tener la nobleza que según tú no tengo yo. Por debajo de ser villano o caballero, cristiano viejo o nuevo, yace el proceder como cristiano «paulino» —para Cristo no hay acepción de personas—, una idea que a Cervantes le venía de su maestro, el erasmista J. López de Hoyos.

Dorotea, por otra parte, había leído libros, y poseía

---

[14] Ver *'El Quijote', taller de existencialidad,* en «Revista de Occidente», julio, 1967 [y mi Introducción al *Quijote*, Madrid, Editorial Magisterio Español, 1971.]

[15] Se habla de «christianos viejos, lindos e ranciosos» en un sarcástico documento del siglo XV, citado por N. López Martínez, *Los judaizantes castellanos,* p. 385.

maneras de persona interiormente instruida. El ligamen entre villanaje y nobleza se establece aquí mediante razones de amor bien habladas, y don Fernando ha de ceder a ellas. Por lo mismo es aún más significativo el caso de Sancho Panza, pertrechado —en las ocasiones decisivas— de su nuda conciencia de existir, en pelo y en seco. Sancho es «un labrador» vecino de don Quijote, «*hombre de bien* (si es que este título se puede dar al que es pobre), pero de muy poca sal en la mollera» (I, 7). Sus títulos para merecer los cargos y beneficios prometidos por su señor son éstos: «yo cristiano viejo soy, y para ser conde esto me basta. —Y *aun te sobra* —dijo don Quijote» (I, 21), porque es indiferente ser cristiano viejo o nuevo: importa lo que la persona *sea* y valga, sea como sea su linaje. Llegará un momento en que Sancho, desvanecido por el éxito de publicidad editorial (diríamos hoy), por el libro en que su persona figura, se halla con méritos y salud bastante «para regir reinos y gobernar ínsulas; y esto ya otras veces lo he dicho a mi señor».

«Mirad, Sancho —dijo Sansón—, que los oficios mudan las costumbres, y podría ser que viéndoos gobernador no conociésedes a la madre que os parió.»

«Ello allá se ha de entender con los que nacieron en las malvas, y no con los que tienen sobre el alma cuatro dedos de enjundia de cristianos viejos, como yo los tengo» (II, 4).

La misma seguridad que Sancho en su suficiencia, muestra Benito Repollo en *El retablo de las maravillas:* «Por mi parte puedo ir seguro a juicio, pues tengo el padre alcalde: cuatro dedos de enjundia de cristianos viejos ranciosos tengo sobre los cuatro costados de mi linaje» [16].

---

[16] Quienes imaginan que el pleito entre cristianos viejos y nuevos era asunto de escasa monta, y que el número de los segundos era escaso, deben releer *El retablo de las maravillas*, invisible para «quien tenga alguna raza ['veta'] de confeso ['judío', ver el *Tesoro de la lengua castellana*, de Covarrubias], o no sea habido

208

Lo que en otros rústicos era simple blasonar en el aire, y motivo para dispararse la ironía y duda cervantinas, es en Sancho justificado afianzarse sobre su mera condición humana. Su cristianismo es valioso en sí, en absoluto, y no por oponerse al de los cristianos de nuevo cuño. Los «cuatro dedos de enjundia» son más bien un rótulo crítico-irónico, que una justificación radical, según hace sentir lo que sigue: «y para ser conde esto te basta..., y *aun te sobra*». Cervantes compagina la hombría virtuosa e inteligente con la condición de labriego ignorante: como ya dije, éste vale no sólo por ser cristiano viejo. Nótese, en efecto, que el labriego Sancho es una persona marginal (como los pastores, los galeotes, como Roque Guinart, etc.), marginal respecto de los condes y gobernadores, evitados por razones distintas de tener o no sangre purísima. Sancho existe refugiado en su soledad y lejanía, no en retiro ascético para protegerse contra las «autoridades postizas», como Teresa de Jesús: «Sancho nací y Sancho pienso morir» (II, 4). «Abrid camino, señores míos, y dejadme volver a mi antigua liber-

---

y procreado de sus padres de legítimo matrimonio; y el que fuere contagiado de *estas dos tan usadas enfermedades*, despídase de ver las cosas jamás vistas ni oídas de mi retablo». El sarcasmo de Cervantes es un aspecto de su misma técnica artística, en la cual son inseparables (según he hecho ver en otros lugares) la expresión de lo experimentable y la de lo imaginable, las burlas y las veras. El músico del Retablo es «muy buen cristiano, y hidalgo de solar conocido». Lo cual comenta así el Gobernador: «Calidades *son bien necesarias* para ser un buen músico.» En el Retablo aparece Herodías y baila; Benito Repollo pregunta que si es «jodía», «¿cómo ve estas maravillas?». —«Todas las reglas tienen excepción, señor alcalde.» La ilusión se ingiere en la ilusión; la puntada directamente crítica, en la ironía, sólo graciosa burla en apariencia. Todo ello vale como un «absoluto» artístico; pero éste fue hecho posible *en relación* con la vida espacio-temporal de Cervantes, un español sito en el extrarradio social, como tantos otros. Mas Cervantes fue el único a quien su genio hizo posible vivir la vida española —creársela, inventársela—, como un simultáneo estar en ella y fuera de ella, en contactos próximos y a infinita distancia, en un nuevo estilo «cervantino», no traído por el aire de su tiempo.

tad... Desnudo nací, desnudo me hallo... *Yo soy del linaje* de los Panzas, que todos son testarudos...» (II, 53).

Visto superficialmente, lo acontecido en España con los labriegos semejaría a la situación creada en Europa y en Norteamérica modernamente: un hombre vale por lo que haga y no por haber sido en su niñez labriego o friegaplatos. Acontecía, sin embargo, que en España, el rústico se creía tan noble como el señor, a causa de su básica ignorancia. Si se destacaba luego como helenista o matemático, su limpieza se haría dudosa.

Los genios mayores de la conciencia española jugaron su partida en el único tablero que les dejaba libre la tradición hispánica, multiplicada por las situaciones surgidas en el siglo XV, y ya petrificadas a fines del XVI. El artista labró su obra proyectando su idea sobre la materia del «estar siendo» del hombre español, no sobre su estar *pensándose* (Racine), ni tampoco sobre su estar existiendo en función de una *naturaleza* que lo incluye y trasciende cósmicamente (Shakespeare). Calderón poetizó su idea de no ser el hombre como la naturaleza, de no poseer la soltura de los animales [17], de hallarse, en definitiva, en manos de Dios, no ligado a un cosmos. El que el español se hubiese constituido en la forma de existir que ya nos es conocida, explica que su literatura —expresión última del ser de un pueblo— haya sido como fue. El cosmos, como sede del hombre, no se hizo problema para el español. Macbeth, Fausto, *Phèdre* no tuvieron análogos entre hispanos, dado que su «cosmos» era su hispánico estar en sí y su sentirse a sí mismos. Con lo cual se hizo posible la novela, que no consiste en la expresión de lo que acontezca a la persona, sino de cómo ésta se encuentre existiendo en lo que acontece. El *Quijote* no es una obra psicológica en la cual se describan estados íntimos y acaecimientos exteriores a la persona (a Hamlet lo crea lo revelado por un Espectro); la novela

---

[17] Prescindamos del carácter ingenuo de esta idea calderoniana acerca de la naturaleza y de la libertad.

psicológica inmoviliza los procesos de vida a fin de poderlos analizar y describir. Don Quijote es resultado de haberse infundido un pacífico y rutinario hidalgo en la nueva forma que él eligió como morada para su existencia. Sancho surge ya establecido y constituido como labriego-cristiano viejo, y son otros quienes le proponen nuevos modos de vida, que cabrillean ante su ambiciosa fantasía: conde, gobernador. La atención se fija no en el hecho de ser o no ser «gobernador»; lo que se ventila en último término es si Sancho *puede* ser o no ser gobernador; y más tarde importa cómo lo está siendo o dejándolo de ser. Es «creerse» a sí mismo capaz de ser caballero andante o gobernador, en el poder serlo o no serlo, consiste el auténtico tema-problema. El Maese Pedro de este genial retablo sonríe e ilumina irónicamente el gran pleito del vivir hispano —¿hidalgo?, ¿labriego? El conflicto no es resoluble. Como se dice en el *Quijote,* no cabe decidir sobre si vale más matar a un gigante o resucitar a un muerto. Lo único claro y firmemente establecido es que vivir *en este mundo* es una abierta interrogación en cuanto a sus temas y metas. La discusión envenenada entre cristianos viejos y nuevos sería para Cervantes una cuestión sin salida, pues tan judío de casta puede ser «Domingo» como «Sábado», según se vio en *El licenciado Vidriera.* Pero el estar viviendo las fases y peripecias de tal debate, eso sí es tarea central y literariamente archi-válida. Los libros de caballerías podrían ser un solemne desatino, pero qué de cosas se le hacen posibles a quien sepa servirse de ellos. Por vías análogas, desviadas, también la contienda entre cristianos viejos y nuevos dio ocasión tangencial a creaciones literarias muy «historiables», y no sólo dignas de ser alabadas o censuradas. La oprimente tenaza de la «opinión», la falta de horizonte y el caos axiológico adquirieron valor precisamente al ser enfocados como vida caótica (recordemos, por ejemplo, la punzante crítica antes citada de Gaspar Lucas Hidalgo contra la vacía y arrogante sociedad de su tiempo) [17 bis].

Ahora bien, en la literatura mayor, dramática y novelística, no se habla claramente del conflicto entre cristianos limpios y sucios; se da ya por supuesto, sin más, que el rústico posee honroso linaje por el hecho de su cristiandad vieja, y eso lo califica para enfrentarse con la ocasional menor valía de ciertos poderosos señores. Los cuales, a su vez, no se dice fuesen infames por la posibilidad de llevar en sus venas sangre judía, sino por atropellar a quienes tenían obligación de proteger. (P. e., el Comendador de Ocaña, en el *Peribáñez* de Lope de Vega.) En suma, el conflicto social, sin estar *directamente aludido*, hizo posible el más glorioso período de la literatura en España; Cervantes problematizó el conflicto: Lope de Vega construyó su *comedia* sobre el unanimismo triunfal del imperio ortodoxamente hispánico.

Si las relaciones del hombre con el cosmos nunca fueron planteadas o repensadas por los españoles, la situación del hombre respecto de sí mismo fue vista y destacada como realidad luminosa y manejable literariamente. Manejable, por haber sido presentada como un conflicto del hombre que mora entre hombres —también un «cosmos», aunque sin estrellas que obedezcan a leyes matemáticas. Teresa de Jesús enfiló hacia Dios su angustiada conciencia, y los teólogos dirán lo que así averiguara sobre el último de los problemas. Para nosotros, interesados en lo finito, es innegable que su busca ansiosa, y *su estar* en esa busca, acontecieron en la sociedad de su tiempo, y permitieron a Teresa descubrir zonas de vida, habitables ahora para los buscadores de bellezas humanas. En otra dirección, Cervantes, preocupado por asuntos «de tejas abajo», se inventó unas figuras afanadas e incitadas por los múltiples señuelos surgibles en la prisión de cada vida. El litigio acerca de si las metas humanas son reales o falaces, quedará sin sentenciar; pero

---

[17 bis] En la ya citada Introducción al *Quijote* (Madrid, Editorial Magisterio Español, 1971) expongo mi modo de ver hoy esta obra.

desde Cervantes se puso bien en claro que la vida consiste en estar queriendo ser, en estar existiendo en un lugar y momento dados, en este mundo. La consecuencia que la lección cervantina tuvo para la literatura europea no necesita ser recordada. Y resulta así que, precisamente a causa de sus conflictivas estrecheces, España también conoció una cierta forma de renovación cultural (Cervantes, Velázquez), no obstante hallarse inmersos los españoles en la inmovilidad de su creencia. Esto quizá no sea fácil de ver, de entender ni de estimar, ya que no estoy diciendo que el español convirtió su sí mismo en un problemático «objeto». De haber realizado tal operación, no habría tenido obstáculo para conocer el cosmos [18].

Muy distintas de las cervantinas fueron las «salidas» de los aprietos sociales ideadas por Lope de Vega. Sus figuras dramáticas expresaban el conflicto en muy otra forma. Los labriegos eran sedes de honra en las conversaciones de la gente a causa de su supuesto no judaísmo, pero en el teatro de Lope de Vega la conciencia honrosa del villano sale a luz al enfrentarse con el señor depravado. El labriego aparecía en escena sostenido por su ejecutoria de cristiano viejo, y sus choques con los poderosos se proyectaban sobre un fondo tradicional, sobre el recuerdo de la opuesta relación de los unos y los otros respecto de los judíos, amparados antaño por los grandes. La nobleza sale ahora a escena «contaminada» por sus remotos contactos con el judío, y tal había sido el fundamento de haber tenido que acudir al más bajo nivel en la casta de los electos, de quienes habían mantenido la pureza castiza:

---

[18] En lugar de eso, el pensar se confundió con la expresión de la experiencia de la propia vida; con lo cual el mismo método introspectivo que hizo posible el estudio de la vida por Luis Vives, condujo a la expresión de las vivencias del escritor —o de sus personajes— en Teresa de Jesús, en la novela pastoril y, en último término, en el *Quijote*. La vía filosófica acabó por cerrarse, mientras la del arte literario se ensanchó en perspectivas que todavía sentimos como actuales, visibles y artísticamente válidas.

«*Comendador.* ¿Vosotros honor tenéis?
            ¡Qué freiles de Calatrava!
Regidor [un   Alguno acaso se alaba
villano].   de la cruz que le ponéis [de caballero],
            que no es de sangre tan limpia.»

(*Fuente Ovejuna*, II, 4.)

El contraste entre la auténtica limpieza de sangre (la hidalguía) de los labriegos y la dudosa de los tradicionalmente reconocidos como hidalgos fue también muy destacada por Lope de Vega en *Peribáñez* (jornada III, escena VI). La compañía de esos últimos marcha flojamente:

«*Leonardo.*   Vayan marchando, soldados.
Inés.   ¿Qué es esto?
Constanza.   La compañía.
            de los hidalgos *cansados* [19].
Inés.   Más lucidos han salido
            nuestros fuertes labradores.
....
Belardo.   ¡Que piensen *estos judíos*
            que nos mean la pajuela!
Leonardo.   Basta, que los labradores
            compiten con los hidalgos.

---

[19] La corrección «cansados», en vez de «casados», fue acertadamente propuesta por Henri Mérimée en la *Rev. de Filología Española*, 1919, p. 61. Según me comunica Francisco Márquez, *cansado* se refiere aquí a la ley del Antiguo Testamento, con lo cual se hace más punzante el dicterio de los labriegos. Encuentro, en efecto, que según Fray Juan de los Angeles (*Obras místicas*. edic. «Nueva Bibl. Aut. Esp.», t. 20, p. 428) la nueva ley de los cristianos «incluye nuevos mandamientos y nuevo culto, acabado lo antiguo con sus ceremonias *tan cansadas*». Es decir, que *cansado* tomó sentido tan antijudaico como *esperar*, según habrá visto el lector en otros lugares de este libro. Ver Joseph H. Silverman, *Los hidalgos cansados de Lope de Vega*, en «Homenaje a William L. Fichter», Madrid, Editorial Castalia, 1971. Una clara identificación de *cansado* con 'cobarde' he encontrado en el *Pronóstico Judiciario*, de Pedro de Espinosa (*Obras*, edic. de F. Rodríguez Marín, Madrid, 1909, p. 338):
    «Perdonaos, cansados; terrible cosa fuera mandaros vengar; salir de noche cargado de armas y gente, a matar o herir. ¿Cuánto mejor es perdonar, cosa que se puede hacer cenando, en casa, acostado y con todo descanso?»

Belardo. No habrá ciervos corredores
como éstos, en viendo un moro
y aun hasta oírlo decir»[20].

Por extraño y monstruoso que parezca, Lope de Vega
hace ver, sin posible duda, que *para el vulgo* los no labriegos eran «judíos». Tal aberración venía de antiguo,
y así fue posible la frase escogida para lema de este
libro: «La flor de Castilla es de casta judía», aplicable
tanto a quienes descollaban por sus actividades culturales o en alguna forma técnica, como por ser señores.
Si los reyes y la más alta nobleza tenían algún remoto
ascendiente hispano-israelita, ¿quién podía librarse del
doble baldón de *judío* y de *cobarde?* Insistamos, por tanto, en recordar el sentido de que los grandes señores
tuvieran que hacer patente su nobleza, o en el campo de
batalla, o matando toros (de verdad, o en la acción ilu-
soria de una comedia: el Comendador en *Peribáñez*, don
Alonso en *El Caballero de Olmedo*).

Lo notado por los editores y correctores del texto del
admirable *Peribáñez*, recibe ahora sentido al ser conectado
con el sistema de la vida española en los siglos XVI y XVII.
El tipo literario del labrador se recorta agresivamente
sobre un fondo social fundado en un régimen de castas.

El haber ido a buscar los paradigmas de la honra
entre campesinos pecheros, expresaba, además, el radical conflicto entre las gentes de abajo y las de arriba.
La expulsión de judíos y de moriscos no había aunado
a los súbditos de Felipe III en forma estable, según lo
harían ver los acontecimientos de 1640. Ni dentro de ella,
ni vista desde fuera aparecía España como un conjunto
armoniosamente trabado. Un gran conquistador clamaba
ya en 1569: «¿Por donde caminará ya el día de hoy el español que pueda contar sencilla y verdaderamente sus
hazañas?»[21]. Mas también dentro de su propia tierra se

---

[20] Ver edic. A. Zamora Vicente, en «Clásicos Castellanos»,
153, 1963, p. 110.
[21] Así comenzaba Gonzalo Jiménez de Quesada su libro *El An-*

215

sentía agobiado aquél por la doble ofensiva de los inquisidores y de la opinión oprimente; con lo cual el labriego
se elevaba, por exclusión, al rango ya sabido. La fe en el
otro mundo alcanzaba máximos triunfos y exclusividades
muy singulares, mientras se debilitaba la confianza en la
eficacia y justicia del mundo terreno. Se despreciaba el
dinero acumulado por los conversos y por los indianos [22],
y, a la vez, la pobreza era motivo de lamentación continua.
Todo parecía gobernado por una potencia divino-diabó-
lica, interesada en hacer del mundo una morada cerrada
a la intelección y propicia a la quejumbre.

Aquella sociedad se resistía a dejarse entender, porque
el noble reconocía que

«el honor se fue al aldea
huyendo de las ciudades»,

mientras una aldeana inquiría vanamente por la razón
de verse así perturbada por un «honrado» caballero en
el momento mismo de sus bodas:

«Di, ¿qué caballero es éste
que de mi esposo me priva?
La desvergüenza en España
se ha hecho caballería» [23].

---

tijovio (1569), lanzado contra Paulo Jovio, gran calumniador de
los españoles. Bogotá, 1952, p. 21.

[22] El padre de Guzmán de Alfarache trataba en dineros: «Era
su trato el ordinario de aquella tierra (Génova), y lo es ya por
nuestros pecados en la nuestra: cambios y recambios por todo el
mundo» (I, 1, 1). Cristóbal Suárez de Figueroa odiaba a las Indias
y a los enriquecidos en ellas: «¡Cuán rendidos al interés, al ahorro!... No he visto hacienda adquirida en aquellas partes lograda
bien en las nuestras». Los indianos, «¡qué mal se avienen con los
de acá; ... siempre sospechosos, siempre retirados y montaraces!»
(*El Pasajero*, edic. Renacimiento, p. 147). En la literatura, hacen
de maridos o amantes burlados, en *El celoso extremeño*, de Cervantes; en *La Dorotea*, de Lope de Vega; en *Don Lucas del Ciga-
rral*, de Rojas Zorrilla, etc. [Trato del tema de los *indianos* en
Cervantes y los casticismos, Madrid, Alfaguara, 1966.]

[23] Tirso de Molina, *El burlador de Sevilla*, III, vv. 106-107;
129-132.

Como siempre acontece, la literatura es también ahora la vía más directa para penetrar en una situación de vida colectiva, en la vivencia del propio existir como textura de vida y horizonte estimativo, y por lo mismo no entiendo cómo ciertas gentes, poco habituadas a razonar, censuran que use yo la literatura como fuente histórica; quizá lo hacen por no haberse percatado de los motivos de ser la literatura española de los siglos XVI y XVII diferente de la europea. Quevedo ya nos dijo en forma rigurosamente bella (ver antes p. 25) cuán arriesgada era la búsqueda de antecedentes hidalgos. Quevedo no era simplemente el poeta del «desengaño», de la «huida del mundo» y de la desrealización, por mero gusto de escapar a la vida. (Recalco que hasta ahora hemos hablado mucho de Contrarreforma y de Barroco, mientras se dejaba en paréntesis la vida inquisitoriada y la lucha intrasocial de las castas adversas.) El «argumento» que Quevedo, o alguien, antepuso al soneto sobre el «Solar y ejecutoria de tu abuelo», citado en páginas anteriores, reza así: «Aconseja a un amigo, que estaba en buena posesión de nobleza, no trate de calificarse, porque no le descubran lo que no se sabe.» La mejor postura era la de quienes no hacían ni pretendían nada, o la de quienes moraban o combatían más allá de la tierra patria. En ésta lo único sano era estarse quieto, mantenerse en «sosiego», ostentar lo que *se era*, orar y tener paciencia. Quevedo expresó la angustia del obligado «sosiego», del horizonte de abstenciones y silencios. «Para ser caballero o hidalgo, aunque seas judío o moro, *haz mala letra*, habla despacio y recio, anda a caballo, debe mucho y vete donde no te conozcan, y lo serás» (*Libro de todas las cosas*, BAAEE, XXIII, 481). Vida de ficción, carencia y vacuidad.

No toquemos a la realidad de nada. Sor Juana, en Méjico, intentó hacerlo, y todo se volvía «cosas de Inquisición» (ver p. 160). Análogo abstencionismo recomendaba el P. Juan de Mariana. Aunque las frases asertivas y escuetas de esos y otros escritores es en Quevedo estructura poética y movimiento vital transpuestos en símbolos, en el vano empeño de Faetón —afán ascendente y ansia de grandeza resueltos en caída material y en llamas desde las cimas del firmamento (ver antes p. 25). El buscador de nobleza ancestral venía a encontrarse con las cenizas dejadas por el auto de fe. No hacer hablar al Tiempo. Aunque lo irreal, lo no existente, se vuelve realidad poética. La idea inspiradora del poeta se encarna en imágenes estructurantes y sensibilizadas, bellas para siempre:

«descaminado escándalo del polo».

La poesía, en verso o en prosa, revela el drama del español en la época máxima de su historia. Sin más auténtico patrimonio que el más allá celestial, la pureza de su casta y la conciencia de su poder imperativo, la persona se sentía rodeada por doquiera de vacíos y de desconocimientos. No aterraba el silencio de los espacios astrales, sino el de las remotas lejanías de la propia carne. Proceder, ¿de quién? Mancilladas de judaísmo las riquezas frutos del negocio, no podía constituirse lo que en la otra Europa serían «las clases medias», fundadas en el comercio, el tráfico bancario o la industria —esas dinastías de familias florentinas, genovesas y alemanas, que prestaban sus dineros a la grandiosa y empobrecida monarquía española.

Quienes no saben bien de qué están hablando me reprochan no tener en cuenta, en mis historias, el aspecto económico del pasado español, *como si la economía no fuera, ante todo, un resultado de la postura adoptada por las personas respecto de sí mismas, del mundo en torno y de las fuerzas divinas bajo cuyo gobierno creen existir.* El español no pudo labrarse una genealogía de *cosas* (de comercio, de bancos, de industrias, de inventos), porque las *cosas*, esas clases de cosas, eran patrimonio de la casta odiada e inficionada [24]. Con lo cual deja de ser misterio la

---

[24] Rodrigo de Dueñas, «el más opulento quizá de los hombres de negocios de Castilla», entró a formar parte del Consejo de Ha-

ausencia en España del régimen capitalista, cuando éste empieza a florecer en Europa, muy temprano en Italia, y más tarde en el Norte, a la sombra de las creencias calvinistas. A muchos españoles de calidad les inquietaba su pasado, tanto individual como colectivo. La profusión

cienda en 1555. Ahora bien, el fiscal del Consejo, un doctor Bustamante, escribió al Emperador, que Dueñas «es nieto de un judío tornadizo e hijo de un tintorero». El príncipe Felipe observó, sin embargo, que «en el Consejo de la Hacienda había mucha necesidad de una persona que tuviese práctica y experiencia de cosas de cambios...» Dueñas desempeñó su cargo por poco tiempo. Por motivos no bien conocidos le dijeron «que se fuese a su casa». (Ramón Carande, *Carlos V y sus banqueros*, II, 128, 129). Rodrigo de Dueñas representa la clase de los cristianos nuevos adinerados y competentes en finanzas y administración pública; fue regidor de Medina del Campo, y de su fortuna da fe «la Casa Blanca, mansión de recreo que subsiste»; hospedó al Emperador al pasar por Medina, camino de Yuste, en noviembre de 1556 (Carande, *o. c.*, I, 222). Muchos de estos banqueros debían ser conversos, y después de ellos esa profesión no fue ejercitada por españoles. La habilidad financiera y técnica de los hispano-hebreos sería utilizada por Holanda, por Turquía y por Inglaterra. La casta hispano-judía que hubiera alzado al país a un nivel comparable al de las naciones rivales o enemigas, chocó trágicamente con la otra casta dominante. El primer libro sobre operaciones de bolsa es el de José de la Vega, *Confusión de confusiones*, publicado en Amsterdam, 1688 (reproducido hace poco por la Sociedad de Estudios y Publicaciones, en Madrid). José de la Vega procedía de una familia de falsos cristianos, de Espejo, Córdoba, emigrada a Holanda en la segunda mitad del siglo XVII. Su libro, *Confusión de confusiones*, mezcla de literatura barroca y de técnica bursátil, abre interesantes perspectivas hacia aquella sociedad desgarrada y, sin duda, «confusa» de la segunda mitad del siglo XVII (Gracián, Valdés Leal, Churriguera, Miguel de Molinos, el finalizante Calderón, Sor Juana Inés de la Cruz). Sobre tal fondo la obra de José de la Vega, tan «confusa» como intensa de sentido, destaca como un intento expresivo de cómo se sentían aquellos españoles amputados de sí mismos, un drama nunca directamente expresado, por lo menos en una forma en que quedaran superadas sus circunstancias ocasionales y perecederas. Se expresaron tal vez en los estilos delirantes de un arte cuyas incoherencias y frondosidades eran, en último término, expresión anónimamente lírica y tormentosa de una España que se frustraba —en cierto modo heroicamente—, y que nadie tuvo ya genialidad bastante para novelar o dramatizar. Cervantes aún tuvo una idea del hombre en que apoyarse, mas ahora, en las postrimerías del 1600 ¿sobre qué cimientos, no racionalistas, podía afirmarse una visión problemática y a la vez constructiva de la vida? La cual vida era vista como trastorno y caos: «Se oponen tan tenazmente los astros a mis designios que, en de ejecutorias y de falsos cronicones [25] en los siglos XVI y XVII es muy significativo reflejo de tan anhelante estado de ánimo. De no haber sido así, no habría surgido la visión idealizada del rústico con ignotos antepasados. Había ansia de leyendas tanto sacras como profanas. Los más inteligentes sabían de las sierpes anidadas tras muchas pomposas genealogías. Algunas de ellas envenenaban los recuerdos de Teresa de Jesús, según ya se ha visto; del Conde-Duque de Olivares, y de muchos más.

Hubo un forcejeo angustioso contra los efectos sociales de unos principios imposibles de analizar a fondo, y mucho menos de derrocar. Se sufrían las consecuencias de cuanto había sido consustancial o indispensable en la vida española (la grandeza universal del reino, los usos inquisitoriales, la honra, el dinero, el estado nobiliario, el prurito de grandeza individual, etc.). Todo en ese conjunto de valores era sentido como un posible dardo contra unas almas a la intemperie. Incluso la inicua conducta de ciertos reyes aparece en *La Estrella de Sevilla*, o en *Del rey abajo ninguno*, de Rojas Zorrilla. Los arbitrarios atropellos de la clase militar —sostén de España— es el tema de *El Alcalde de Zalamea*.

Hasta ocurren casos en que la «honrosa» conveniencia

---

lugar de coger alivio de vuestras lenguas, no diviso más que martirios, en vez de azucarar con cariños mis ansias, componéis de la miel el acíbar para afligirme, y de las píldoras las balas para derribarme. Pero si Eusebio hace mención de unas culebras que tienen el corazón en la cabeza, siendo la culebra el símbolo de la cordura, procuraré pasar a la cabeza el corazón, y ostentar el ánimo en el juicio, ya que me falta para el valor el ánimo» (*Confusión de confusiones*, p. 285). José de la Vega había perdido su fortuna en confusos negocios en las Indias de Asia; aunque gracias a eso formuló por primera vez una teoría acerca de las sociedades por acciones, utilizada luego en el derecho mercantil europeo. Una vez más la inteligencia logró sobreponerse a circunstancias negativas y adversas.

[25] [Espero hacer reimprimir en la editorial Castalia la importante obra de J. Godoy Alcántara, sobre los *falsos cronicones* (1868), que la incuria y el temor a tocar ciertos temas han mantenido sin reeditar durante más de un siglo.]

de ser analfabeto aparece en conflicto con la tristeza de
no poder leer:

> «*Ginesillo.* Señor, aquí está el papel.
> *Alcalde.* Sí, mas es trabajo en vano
> si no sé qué dice en él.
> *Ginesillo.* Abajo está Juan Serrano
> el alguacil, que sabrá
> leer.
> *Alcalde.* Su ventura alabe.
> ¿Qué entendimiento tendrá
> hombre que leer no sabe? [26]

En tal forma fue dinamizándose dramáticamente el
estado habitual de aquella sociedad, inmovilizada por
abstenciones, negaciones o inercias tradicionales. El mero
hecho de ser cristiano viejo, adquirió así una nueva y muy
positiva dimensión.

Puesto que las circunstancias habían incitado a buscar albergue en el alma de unos rústicos sin desbastar,
pareció necesario, ante todo, hacer de aquella alma una
mansión digna y habitable. La tosca maleza se transmu-
taba en jardín deleitoso —en conducta humanamente jus-
tificada. Las razones de Sancho son también una razón,
y no lo son menos las de Peribáñez, Pedro Crespo, y las
de los rústicos de Tirso de Molina. Todos, como un tipo
genérico, habían sido ya idealmente preformados, y un
ejemplo de ello se encuentra en la prosa, a la vez firme
y estremecida, de Teresa de Jesús, muy inclinada a estimar a la «gente pobre y no caballerosa» (más por pobre
que por campesina) y a usar en sus escritos vocablos y
giros vulgares. Ella también había hallado consuelo en la
imagen de quienes no frecuentaban la corte, ni se hacían
privados del rey, porque «a buen seguro que no sean personas que tengan el mundo debajo de sus pies ['con sus
arrogantes desdenes'], porque éstos [los no caballeros]
hablan verdades, que *no temen ni deben*» (*Vida*, capítulo XXXVII).

---

[26] Lope de Vega (?), *El Alcalde de Zalamea,* edic. Krenkel, I,
versos 391-398.

221

El tipo del labriego poseedor de honra, e irradiador de ella, rebasaba los tópicos de la Edad de Oro, y no fue sentido como en las pasadas ilusiones del humanismo. Su presencia en el teatro de Lope de Vega no fue vivida por el público de los corrales como un «fenómeno renacentista», sino como escape vital para una situación angustiosa, sin semejante fuera de España (recordémoslo), e inseparable de los mismos estados conflictivos que hicieron posible el teatro de Lope de Vega, *expresión del consenso de los más*. Las formas literarias de gran estilo —ya lo he dicho y ha de insistirse en ello— no aparecieron en el siglo XVI sólo como bellas expresiones desligadas de circunstancias humanas. Su razón de existir se fundaba en la capacidad de unos artistas para transformar en perspectiva de valores, en figuras contemplables admirativamente, el paralítico e infecundo debate entre si se era o no se era cristiano viejo y rancioso en una España, centro de un imperio, y que asombraba y alarmaba a Europa.

Era, desde luego, mucho más fácil dejarse mover «con fuerza» por los casos de la honra dramática, que por la lectura de la obra cervantina, cuyo burlesco primer término dejaba en bruma su extraña y profunda novedad, que Cervantes ofrecía al capaz de entenderle, o sea, de poner el ánimo en elevación, por lo menos, de segunda potencia [27]. A Lope de Vega las situaciones íntimas se le encarnaban en estructuras de corporeidad visual, que iban a herir la sensibilidad, pictórica y esculturalmente. Lope sentía

«que plumas y pinceles son iguales».

Para su arte sinestético, Marino era «gran pintor de los oídos», y «Rubens, gran poeta de los ojos» [28]. Nunca

[27] [De ahí las injurias que Lope de Vega y Baltasar Gracián lanzaron sobre el *Quijote*, comprensibles si se tiene presente mi Introducción al *Quijote*, Madrid, Editorial Magisterio Español, 1971.]

[28] Ver A. Castro, Hugo A. Rennert y F. Lázaro Carreter, *Vida*

habían gozado los españoles de un espectáculo como el de la comedia en donde sentidos y pasiones, dejando en paréntesis la reflexión crítica, captaban en un acorde las tensiones del ánimo y de la fantasía. Lo describe bien un contemporáneo de alta calidad: «Muchos concurren a esta vanidad, y todos los días gastan en este deleite; muchas veces con tanta vehemencia concitados con furor, que no es menos maravilla ver lo que hacen y dicen sus meneos y visajes, gritería, aplauso y lágrimas de los que vinieron a ver, que los mismos representantes» (Juan de Mariana, *Tratado contra los juegos públicos*).

Peribáñez está figurado pictóricamente

«en su yegua la tordilla,
la barba llena de escarcha
y de nieve la camisa,
la ballesta atravesada,
y del arzón de la silla
dos perdices o conejos,
y el podenco de traílla».

Durante la comida de los esposos enamorados, alternan los vivos colores y los sonidos armoniosos. La olla, al hervir, recuerda el son de la danza llamada «el villano», e invita a bailarlo; y la vajilla es de platos de Talavera, «que están vertiendo claveles». «Acabada la comida,

puestas las manos los dos,
dámosle gracias a Dios
por la merced recibida».

En esa postura, Peribáñez y Casilda parecen dos bultos escultóricos, «casi inmortales», como dice la labradora Constanza al principio de la comedia. Sobre la vulgar monotonía de lo cotidiano, la figura de Peribáñez afirma y destaca muy singularmente su existencia preclara. Su figura se nos impone al aparecer sostenida y

de Lope de Vega, Madrid, Anaya, 1968, p. 368. Conocía Lope el «ut pictura, poesis», pero a él le interesaba el aspecto sensorial y creativo, no el didáctico, implícito en ese juicio.

223

vivificada por la voluntad de existir, como «forma» en que se realiza en dimensiones estimativas la «materia» del cristiano viejo:

> «Es Peribáñez labrador de Ocaña,
> cristiano viejo y rico, hombre tenido
> en gran veneración de sus iguales.»

Así se lo describen al Comendador, y por cierto en el verso largo exigido en la comedia por las situaciones graves, a fin de levantar el ánimo a quien la contempla. El endecasílabo en la comedia lleva implícita una llamada al espectador: «¡Fíjate en esto!» Se está exponiendo algo digno de ser tenido en cuenta, con pausa, con cierta solemnidad. Mucho después, al final de la obra, el mismo Peribáñez se hace presente al Rey cuando ya ha dado muerte al Comendador; y lo hace en verso corto y rápido, pues no está la tensión del momento para graves demoras:

> *«Peribáñez.* Yo soy Peribáñez.
> *Rey.* ¿Quién?
> *Per.* Peribáñez el de Ocaña.
> *Rey.* ¡Matalde, guardas, matalde!

A instancias de la Reina, el Rey accede a oír primero al condenado:

> *Peribáñez.* Yo soy un hombre,
> aunque de villana *casta,*
> limpio de sangre, y *jamás*
> de hebrea o mora manchada...»

Ese «jamás» sitúa al personaje fuera del fluir del tiempo humano; la procedencia, que exige por lo menos un inicio (no siempre hubo hebreos o musulmanes), es ahora una absoluta valía, una casta no fundada en biología ni en altura o bajeza sociales, sino en pureza espiritual de abolengo divino. Esta *casta* es reflejo de la del pueblo hebreo, del elegido de Dios, por muy enemigo que el es-

224

Casa de Montejo en Mérida (Yucatán). (Fotografía del Archivo de la Dirección de Monumentos Coloniales, Méjico, D. F.)

pañol fuese de aquel pueblo [29]. Estos labriegos saben de sí mismos y de nada más. Pedro Crespo exclama en *El Alcalde de Zalamea*, de Calderón:

> «¿Hay alguien
> que no sepa que *yo soy,*
> si bien de limpio linaje,
> hombre llano?...
>
> Villanos fueron
> mis abuelos y mis padres;
> sean villanos mis hijos...
>
> Por la gracia de *Dios,* Juan,
> [está hablando a su hijo],
> eres de linaje limpio
> más que el *sol,* pero villano.»

Situado bajo esas dos sublimidades —Dios, el Sol—, el hijo de Pedro Crespo podrá

> «aspirar con cuerdo arbitrio
> a ser *más*».

No a *ser* en el sentido metafísico, pues ése carece de volumen y tiempo, sino a valer con capacidad imperativa. Esta aspiración se había hecho realidad en bastantes casos como heroísmo ejemplar en remotos lugares y durante siglos; y como belleza expresiva, en monumentos en que fueron trasplantados y revivieron grandes estilos del arte hispano-portugués entonces auténticamente vivo (ahí siguen todavía, para quienes posean ojos y alma, desde Goa hasta las Américas). Y ahí está también la expresión animada de grandiosidad, no para fines de exornación decorativa (al menos en los poetas mayores), sino porque la expresión artística, en cualquiera de sus

---

[29] «Los sucesos casi símiles en todos tiempos, y el modo singular que Dios ha tenido en la elección y gobierno del pueblo español, declaran ser su pueblo escogido en la ley de gracia, como lo fue el electo en tiempo de la escrita» (Fray Juan de Salazar, *Política española*, Madrid, 1619; edic. M. Herrero, Madrid, 1945, p. 73).

19

formas, también aspiraba a «mantener honra», a «ser más»:

> «Rústico nace entre desnudas peñas
> un palacio tan breve,
> que *al sol apenas a mirar se atreve:*
> con tan rudo artificio
> la arquitectura está de su edificio,
> que parece, a las plantas ['al pie']
> de tantas rocas y de peñas tantas,
> que *al sol tocan la lumbre,*
> peñasco que ha rodado de la cumbre.»

Así describe Rosaura en *La vida es sueño* las rocas por encima de la torre en que yace prisionero Segismundo. Poco antes había descendido

> «la aspereza enmarañada
> deste monte eminente,
> que *arruga al sol el ceño de su frente».*

El hombre se agita y padece en o desde eminencias que aspiran «ad astra», y esa eminencia está ya sentida en el mismo hecho de su existir, ocioso para el pensamiento y activísimo para escalar cualquier cima de grandiosidad. Mérida, la del Yucatán, se llama así porque su fundador, Francisco de Montejo (que era de Salamanca), aspiró a competir con la grandeza monumental del cercano Chichén-Itzá de los mayas. La Mérida de España le recordaba la grandeza imperial de Roma; y había que alzar entonces en aquella insignificante planicie una nueva Mérida, puesto que la magnificencia de Chichén-Itzá evocaba la de Mérida [30]. El gobernador comenzó por construir un palacio para sí, cuya fachada, edificada en 1549 y en aquel lugar, deja absorto al visitante. La belleza de esta portada y las dimensiones de la iglesia próxima a ella, se entienden mal y se estiman en menos de lo que

---

[30] Vázquez de Espinosa, *Compendio y descripción de las Indias Occidentales,* en un apéndice a la *Relación de las cosas de Yucatán,* de Diego de Landa, edición de H. Pérez Martínez, 1938, p. 357.

valen, si no se integran en la vida de quien las hizo posibles. Estos edificios, y centenares más como ellos, fueron alzados con miras a «mantener honra», no para hacer propaganda, o para seducir a los indios, según suelen escribir ciertos desorientados [31].

Tales son la raíz y la motivación de los estilos grandiosos en la España de la edad conflictiva, desde el alcázar de Toledo a la catedral de Puebla, al Palacio Nacional de Méjico, a las iglesias de Quito y el Cuzco, y a cuantos grandiosos monumentos se alzaron en España e Hispanoamérica entre los siglos XVI y XVII. Creo, sin embargo, muy probable que la vía más llana para llegar a la comprensión de los estilos llamados maneristas y barrocos, habrá de ser la visión de cómo engrana con la vida (con la vividura de cada pueblo conjugada con sus circunstancias temporales) la representación de las magnitudes, de las elevaciones, de los retorcimientos, de las exornaciones de aquellos estilos, mientras éstos poseyeron autenticidad. Cuando los estilos se desencajan de su contexto vital, el interesado en gozar en la contemplación de bellezas incitantes, nada encuentra ya en lo decrépito y mortecinamente reiterado.

---

[31] Se ha acudido a toda clase de silencios y de seudo explicaciones para falsear y empequeñecer las manifestaciones de la vida española, en lo que tienen de positivo *encanto* —en el sentido original de la palabra—, que es uno de los grandes sentidos del vivir humano, piensen como gusten los anatomistas de la vida pasada. El dominico inglés Thomas Gage, que merodeaba por las Indias a comienzos del siglo XVII, como traidor a su fe y a los españoles que lo habían educado, escribía en *A New Survey of the West-Indies*, Londres, 1648:

«Grandes limosnas y liberalidades para los edificios religiosos de esta ciudad [de Méjico] suelen ir acompañadas de grandes y escandalosas maldades. Se revuelcan en el lecho de las riquezas, y hacen de sus limosnas cobertera de sus vidas disipadas y lascivas. *Por eso* están las iglesias tan bellamente construidas y adornadas. (From hence are the churches so fairly built and adorned.) No habrá en la ciudad arriba de cincuenta iglesias, capillas, monasterios, conventos y parroquias; pero las que hay son las más hermosas que he visto en mi vida (the fairest that ever my eyes beheld)...» (Edic. de Sir E. Denison Ross y Eileen Power, Guatemala, 1946, página 89).

227

El problema es complejo y se fragmenta en interrogaciones secundarias de tipo muy vario. ¿Dónde y cuándo surgen los rasgos uniformes de los estilos artístico-literarios en los siglos XVI y XVII? ¿Qué circunstancias motivaron su irradiación? ¿A qué afanes expresivos responden? ¿En qué coinciden y en qué divergen en cada país? Todo lo cual obligaría a limitar y caracterizar la función expresiva y el área vital de cada forma artística, desde la arquitectura a la poesía.

Estas y otras interrogaciones han de quedar ahora en el aire. Sólo insinuaré que no es posible reducir a unidad definible lo «barroco», por ejemplo, de la *Comedia* lopesca, y lo «barroco» en la literatura de otros países europeos. Lo internacionalmente caracterizable en esas obras literarias no era como más tarde sería lo neoclásico, que hizo posible, en cierta medida, representar obras neoclásicas, bastante uniformes, en Londres, París y Madrid. Lo barroco literario no funcionó del mismo modo, porque tras lo así llamado no hubo ningún principio, previo y afirmativo, que hiciera perceptible lo hoy manejado como abstracto e impreciso comodín.

En arquitectura sí fue posible construir edificios bastante análogos en Roma, Toledo, Praga e incluso en Francia. O Bernini pudo hacer el busto de Luis XIV y ser recibido en París como un héroe. Arquitectos y escultores han labrado monumentos fuera de su patria que, al cabo de cierto tiempo, parecen propios del país en donde hoy se hallan.

La literatura en que se expresó la larga situación que denominió «conflictiva» no fue, por el contrario, intercambiable con la de otros países, pese a las «influencias» españolas que hicieron posible iniciar el auténtico teatro de Francia. Cuando el Rodrigo de Guillén de Castro dice que va a mezclar la blancura de la leche que mamó con la roja sangre de su adversario, el Rodrigo francés lo reduce todo a un problema de cifras y movimiento: «la valeur n'attend pas le nombre des années». Shakespeare, Lope, Calderón y Racine no fueron en su tiempo materia exportable y ajustable al ambiente literario de otros pueblos. Insistamos: la literatura, la brotada del hontanar del propio vivir conflictivo (cada país tuvo el suyo) no era como la arquitectura o la escultura [las cuales, para existir, no exigían entablar alguna forma de diálogo con quien escuchaba o leía.]

Al agrietarse el orden en el que, dentro de ciertos límites, había coincidido la cristiandad europea, más o menos hasta el siglo xv, surgieron situaciones tan difíciles como inestables en el campo de las creencias, del pensamiento, de la sensibilidad y de la vida práctica. Los rumbos tardaron en dibujarse, y las divergencias predominaron sobre las concordancias durante largo tiempo; hasta que lentamente la capacidad razonadora de ciertos europeos se expresó en formas eficaces y ejemplares.

No creo, por consiguiente, que la realidad de la más valiosa literatura, desde fines del siglo xvi a mediados del xvii, sea captable mediante conceptos tales como «manerismo» y «barroco», vagos y nada unívocos. Porque «barroco» no es un concepto análogo, precisamente hablando, a románico, «gótico», «neoclásico», todos ellos respaldados por creencias y filosofías bien conocidas; tras el «manerismo» y el «barroco» no hubo bases teóricas, como las que suscitaron el movimiento romántico. No obstante lo cual, muchos doctos usan barroco como una razón explicativa, y como algo que existiera independientemente del fenómeno que pretenden calificar y aclarar. Para mayor confusión, los historiadores alemanes llaman «barroco» a toda una época de su pasado. Si a ello se añade el ya usual maridaje del Barroco con la Contrarreforma, el enredo adquiere dimensiones inmanejables.

Para la intelección de la literatura surgida en la edad que llamo conflictiva sería útil la regla del «suum cuique». Lo «suyo» de la literatura aquí considerada reclama no perder de vista lo peculiar de la vida, de las situaciones humanas —no sólo de modos de pensar, o de otros contenidos de cultura concomitantes.

Reconozco, desde luego, que la expresión literaria existe en su propio reino, y que a éste lo rige la «diarquía»
de la tradición y de la innovación, aunque las circunstancias extraliterarias de lugar y tiempo siempre afecten
a los contenidos y a las formas de lo expresado. Pero,
por otra parte, no es lo mismo escribir frente a un horizonte, trazado normativamente por una cultura extrali-
teraria (la teología en torno a Dante, el neoplatonismo de
Castiglione, el pensar racionalista desde 1700, la filosofía
emotivo-panteísta de fines del siglo XVIII, el positivismo
previo al naturalismo), no es eso lo mismo que escribir
dentro y desde situaciones de hecho y nada teóricas, fundadas en circunstancias político-sociales, que trastornan
violentamente los usos de un grupo humano.

El paso del sistema de vida fundado en la tolerancia
que desde hacía siglos fue habitual en Castilla, al régimen de intolerancia en «crescendo» iniciado en 1391,
supuso para muchos (en realidad, para todos) una conmoción comparable al hecho de instaurar hoy un régimen
totalmente injusto en un país acostumbrado a vivir según
usos humanos. Millares de gentes fueron desplazadas de
Andalucía y de Cataluña antes de la expulsión de los judíos en 1492. Muchos entre ellos, al bautizarse, dieron
origen al tipo del «cristiano nuevo» o «confeso» dentro de
la casta hispano-judía. En aquel ambiente surgió un nuevo
modo de literatura fomentadora del espíritu nacionalista
e imperialista en la Castilla del siglo XV (Juan de Mena,
Alonso de Cartagena, Juan de Lucena, entre otros).

Los conversos, por su lado, comenzaron a expresar la
forma en que ellos sentían la vida española, y a dotar de
forma artística la conciencia de sus problemas y de sus
valoraciones. Ejemplos muy notables son *La Celestina*
y el primer teatro, obra de Juan del Encina y de otros
de su misma casta. Añádase a esto las novelas picarescas
y los escritos de erasmistas de gran valía (por ejemplo,
Los nombres de Cristo, de fray Luis de León).

Fuera de España se produjeron también conflictos,
y los tengo muy presentes; fueron, sin embargo, plan-

teados en último término en el campo de la teología, del pensamiento teórico, de las ciencias particulares, de las doctrinas políticas. En España, por el contrario, el máximo y total conflicto fue el del ser y el no ser de la persona, el de la honra y el afán de preeminencia.

Mientras les fue posible, los conversos («el hijo de nadie» según Mateo Alemán) intentaron destacarse del vulgo que «opinaba», cultivando la filosofía, la matemática, las ciencias naturales, la cosmografía, los estudios escriturarios y las humanidades, *cosa que no habían hecho antes los hispano-judíos*. A fines del siglo xvi, cuando toda actividad intelectual daba ocasión a sospechas y malquerencias entre cristianos viejos, o entre conversos arrimados al sol que más calentaba (recuérdense las palabras del P. Mariana, p. 173), se paralizaron las actividades del intelecto, y quienes pudieron se recluyeron en soledad, o social o literaria. Quizá fuera ése el sentido de las primeras novelas pastoriles en Portugal y en Castilla, y lo fue desde luego el retiro en Aracena de Benito Arias Montano (recuérdese la ironía de Lope de Vega, p. 65), y la «descansada vida», de Luis de León, interpretada sólo como imitación horaciana, por haberse creído que tras el escritor yacía una cantera de materiales literarios, dispuesta en estratos medievales, renacentistas o barrocos. Pero el «Beatus ille» horaciano expresa una sensación de alivio, de liberación de tareas agobiantes, de aristocrático distanciamiento; y la oda del maestro Luis está transida de melancolía, es eco de un mundo en el cual quizá algún «sabio moro» aún embellecía el interior de los palacios; en esta oda el poeta de casta judía siente latir la jauría rencorosa para la cual no valen las pacíficas razones de la *Ciudad de Dios*, en cuyo recinto había esperado fray Luis hallar refugio y solaz para su alma dolorida; porque él era hijo fiel de su padre San Agustín. La oda a la «descansada vida» ha de concordarse con las páginas de *Los nombres de Cristo* que cito en *La realidad histórica de España*, 1971, cap. VIII. Todo lo cual no es menos pertinente al caso que el análisis del lenguaje, del metro, de los temas poéticos y de la dulce armonía en la famosa oda. Lo horaciano fue aquí un medio, no un paralelismo.

Desde fines de aquel siglo, las cuerdas de la expresión literaria comenzaron a tensarse cada vez más, para alejarse en soledad poética del «vulgo necio», que a su modo —¡ése era el drama!— tenía sus razones para mostrarse arrogante, «bestia fiera», en palabras de don Juan Ruiz de Alarcón. Un texto de 1630 sintetiza retrospectivamente la situación iniciada 150 años antes:

«Seremos siempre los queridos de Dios y los escogidos de su Iglesia, y triunfaremos de nuestros enemigos. Pues desde el año en que se fundó en esta ciudad [de Sevilla] este Divino Tribunal [del Santo Oficio], han tremolado las banderas españolas en todas las partes que el Sol luce» [32]. Maquiavelismo pragmático: tiene razón quien impera.

Los españoles sabían de su historia porque se la estaban haciendo en un arrebato de ilusión imperial y humano-divina, justamente por haberse asimilado algunas radicales creencias de la casta judía, tan zaherida y acosada [33]. No ha habido en la historia caso de mayor alucinación llevada a la práctica, porque antes de la gran empresa hispánica no había habido mundo rodeable, pues para ello hacía falta la existencia previa del ánimo circunvalante (la Tierra era redonda desde antes de haber hombres). La ironía atroz y grandiosa era que tal prodigio fuera llevado a cabo gracias al ensueño de totalitarismo divino-imperial del Antiguo Testamento, y justamente por quienes se harían ceniza a sí mismos en las hogueras del «Divino Tribunal» [34]. El perihelio del hombre respecto del reino de Dios (si cabe hablar así) tuvo lugar en las

---

[32] Ldo. Pablo Espinosa de los Monteros, *Segunda Parte de la Historia y grandeza de la gran ciudad de Sevilla*, 1630, p. 90.

[33] Ver el Apéndice al final de este volumen.

[34] «Si alguna cosa buena tenían los inquisidores, era pertenecer al linaje elegido por Dios.» Así lo decía un bachiller, converso, desde la cárcel de la Inquisición. (Ver J. Caro Baroja, *Los judíos*, 1963, II, 203.)

232

Indias, cuando Las Casas, nuevo y desatentado profeta de un nuevo Israel, salvaba a los indígenas («dádiva santa, mal agradecida») para que el reino de la palabra divina fuese instaurado. Paralelamente, fray Juan de Zumárraga y Vasco de Quiroga, obispo, llevaban a Michoacán la *Utopía* de Tomás Moro, y la aplicaban «ad pedem litterae» según demostró Silvio Zavala (se conserva el ejemplar que usaron, con notas de su puño y letra).

Es fatal, inevitable —asombro más que concordancia de la historia—, pensar en el sueño imperial del marxismo, cuyo verbo brotó de la boca del judío, feroz antisemita, Karl Marx. Los españoles afirmaban las esperanzas ilusionadas de dominio universal sobre sus caballos y sus arcabuces; las de hoy, venidas también del Oriente, se expresan mediante armas más temibles. Ni el imperialismo hispánico, ni el marxista, ni el maoísta se explican, en su raíz y en su perspectiva, como fenómenos de cultura occidental.

Volviendo al pasado, la vivencia de la grandeza imperial, como cuanto acaeció en la edad conflictiva, se volvió en motivo, tanto para el *sí* como para el *no*, entre otras muchas razones, porque la riqueza de los «indianos» no daba honores, y el oro de las Indias no remediaba la pobreza de España. Ya he notado otras veces la mirada torva lanzada por Quevedo a la conquista de las Indias. Antes (p. 178) vimos cómo Gaspar Lucas de Hidalgo se enfrentaba con la presunción y altanería de los cristianos viejos: «... frialdad de palabras y mengua de sus obras, que pongan risa y escarnio en todo el mundo». Pero las actitudes reservadas y huidizas dieron a su vez ocasión a los estilos del escritor «soberbio y arrogante», y no por simple gusto del espectáculo retórico según acontecía en el «Seicento» italiano. Las posturas estilísticas de los alejados y erguidos sobre la masa también aspiraban a «mantener honra». La constante escisión entre el «sí» y el «no», entre el «parece» y el «no es», iba acompañada del prurito de magnificencia, de grandiosidad (en esta época se lanzó a la circulación el vocablo español «gran-

233

dioso», unido por contraste con otro hispanismo, el «recogimiento», en otra alternativa entre el «sobre todos» y el «solo en mí mismo»). Entre ambos polos, tras meditar en cómo de veras fue su historia, el español inteligente —hay muchos— abrirá vías de cultura, que sin olvidar las bellezas del pasado, hagan posible convivir en un presente sin tiránicos dogmatismos.

En este naufragio, en donde ya no se sabe «qué es qué» ni «quién es quién», Góngora nos tiende un cable para redimirnos de la culpa de irrealidad, y afirma que lo desvanecido o ignorado es siempre rescatable en una expresión de subida belleza. Aunque no sepamos qué cosa sea un búho ornitológicamente, lo seguro es que se trata de algo

«grave, de perezosas plumas globo».

Esa representación, como la del perro de *Las Meninas*, o la de ciertos cacharros de Zurbarán, expresa la forma en que es vivido un objeto, en una forma que cautiva al observador, por lo inesperado y fascinante de la imagen. Aunque ésta sea sólo una apariencia, lo representado vale como algo total y permanente, que continúa existiendo como una «vivencia» convivible. Lo que el búho sea, sus problemas (serán muchos), no interesó al poeta.

Los estilos literarios en la edad conflictiva fueron, desde luego, literarios, y el escritor utilizó cuanto en la tradición o en la cultura artística del momento convenía a su propósito expresivo. Pero lo expresado en esos estilos (cuando *vale la pena* hablar de ellos, no se olvide) no es escueta forma, ni mera estructura o arreglo simétrico o disimétrico. La literatura era también voz de alguien para algunos o para muchos. Lo escindido, lo archiculto, lo realzado, lo magnificente en los estilos —motivos entonces para las querellas literarias, en que los gustos también se escindían—, todo aquello era visto y sentido desde unas vidas también escindidas, afanosas de alzarse hasta el zenit de la honra, o temerosas de hundirse en la sima de la nada, del ser nadie.

Las alternativas y contrastes entre apariencia y realidad expresaban el mismo movimiento de la vida, insegura y «desvivida». Las «cosas» en el *Guzmán de Alfarache* son «anti-cosas» o «ex-cosas»; en *El casamiento engañoso*, de Cervantes, doña Estefanía era simplemente un engaño; y lo mismo acontece en *El celoso extremeño;* según Tirso de Molina, en Madrid estaban «en cinta» hasta «los ángeles», ya que «doncella y corte» eran cosas «que implican contradicción»; en *El Diablo cojuelo,* los nombres de los grandes personajes caballerescos eran no más que cédulas echadas en las pilas bautismales para que se las pegaran como rótulos a los bautizados. En la obra de Baltasar Gracián la insatisfacción ante cuanto no es *el uno* excepcionalmnte valioso, alcanzó un máximo.

[El descontento de Gracián, y las críticas más tarde del P. Feijoo y de tantos otros, expresan el desencanto de quienes sienten que no debió acontecer lo acontecido (de ahí arranca el querer quitarse siglos de encima, nunca antes advertido, y por eso lo reitero). Nadie en el Congo escribirá que están a tantos o cuantos siglos de desnivel con el occidente europeo. En España muchos esperaban que se hubiera continuado haciendo lo comenzado a hacer. Hubo en España humanismo, ciencia y filosofía: Nebrija, el Brocense, Luis Vives, Gómez Pereira, Francisco de Vitoria, Francisco Suárez y otros, a tono con Europa; de algunos de ellos tomaron ideas los europeos. La cuestión, por tanto, no es si el español es o no capaz de altas sabidurías, sino el motivo de haberse interrumpido su cultivo. No cabe responder a esa pregunta acudiendo a coyunturas económicas o a cifras, porque el motivo (para quien lea sin «odiamientos» éste y otros libros míos) es que, en España y en sus Indias, la gran mayoría de la gente desestimó a quienes se entregaban al cultivo de cualquier ciencia. Lo dicho antes sobre aquella adorable Sor Juana Inés de la Cruz es más que suficiente; me sirvió, hace unos quince años, para explicarme la contradicción entre la abundancia de libros de ciencia extranjeros en los monas-

235

terios de las Indias (me parece que aquéllos abundaban más que en España) y la carencia de obras científicas en español. En Caracas se encuentran las primeras ediciones de Newton, y lo de Mérida (hoy parte de Venezuela) es aún más sorprendente, y ya escribí sobre ello no recuerdo dónde. La sorpresa se debe a que los libros llegaban allá por el río Magdalena, y luego por las veredas de los Andes hasta Mérida, llamada de los Caballeros en tiempo de España. ¿Quiénes hacían venir aquellas obras desde tan lejos? Se frota uno los ojos al encontrar allá *Il Saggiatore* (Roma, 1623) una de las obras más rigurosas de Galileo; obras en latín, impresas en la protestante Witemberga, sobre las primeras aplicaciones de la química a la medicina, a fines del siglo XVII, y cuánta cosa más. En Méjico el hecho aumenta de proporciones, como es esperable (en una provincia, Morelia, antes Valladolid, yacían amontonados en una biblioteca pública libros dieciochescos de física y de óptica, de Newton y de su escuela, etc.). Nada de eso aconteció por azar, aunque no sé de nadie interesado en estudiar estos fenómenos de sapiencia latente, de quienes la poseían porque la necesitaban, aunque nada hoy válido publicaran. Las curiosidades científicas en lo que fue Imperio español sería un gran tema de libro, aunque en el mundo hispánico la curiosidad es hoy bastante escasa. Llama la atención que las extraordinarias obras del dominico Francisco de Vitoria y de Fray Bernardino de Sahagún (el monumental historiador del Méjico precortesiano) no fueran impresas en vida de sus autores. Como antes se vio, el caso de Sor Juana Inés de la Cruz fue todavía peor, pues ni le dejaron poner por escrito lo que pensaba.

En fin de cuentas, el propósito de este mi libro no es desalentar, sino todo lo contrario. El escaso cultivo, o el no cultivo de la ciencia entre la gente hispana *no fue debido a incapacidad intelectual*. La razón ha de buscarse en un trastorno de las estimaciones sociales, cuyo origen y desastradas consecuencias he puesto de manifiesto en más de una ocasión. Si el gran señor tuvo que matar toros bravos en los siglos XVI y XVII para demostrar su valentía [sobre el sentido de matar toros los grandes señores en el siglo XVII, ver la Introducción a mi obra *De la España que aún no conocía*, Méjico, Finisterre, 1972] (aneja al linaje limpio), el hombre corriente llegaba a la misma meta, por vía negativa, al no cultivar ninguna forma de saber desinteresado. Ejercer la medicina hacía sospechosa a la persona (aún en el siglo XVIII), aunque confería la distinción social de que siempre gozó el capaz de aliviar el dolor propio, o el de un ser querido.

Tan hondo caló el absurdo de que la ignorancia era signo de buen linaje, que la Física de Aristóteles era la única bien vista en 1756 por ser su autor «cristiano viejo» (ya he citado con este motivo y más de una vez a Paulino Garagorri). En 1758 publicó el jesuíta Francisco Isla su *Fray Gerundio de Campazas, alias Zotes*, el que tiró los libros y se metió a predicador (el P. Isla obraba, en mi opinión, como un «caballerito de Azcoitia», a lo divino).

En resumidas cuentas, la incultura española no fue necesaria, sino contingente; fue algo que hacía falta explicar, si de veras se pretenden reformar las costumbres, y no simplemente los modos de hablar acerca de ellas. Son las gentes ricas —los padres de hijos afortunados y los hijos de padres pudientes— quienes han de encararse con el problema de que los países cultos estudian la civilización española y los españoles, hoy por hoy, no se interesan en el estudio de ninguna civilización, lo cual hace de este país una colonia cultural. El mejor Diccionario enciclopédico, de tamaño manejable, es el Larousse, aquí y en Portugal. Los buenos diccionarios de las lenguas clásicas o modernas son extranjeros. Hoy privan —ya se sabe— los saberes relacionados, de un modo u otro, con el sistema social de producción y consumo, con el que coman las gentes y no tengan que emigrar, etc. Finalidades sin duda importantísimas, si bien no excluyen el que algunos bien nutridos, y con millones a mano, deberían analizar en libros inteligentes el motivo de mal entenderse los españoles unos con otros (de no estar organizados colectivamente como la Europa occidental); y colmar el vacío de nombres hispánicos en las bibliografías acerca de lo acontecido o existente, tras lo hoy visible, en Europa, Asia, Africa, América y Oceanía. Llamar la atención sobre tan enorme tema ha sido el propósito de este libro, que no intenta molestar a nadie, sólo abrir los ojos de los capaces de entender y de llenar muy penosos vacíos. En mi panorama se incluyen cuantos hablan español o portugués desde el Pirineo al Estrecho de Magallanes.]

APENDICE

(a la segunda edición, de 1963)

Al preparar la segunda edición del presente libro he creído útil insistir en esto: la cuestión ventilada en las anteriores páginas afecta a la totalidad de la vida que, específicamente, llamo española. No se trata de nada incidental o soslayable, sino de situaciones radicales de vida, muy necesitadas de adecuados enfoques y de viva iluminación, ya que desde hace siglos ha habido interés en desconocer la realidad de dichas situaciones, en falsearlas y en eludirlas. [Me ahorra insistir sobre ello mi reciente libro que, a menos de faltar descaradamente a la verdad nadie puede contradecir, «*Español*», *palabra extranjera: razones y motivos*, Madrid, Taurus, 1970, segunda edición en prensa.]

Cuando digo «situación radical» me refiero a modos de actividad humana condicionados por el hecho evidente de haberse constituido los españoles en una situación de coexistencia, dentro de la cual los cristianos, los judíos y los moros llegaron a sentirse todos españoles. En 1500 no es posible hablar de los españoles *y* los judíos, *y* los moriscos, sino de los cristianos, judíos y moriscos españoles. Con lo cual no sustancializo a los españoles, ni los convierto en «algo tan fijo e inmutable como el ser de una piedra». Ya me hago cargo de cuán difícil es orientar en otra dirección la conciencia colectiva de quienes aprenden en la escuela que los españoles existen

239

desde siempre, y se los imaginan como un receptáculo en el cual se han vertido las más variadas clases de humanidad, como un «*cauce* por donde discurran hacia *nuestro* futuro elementos precedentes— sirios, egipcios, norteafricanos preislámicos, romanos, bizantinos, visigodos, etc., etc.».

Ahora bien, yo no hablo de ninguna vida fluvial y mística, sino de la que volitivamente se crearon unas gentes disgregadas en 711 y no unidas políticamente hasta 1512 (anexión de Navarra); unas gentes obligadas a formar planes y a tomar decisiones en y frente a circunstancias que en el siglo IX parecía iban a ser permanentes, según lo he puesto bien en claro en *La realidad histórica de España*, 1971.

Un pueblo es inseparable de la conciencia de su existir colectivo y de las actividades en que se afirma y mantiene aquella conciencia. Ese proceso es guiado, consciente o subconscientemente, desde los centros de su actividad social; se usan los usos antiguos y las actividades de nuevo tipo, en armonía con lo que conviene y no conviene hacer para continuar existiendo como grupo social en unidad e identidad consigo mismo, con lo que, consciente y subconscientemente, se aspira a seguir siendo. Lo cual acontece en lo que, por llamarlo de algún modo, he denominado «la morada vital», concepto que rebota en las mentes de quienes prefieren que siempre haya habido españoles, e identifican el estarse manteniendo la vida colectiva con la idea de «piedra» o de «cauce».

Los cristianos que conquistaban la tierra peninsular y los hebreos que convivían con ellos acabaron por llamarse españoles unos y otros («sefardí» significa español). Los moriscos del siglo XVI se consideraban españoles, y don Diego Hurtado de Mendoza así los llamaba. Una misma conciencia de identidad colectiva aunaba a los españoles de las tres religiones, de las tres castas. Antes del año 800, los habitantes de la Península se habían llamado «romanos» o «godos»; después se llamaron «cristianos»[1]. Su propósito era distinguirse de los musulmanes, aunque apoyando en su creencia religiosa la conciencia de su identidad colectiva, imitando en esto al ya secular enemigo, e inaugurando así una nueva forma y una nueva expresión de la conciencia de ser quienes eran, la cual se adquiere, se mantiene y se pierde. Dice Antonio de Guevara, obispo de Mondoñedo: «¿Qué supiéramos del ingreso y progreso y *fin* de los godos en España, si el curioso Roderico [Jiménez de Rada] no nos alumbrara?» *(Marco Aurelio, Sevilla, 1543, argumento)*.

Gracias a las nociones de comienzo y de fin, de plurealidad y de unicidad, de comportamientos preferidos y de actividades poco gratas o desvaloradas, de continuidad en lo durable conjugada con lo diverso en el acontecer, he podido llegar a la conclusión, ya evidente para muchos, de ser los españoles un caso único —problemático, inseguro, grandioso, trágico, ejemplar y fascinante—, a caballo entre Occidente y Oriente. [La mejor corroboración de haber sido fuertemente afectados los preespañoles por los musulmanes es que un ilustre arabista escriba que los árabes «invadieron, depredaron» a España, y luego huyeron. Alguien ha publicado en París (Flammarion) un libro inefable: *Les Arabes n'ont jamais envahi l'Espagne.*] Esta visión de la realidad de los españoles es, en efecto, *real*, pese a los orientalófobos que la juzgan más visión que realidad. Si mi visión de la historia partiese, según afirman algunos lectores, de conceptos sustanciales y pétreos, nunca hubiese yo podido sacar a luz la realidad varia, angustiada, *conflictiva,* fecunda y rebosante de humanidad de la civilización española. Quienes rechazan por pétrea y sustancial mi manera de enfocar la historia, continúan apegados a una idea crónica, a la fantasía de ser españoles los iberos y cuantos vivieron sobre una tierra que, *en cuanto tierra,* es sólo espacio geográfico. Lo español (como lo francés o lo italiano) es la faz de una conciencia colectiva, no la

---

[1] *La realidad histórica de España*, 1971, p. 29.

241

estructura del suelo, ni su vegetación, ni su rendimiento económico [2]. La juventud española debería pedir que se le enseñe una historia real de su país, no inspirada en la ideología del P. Juan de Mariana o de don Rodrigo Jiménez de Rada. En ninguna escuela de Italia se dice a los alumnos que Julio César era italiano, ni se aprende en Francia que Carlomagno o los galos fueran franceses. Para hacer ver lo absurdo de llamar español a Viriato, a Trajano y al rey don Rodrigo era indispensable partir de otras ideas, y enfrentarse con los criterios pétreos de la historiografía vigente, que han convertido la «españolidad» en un bloque monolítico. La falta de voluntad de entender, de buena fe y de sobra de ignorancia era que ninguno de esos críticos, de libro o de periódico, abre una historia de Francia o de Italia a fin de ver que

---

[2] Gerald Brenan hace esta observación: «Una cosa que el Dr. Castro nunca menciona es que sobre España pesa la maldición de un suelo pobre, de una lluvia insuficiente, y carece casi totalmente de carbón y de petróleo. Las terribles sequías son frecuentes. Amplias zonas son aradas y sembradas que en los Estados Unidos quedarían en baldío. ¿No se estarán subrayando demasiado las peculiaridades del carácter español, y demasiado poco lo ingrato del clima y de la geografía?» *(The Spanish Predicament*, en *En counter*, Londres, enero 1955, p. 63). ¿Se ha preguntado alguna vez el señor Brenan en qué consiste ser inglés o ser español? El señor Brenan no tiene presente que, si la Gran Bretaña no hubiese contado más que con su suelo y con su clima, muy escasa habría sido su prosperidad, ni con eso se explicaría la radical diferencia entre Irlanda y Gran Bretaña (¿se debe ésta al mar que las separa?). Ya sabían los conversos españoles en el siglo XV que «no hay en nuestra tierra texedores que tan delicado paño fagan como es la escarlata de Londres», aunque la grana para hacerla venía de Castilla. Durante trescientos años los españoles tuvieron a su disposición las zonas más fértiles del planeta, desde el Sur de los actuales Estados Unidos hasta la Argentina —mucha más tierra que la del Imperio británico— y no sacaron de ellas casi nada más que oro y plata, y se sirvieron de ellas en escasa medida. Mi idea es que son los hombres quienes (dentro de ciertos límites, naturalmente) hacen la economía, y no al revés. Ignoro, por lo demás, cómo el clima y la agricultura pudieron motivar el pragmatismo inglés, los dramas de Shakespeare y otros fenómenos de civilización muy británicos. Pero mis libros se leen por encima, y algunos califican de «romántico» mi modo de pensar. Véase ahora, sobre la economía «a lo divino» («a lo linajudo») de los españoles, *La realidad histórica*, 1971, cap. VIII.

nadie incurre en la bobada de llamar francés a Carlomagno o italiano al emperador Augusto. A mis críticos les molesta que en la Península haya habido musulmanes y judíos. Esto es todo.

La futura personalidad de quienes comenzaron a llamarse «españoles» en el siglo XIII surgió en pugna y asociación con los moros, y más tarde con los judíos, una casta que en el siglo XV se sentía ser tan española como la cristiana. De ahí lo inoperante de tratar a moros y a judíos, en este caso, como elementos adventicios, cuya importancia se exagera o se disminuye a voluntad. Dentro del régimen de las tres castas españolas hubo sin duda cambios y alternativas, pero éstos, entre los siglos IX y XVII, siempre estuvieron condicionados por la inevitabilidad de hallarse las tres castas presentes y entrelazadas. La vida española se constituyó al hilo de la conciencia de ser imprescindible la convivencia de las tres castas (compárese la situación de los regímenes monárquicos en la Europa de la Edad Media, en los cuales las relaciones entre el monarca, la nobleza y el villanaje conocieron muy varias vicisitudes, sin que por ello ninguno de esos tres elementos tuviera que aniquilar a los otros dos) [3]. Los españoles se engrandecieron y vinieron a menos en un sostenido esfuerzo por tolerarse unos a otros, y en un desastrado forcejeo para mutuamente aplastarse. En el siglo XVI y luego en el XVII los sefardíes hacían, desde Turquía y Holanda, cuanto mal podían, mientras los moriscos conspiraban contra el Rey en complicidad con turcos y franceses. Y desde fines del siglo XV la casta cristiana hacía lo posible por sacudirse la odiosa vecindad de moros y judíos. Momentos culminantes de este proceso histórico se expresan en los epitafios de Fernando

---

[3] Inglaterra, Bélgica, Holanda y las naciones escandinavas conservan sus reyes. Rusia y las naciones aherrojadas por ella son más orientales que europeas; en éstas los pueblos eligen y censuran libremente a sus gobernantes, y el Estado y la religión (o una ideología férrea que hace sus veces) no están fundidas.

el Santo y de los Reyes Católicos, publicados en *La realidad histórica de España*, 1971, pp. 38 y 169.

Todo esto ha de ser tenido muy presente, a fin de que el lector de buena fe no malentienda el sentido del libro ahora ante él. Lo español no ha sido, no es, río, ni cauce, ni resultado de lo arrastrado por el curso de un tiempo ciego. Fue un proceso dirigido por varios grupos de voluntades colectivas (gallega, leonesa, castellana, navarra, aragonesa, catalana), condicionado por la circunstancia interna de las tres ineludibles castas, un proceso que tendía tanto a la armonía como daba lugar a implacables desgarros. Cada grupo regional, por consiguiente, vivió con un conflicto de «casticismos» dentro de sí mismo, y los cristianos pugnaron con otros cristianos ya estructurados políticamente («Castellanos y leoneses tienen grandes divisiones, / Sobre el partir de los reinos y el poner de los mojones»). Se dirá que por doquiera siempre existieron conflictos; pero su forma y sus resultados nunca coincidieron. Si, como decía Hugo Schuchardt, «cada palabra tiene su propia historia», lo mismo cabe pensar respecto de cada conflicto humano. Los conflictos entre los españoles fueron de casticismo religioso, no de tipo secular. Las tensiones entre la voluntad de integración y la furia desgarrante se resolvieron a la postre en expulsiones y persecuciones desmesuradas.

La historiografía vigente se obstina en rechazar lo muy obvio para los algo familiarizados con lo acontecido en España. No conozco otro caso en que la verdad sobre el pasado de un pueblo ilustre haya sido víctima de tan ineptos ataques. Según el sabio alemán R. Konetzke, «Castro da, sin duda alguna, excesiva importancia a la acción formativa del Islam (que no debe equipararse con los árabes) en la historia medieval de España; y atribuye asimismo significación muy desmesurada *(eine allzu grosse Bedeutung)* al elemento judío en España»[4]. Mas, para quien está al corriente de la vida española, el juicio así

---

[4] *Das Historisch-Politische Buch*, Gotinga, VI/6, 1958, p. 186.

formulado parece tan extraño como si alguien dijera a quienes estudian las luchas entre el Pontificado y el Imperio en la Edad Media, que están concediendo excesiva importancia al Pontificado o al Imperio. Diríamos entonces que, quien así criticaba, era güelfo o gibelino, en nuestro caso, antisemita. El señor Konetzke no tenía la menor noción acerca del problema sacado a luz en este libro; conoce detalles y anécdotas sobre España, pero ignora quiénes son los españoles.

Los partidarios de la historiografía vigente entre los españoles de hoy, muchos hispanistas de fuera, sostienen que en los primeros siglos de la Reconquista, hasta el XI, la presión islámica fue considerable; más tarde, sin embargo, «España» se puso en contacto con la Europa cristiana, y su historia, por consiguiente, quedó libre de impurezas orientales. La verdad, a pesar de todo, es que los cristianos se dejaron invadir eclesiásticamente por los monjes de Cluny y del Cister, a fin de afirmarse y de adquirir más prestigio y recursos económicos gracias a las peregrinaciones a Compostela, sede de un apóstol antimahomético. Las peregrinaciones fueron un caso resonante de economía «a lo divino» en los reinos de Navarra, Castilla y León.

Desde otro punto de vista, la cultura intelectual de Europa afectó escasamente a la de los reinos cristianos; su casta cristiana tampoco se dejó penetrar por las ciencias cultivadas por los musulmanes (matemática, filosofía, medicina, etc.), comunicadas a los europeos por mediación de los judíos españoles en los siglos XII y XIII. Fue, en cambio, intenso y muy eficaz el contacto de la casta cristiano-castellana · (sede máxima de la capacidad bélico-imperial) con la épica francesa, que vino a reavivar la tradición épica de los godos (sacada a luz por Menéndez Pidal), y que los castellanos usaron para sus fines «castizos» y políticos, como castellanos, y no como visigodos ni franceses. El cantar de gesta y luego el *Romancero* fueron el arma poética de la Reconquista, así como Santiago fue su estímulo religioso.

En suma, la historia se descoyunta si no se enlazan los fenómenos de civilización con el funcionamiento de las castas, con sus armonías y sus antagonismos. Así, pues, si bien es cierto que el impulso y la capacidad imperiales fueron algo nuevo dentro del proceso estructurante de la futura vida española (en el *Poema del Cid* no hay todavía españoles), no es menos verdad que en la aspiración a dominar el «plus ultra» de las tierras estuvo presente el anhelo universalizante de la casta judía, muy perceptible en la doctrina y en la acción de la casta de los conversos en el siglo xv. Don Alonso de Cartagena reprochaba a los ingleses el que sus guerras no hubieran sido «divinales», «por ensalçamiento de la fe cathólica, nin por estensión de los términos de la cristiandad». Ya antes había dicho otro converso, fray Diego de Valencia, que, si los castellanos se pusieran de acuerdo,

«*non sé* en el mundo un solo rencón,
que non conquistassen, con toda Granada».

Todo esto se encuentra en libros míos desde hace años, pero cae en la mente de ciertos lectores como piedra en pozo, como lo que llamo un hecho «no habitado», es decir, sin sentido, fuera de una conexión que le presta sentido [5].

Mas es el caso que, en las insensatas disputas en torno a la obra de los «castellanos» en las Indias, se enzarzan las desorientaciones con los odios y los complejos de inferioridad, y en fin de cuentas no entendemos casi nada de lo allí acontecido. Unos tratan de bárbaros a los españoles porque destruyeron las civilizaciones azteca e incaica; otros los absuelven de pena y culpa, y arremeten contra el calumniador Las Casas. Ahora bien, lo que importa al sentido de la historia es que la dominación y colonización de la futura América fuera fenómeno admirable y único, sin posible paralelo en Europa, en donde

---

[5] Agradezco al profesor Juan Bautista Avalle-Arce haber confirmado con más hechos la verdad de mi idea.

también había católicos y cristianos. Acontece, sin embargo, que la religión de los otros pueblos europeos (franceses, ingleses, holandeses), y la «morada vital» dentro de la cual funcionaban, no estaban semitizadas como los de los españoles. El espíritu del Islam y de Judá se infiltró en la idea española de ser indisolubles el imperio y la difusión de la fe. En la Junta Eclesiástica, reunida en Méjico en 1546, se nota «a las claras la grande y continua preocupación de la Iglesia [española] por una cristianización más efectiva de los indígenas, a quienes considera «seres racionales» y capaces de «muy grand fruto ansí en la Cristiandad como en la policía humana»[6].

Sólo a castellanos cristianos, surgidos en la historia en trabazón y contienda con moros y judíos, podía ocurrírseles enfocar en tal forma su expansión imperial, una forma que está ya latente en textos que en parte ya mencioné. Lo extraño de la dominación española ha sido notado con rara sensatez por el historiador norteamericano R. R. Palmer:

«En suma, es de observar no sólo que el Imperio español dejó sobrevivir a los indios, sino que dentro del amplio marco de las expansiones europeas, *el pueblo español es el único*, juntamente con los portugueses en el Brasil, que en verdad ha europeizado grandes masas de no europeos situados en su propio medio»[7].

He aquí un hecho presentado con dignidad histórica, un hecho que por lo común niegan o silencian los historiadores americanos e hispanoamericanos, víctimas de la hispanofobia. Pero ese hecho singular expresa una forma de vida, habita en una «morada vital» que no coincide con la de los europeos, a quienes maldito si importó que su religión fuera o no comunicada a las poblaciones que subyugaban. Los españoles estaban con-

---

[6] José A. Llaguno, S. J., *La personalidad jurídica del indio y el III Concilio provincial mexicano*, Méjico, Editorial Porrúa, 1962, p. 29.
[7] *A History of the Modern World*, 2ª edición, Nueva York, 1961, p. 94.

formados por dentro no como los otros europeos, y cristianizaron el mundo nuevo para ellos en modo parecido a como los musulmanes llevaron el Islam hasta bien dentro de Africa, Asia y hasta las Filipinas. Carne y espíritu eran realidades inseparables para el español; no le importó mezclarse con otras razas, con tal que una misma fe nivelara las diferencias de color entre los cuerpos que se unían. Según hemos visto, afirmaban unos eclesiásticos españoles en Méjico, los indios eran capaces de «muy grand fruto en la Cristiandad»; uno de ellos, Juárez, fue presidente de aquella República.

La relación del español con su cuerpo no era como la del inglés u holandés, herederos de una tradición occidental no modificada por el Oriente. Perduraba en ellos el culto de la persona física, sentida como punto de convergencia, a mitad de camino, entre la naturaleza y los dioses [8]. Aunque ahora me abstengo de entrar en esa complicada cuestión, que ayudaría a comprender el opuesto modo de relacionarse con las gentes de color los anglosajones y los hispano-portugueses.

Decir que «España se creó un imperio» no es decir bastante. Ya fue explicado en *La realidad histórica de España* (edic. 1954, pp. 353-4; edic. 1971, pp. 81-91) que el afán de conquista imperial está expresado desde la época de Alfonso el Sabio, en cuya corte tan presentes y activos se manifestaban los judíos, quienes hasta llegaron a proponer la instauración de una *era* alfonsina. Luego, a medida que la casta judía fue estando representada por conversos igualmente activos e influyentes en los medios cortesanos, se percibe con nitidez que la conservación de su poderío iba ligada al volumen de las grandezas políticas y económicas de la casta militar y dirigente. Con lo cual, los mismos motivos que impulsaban a bastantes conversos a incorporarse a la acción inquisitorial, los llevaban a interesarse y a cooperar en

---

[8] En las colonias griegas (p. e. en Ampurias y en Pestum) se rendía intenso culto a divinidades protectoras de la salud corporal, a Asclepios y a Hygea.

248

el fomento de la idea imperial, de un imperialismo cristiano *more judaico.* La casta judía estaba muy afectada por los modos castellanos de imperio y conquista («dimensión imperativa de la persona»); pero, a su vez, los cristianos viejos, lo mismo que los nuevos, participaban de la visión religioso-imperial de los musulmanes y los judíos. El español no poseía una realidad aislable como la de un cuerpo químico, sino una realidad muy compleja que se labró a sí misma en largos siglos. Así, pues, lo mismo que don Alonso de Cartagena, criado en la sinagoga, anhelaba la «estensión de los términos de la cristiandad» (ver antes, p. 246), otros conversos sentían la necesidad de ensanchar los términos de Castilla: «las tierras comarcanas y *aun alexadas*» podrían conquistarse por las armas castellanas, según Fernando de la Torre. Y Juan de Lucena, también de casta judía, clama que «*mayor riqueza sería crescer reinos que thesoros amontonar*» (*Realidad histórica*, 1971, p. 90). En una palabra, el anhelo y el sueño de una dominación universal expresados en los textos ahora recordados y en los romances que cito en las páginas 80-81 —Carlos V y Felipe II rodearán la tierra imperial y religiosamente—, son de inspiración judaica. Ya lo había insinuado yo en escritos anteriores; mas ahora lo considero evidente en vista de los testimonios escriturarios reunidos por Heinrich Gross en su obra *Weltherrschaft als religiöse Idee im Alten Testament* (*El dominio del mundo como idea religiosa en el Antiguo Testamento*, Bonn, 1953) y de lo observado por otros autores citados por Gross. El Salmo 72 habla de un dominio universal: «Y toda la tierra sea llena de su gloria.» Sin poder entrar ahora en el análisis de cómo se combinó entre españoles la idea del reino espiritual de Dios con la de dominación política, es posible afirmar, en todo caso, que el singular carácter de la acción ultramarina de los castellanos sólo es explicable si se tiene en cuenta cómo estaba integrada la población de Castilla en el siglo xv. Los historiadores en estos años conceden importancia al *número* y no a la condición de los habitantes; y por tan absurdas vías llega el profesor F. Braudel a la conclusión de que los judíos fueron expulsados por estar España superpoblada [9], con ignorancia de haber permanecido en ella los bautizados.

La historia se hace comprensible al hacerse patente la estructura y la dimensión valiosa de las expresiones de lo acontecido y de lo vivido. De ahí la importancia de la palabra «español», y de que fuese aclarado y dado a conocer su origen, fecha y extensión. Si ese vocablo hubiera tenido origen peninsular y remoto, no habría habido separatismos, o no habrían sido tan intensos; ni vacilaríamos hoy entre «español» y «castellano» al mentar nuestra lengua [10]. Es notable que no figuren en el excelente *Diccionario etimológico de la lengua castellana*, 1961, de Juan Corominas, las palabras «español» y «catalán». Al ser consultado sobre ello, el autor me comunica que, según él, «español» no deriva de *hispaniolum*, sino de *hospanionem*, o sea, de *españón*. (Así dice también R. Menéndez Pidal en su *Gramática histórica*.) Lo cual no me parece posible por estar asegurada la existencia de *hispaniolus* en la Romania. El francés antiguo conoció *espagneul* (hoy *épagneul*), en gallego hubo *espannóo* [11], y en provenzal *espanhol*, según ha hecho ver el profesor Aebischer. Deduzco, por consiguiente, que si los castellanos, leoneses y aragoneses no dijeron * *españuelo*, es porque no les hizo ninguna falta el vocablo, y luego, en el siglo XIII, acabaron por adoptar la forma provenzal

---

[9] (Ver mi «*Español*», *palabra extranjera...*, p. 65.)

[10] En el Proemio del *Diccionario de Autoridades* (1736) se dice: «La lengua castellana, que por usarse en la mayor y mejor parte de España, suelen llamar española los extranjeros.» (Nota de D. García-Sabell.)

[11] Ver la traducción gallega de un fragmento de la *General Estoria*, de Alfonso el Sabio, editada por Ramón Martínez López. Desde fuera de Castilla aparecían todos los pueblos de la Península como unos, como *españoles*. [En mi citado librito «*Español*», *palabra extranjera: razones y motivos*, Madrid, Taurus, 1970, olvidé citar *espannóo*, prueba evidente de la existencia de *hispaniolus* en la Península, y de no haber habido ocasión para usarlo fuera de Galicia.]

y catalana. No fueron los españoles el único pueblo que usó como nombre étnico una palabra extranjera [12].

Lo dicho hasta ahora nos lleva a la conclusión de que los hechos, los en apariencia menudos tanto como los de gran alcance, han de ser situados en el contexto que corresponde a su realidad, la cual no debe ser silenciada ni eludida. No concedo ni excesiva ni escasa importancia a la cuestión judía; me contraigo a afirmar que su presencia en la vida española fue tan real y efectiva como la de los cristianos. La civilización de España en el siglo XVI, e incluso en el XVII, aparecerá falseada si continuamos inventando genealogías «hidalgas» a quienes eran conversos, y hacían lo que hacían precisamente por serlo, por ser castizamente hispano-hebreos, por tener conciencia de ello, y por ser generalmente conocida su condición social. Es significativo el caso del doctor Andrés Laguna, autor del *Discurso sobre Europa*, editado en latín (lengua en que fue escrito) y en castellano por la Diputación Provincial de Segovia, en 1962, con cuatro estudios preliminares. Pero únicamente el doctor Teófilo Hernando (p. 31) alude al hecho de pertenecer Andrés Laguna a la casta judaica. Lo puso en claro hace años Marcel Bataillon [13], y los documentos que allega demuestran que la casa de la familia Laguna continuaba siendo la de sus antepasados, y estaba situada en lo que fue aljama de los judíos. Y ¿se piensa acaso que el haber cultivado Andrés Laguna actividades científicas, y su condición de cristiano nuevo, no son hechos conexos? Desdibujar el perfil judeo-español de muchos doctos del siglo XVI significa querer continuar la guerra de las castas a estas alturas del siglo XX y hacer imposible la rectificación del

---

[12] Tampoco incluye el señor Corominas en su Diccionario la palabra «catalán». F. Udina Martorell (*El nom de Catalunya*, 1961: *Cataluña y su corónimo*, 1962) no acepta ninguna etimología para ese vocablo, y rechaza la dada por Corominas, *lacetanos*.

[13] *Les nouveaux chrétiens de Ségovie en 1510*, en «Bulletin Hispanique», 1956, LVIII, 206-231.

curso de nuestra historia, hoy desmandada y a la merced de prejuicios, pasiones y manías.

Han sido editados recientemente (en 1959) y doctamente ilustrados, los *Avisos para los predicadores del Santo Evangelio*, del dominico fray Agustín Salucio, una de cuyas obras he utilizado en páginas anteriores. El editor, el Padre Alvaro Huerga, O. P., contribuye con importantes datos al conocimiento de la pugna implacable entre viejos y nuevos cristianos a comienzos del siglo XVII. El Padre Salucio era muy contrario a los estatutos de limpieza, y el tono en que escribe lo acerca mucho a la casta de los conversos. En una carta al provincial de su Orden (pp. 23-25), se refiere a la concesión de hábitos en las Ordenes Militares en una forma que cuadra con lo dicho por un aldeano al Comendador, en *Fuente Ovejuna* (ver antes p. 214):

«Ninguna persona de las inteligentes en las ascendencias de linajes de España ha entendido que los que se han puesto de poco acá hábitos de las Ordenes Militares, y han obtenido iglesias y colegios donde había rigor de esto sin término [en donde se aplican con rigor los Estatutos], *dejan de tener defectos conocidos en el linaje...* Pero, en viéndose que salieron con su pretensión, parece que sale del todo la mancha y quedan honrados, porque se venció ya la dificultad que había.»

Lo escrito por Salucio al Provincial de Andalucía le había sido comunicado por «un caballero bien entendido», el cual le llama también la atención sobre el error de «tener por más cristianos viejos a los italianos que a los españoles», pues dice que en «la historia de Sicilia consta que el mismo año que desterró el rey don Fernando los judíos de España, los desterró también de Sicilia; y allá se convirtieron y quedaron innumerables; y, en después, trujeron algunos años los convertidos en Sicilia cruces verdes».

En resolución, que Salucio trata abiertamente del *origen judío* de muchos españoles de clase alta, punto que el Padre Huerga elude o quiere paliar usando expresiones como «polémica de la sangre», «en España había muchas estirpes integrando la nación» (p. 23). Y justamente por haber muchos españoles de ascendencia judaica que integraban la Iglesia, la nobleza y las profesiones cultas, produjo tal conmoción el *Discurso acerca de la justicia y buen gobierno de España en los Estatutos de limpieza de sangre*, de fray Agustín Salucio, que el Padre Huerga está mejor preparado que nadie para editar correctamente. El *Discurso* dio lugar a cartas aprobatorias del arzobispo de Valencia Juan de Ribera, del cardenal de Toledo, del obispo de Pamplona, de los maestros dominicos fray Tomás Cuello y fray Pedro de Herrera; del duque de Medina Sidonia, del marqués de Denia, del Ldo. Mosquera de Figueroa. «Pero, aparte de los que le escriben, hay una infinidad que se sienten molestos y francos adversarios a las ideas que el dominico propugna *sobre limitar los odiosos estatutos*» (Padre Huerga, *o. c.*, p. 21) [14].

Es inútil pretender que Salucio fuera «de linaje limpio y noble» (p. 92). Huerga piensa, con razón, que el *Discurso* es auténtico, aunque evita referirse a la concreta cuestión judía, reducida para él a la abstracción «polémica de la sangre» y a las «muchas estirpes» existentes en España. Resulta así que, aun cuando se discuta en cuanto a ser o no auténtico el *Discurso* de Salucio, hay acuerdo en cuanto a juzgar nefando el tema del judaísmo genealógico de quienes no son excluibles en una historia de la civilización española, precisamente por haber sido conversos.

Ese estado de ánimo hace y hará difícil rectificar la violenta torcedura de que sufre la historia española, víctima —insisto en ello— de quienes se obstinan en forjarle una falsa genealogía. Entre la realidad y la historiografía se interpone no sólo la dificultad de construir una plausible realidad usando datos e ideas iluminadoras, sino el

---

[14] Sobre el *Discurso* ha de consultarse también la ya citada e importante obra de Albert A. Sicroff, *Les controverses des statuts de «pureté de sang»*, París, 1960, pp. 186-220.

estado de ánimo del historiador —las pasiones naciona-
listas, las fobias, las cuales los tratadistas de hermenéu-
tica histórica debieran incluir entre las «técnicas» auxi-
liares del historiador... falsario. De ahí que haya comenzado a usar en otras obras el neologismo «odiamientos»,
en lugar de «razonamientos», cuando se prescinde de estos
últimos.

Un ilustre hispanista, J. A. van Praag, ha juzgado muy
generosamente la primera edición de este libro mío [15], y
sus observaciones, por venir de quien con tal maestría
piensa y escribe en español, son muy para tenidas en
cuenta. Añadiré, de todos modos, que Van Praag se sorprende de que yo no me pare «a imaginar el inmenso
dolor de haber tenido que convertirse [los hispano-he-
breos] a una religión que sus antepasados consideraban
falsa y hasta idolátrica... Es difícil para un español colo-
carse al lado de las víctimas de la política de sus antepasados. ¡Cuántas almas torcidas y dislocadas produciría
el estado de ser converso!... A mí me dan verdadero asco
las poesías antijudías del *Cancionero de Baena,* y los tratados antisemitas de los miembros de la familia Santa
María, de Jerónimo de Santa Fe y de tantos otros».

Quien piensa acerca de objetos humanos es muy probable que no pueda siempre mantenerse en impasible
equilibrio. Mi modo de enfocar y valorar la historia española ha hecho inventar a algunas buenas almas que
yo era judío, y por más señas, sefardí. Van Praag me
reprocha ahora muy gentilmente que no me he apiadado
bastante al sacar a la atención pública nuevos aspectos
de la pugna entre las castas de españoles, cuyo carácter
«castizo» puse de manifiesto por vez primera. Ahora bien,
quien contempla el pasado con miras a estructurarlo, de-
termina previamente la escala y la distancia en que va a
colocar el objeto de su observación. En mi caso parecía
indispensable situarse en una lejanía de motivaciones y

---

[15] En *Quaderni Ibero-Americani,* Turín, 1962, núm. 28, páginas 234-236.

en una proximidad de valoraciones. Vista muy de cerca, la realidad humana que nos rodea (ahora, en 1600, en 1500) es desconcertante e incomprensible, y se presta más a volverle la cara que a demorarse en su examen. A esa distancia se condensan las nubes de donde se descargan las maldiciones, las iras de los hombres y las de los dioses. Quien sólo oiga los gritos y observe los horrores de la batalla, poco sabrá de la batalla; y si el general se abandona al escepticismo, a la melancolía, nunca la ganará.

Mis ideas sobre la historia están desparramadas a lo largo de varias obras, y quizá nunca tenga tiempo de ofrecer al lector facilidades para relacionar cada punto aislado con el centro de que depende. En *La realidad histórica de España*, de 1954, p. 522, hablé de «la perversión enloquecida que impulsó a muchos conversos a lanzarse como tácitas hienas sobre sus hermanos de casta». Pero he dicho también que «tan bárbaro e intolerante como el peor inquisidor fue Luis XIV... Para imponer el catolicismo, el gobierno del «rey Sol» hizo alojar los soldados más bárbaros de Francia en los hogares protestantes (las llamadas 'dragonnades'), con libertad de hacer su gusto, en cuanto a violencias, depredaciones y atropellos de mujeres, hasta tanto que las familias así maltratadas se convirtiesen a la religión de aquel rey, tan 'Soleil' como monstruo». Si su gloria sigue en pie, «el motivo es que en el mismo país en donde acontecieron tamaños horrores, surgieron las ideas y fueron cultivados los sentimientos que hicieron posible considerar como monstruosa barbarie la tiranía religiosa y el vivir sometidos los pueblos a cualquiera otra clase de arbitraria violencia». Es decir, que «la realidad de la historia se integra en una dialéctica vital de presencias y de ausencias, de valores y de antivalores».

La que llamo *edad conflictiva* ha significado, y seguirá valiendo para mí, como una abertura a través de la cual me es posible dar razón de fenómenos de cultura de extenso radio, hasta ahora vistos como fenómenos inconexos y sin sentido. El concepto de «Contrarreforma» es en este caso tan inútil como el de «decadencia»; me interesa más quienes respiran que la atmósfera respirada. Y los motivos de la decadencia importan más que la abstracta vaguedad así llamada. La literatura y las empresas españolas de mayor esplendor se cobijan, por lo común, bajo la enseña de lo medieval, del Humanismo, del Pre-Renacimiento, del Barroco, etc. Sin renunciar yo a lo que, ocasional y marginalmente, haya de válido en tales calificaciones y conceptuaciones, mi propósito sería más bien rehumanizar y revivificar la amplia y «dolorosa» maniobra que hizo virar el curso de la creación literaria desde fines del siglo xv hasta bien entrado el xvii. La tensión entre los cristianos viejos y los nuevos, las posturas frente al conflicto y las salidas —o intentos de salida— para incontables e inmensurables agonías, también se volverán motivaciones para obras y para acontecimientos que sin aquellas tensiones y apreturas nunca se habrían producido.

INDICE DE NOMBRES PROPIOS

259

261

King, Edmundo L., 155, 156.
King, Willard F., xi, 64.
Kohler, E., xxiv.
Konetzke, R., 103, 244, 245.

Laguna, Andrés, liii, 35, 169, 251.
Laínez, Diego, 166.
Landa, Diego de, 226.
Lavisse, Ernest, xliv, xlv.
Lawrence, T. E., 71.
Lázaro Carreter, F., 222.
Lea, H. Ch., 81, 82, 91.
Lemus, Pedro, 83.
Lenin, lv, 159.
León IV, 102, 103, 104, 105.
León X, 7.
León, Fray Luis de, xxvii, 3, 24, 25, 34, 166, 171, 172, 180, 199, 230, 231.
Leví, Samuel, 140.
Lévi-Provençal, liii, 113.
Lida, María Rosa, 137.
Liutprando, 131.
Llaguno, José A., 247.
López de Hoyos, J., 182, 207.
López Martínez, N., 172, 207.
López de Toro, José, 82.
Louvois, xliv, xlv.
Lucano, 125, 126, 130.
Lucena, Juan de, 45, 143, 149, 195, 230, 249.
Luis IX, lvi.
Luis XI, lvi.
Luis XIV, xliv, xlv, xlvi, 46, 228, 255.
Lulio, Raimundo, 31, 127.
Lutero, Martín, 119, 191.

Machado, Antonio, xv.
Magallanes, Hernando de, 62.
Maimónides, xlix, 82, 125.

Mairena, Juan de, xv.
Mal Lara, Juan de, 94, 162, 163.
Maluenda, L., 169.
Maluenda, Pedro de, 92-93.
Mandonio, 130.
Manrique, don Alonso, 80.
Manrique, Jorge, 105.
Manrique, Rodrigo, 105.
Manzanas, María, 201.
Marcial, 14, 111, 113, 130.
March, Blanquina, 168.
María Luisa de Parma, 162.
Mariana, P. Juan de, 3, 4 40, 81, 83, 172, 173, 176, 198, 217, 223, 231, 242.
Marineo Sículo, Lucio, 157.
Marino, 222.
Márquez Villanueva, F., 17, 81, 84, 145, 166, 171, 202, 214.
Martínez, Martín, 171.
Martínez, Sebastián, 153.
Martínez Albiach, Alfredo, 75, 143.
Martínez de Cantalapiedra, Martín, 153, 166.
Martínez López, Ramón, 250.
Martínez Silíceo, Juan, xvi.
Mártir de Anglería, Pedro, 82.
Marx, Karl, xvii, xl, 233.
Mata Carriazo, Juan de, 150.
Materno, Fírmico, 116.
Mayans, 101.
Médicis, Cosme de, 72.
Medina, Licenciado, 181.
Mejía, Pero, xxx, 91.
Melanchthon, 119.
Mena, Juan de, 149, 195, 230.
Menéndez y Pelayo, M., 93.
Menéndez Pidal, Ramón, l, li, 27, 103, 104, 111, 116, 119, 120, 181, 245, 250.
Mercader v Bohigas, J., lxi.
Merimée, Henri, 214.

265

ESTE LIBRO SE TERMINO DE IMPRIMIR
EL DIA 6 DE ABRIL DE 1976, EN
CLOSAS-ORCOYEN, S. L., MARTI-
NEZ PAJE, 5, MADRID-29, UTILI-
ZANDO PAPEL FABRICADO POR
TORRAS H OSTENC H, S. A.,
BARCELONA

ULTIMOS TITULOS
DE LA
COLECCION PERSILES